Thilo Baum

Immun gegen Unsinn

THILO BAUM

Immun
gegen Unsinn

Wie wir uns eine fundierte Meinung bilden

GABAL

Externe Links wurden bis zum Zeitpunkt der Drucklegung des Buches geprüft. Auf etwaige Änderungen zu einem späteren Zeitpunkt hat der Verlag keinen Einfluss. Eine Haftung des Verlags ist daher ausgeschlossen.

Ein Hinweis zu gendergerechter Sprache: Die Entscheidung, in welcher Form alle Geschlechter angesprochen werden, obliegt den jeweiligen Verfassenden.

Bibliografische Information der Deutschen Nationalbibliothek
Die Deutsche Nationalbibliothek verzeichnet diese Publikation in der Deutschen Nationalbibliografie; detaillierte bibliografische Daten sind im Internet über http://dnb.d-nb.de abrufbar.

ISBN 978-3-96739-198-5

Lektorat: Anke Schild
Umschlaggestaltung: Martin Zech Design, Bremen | www.martinzech.de
Autorenfoto: © privat
Satz und Layout: Zerosoft, Timisoara
Druck und Bindung: Salzland Druck, Staßfurt

www.gabal-verlag.de
www.gabal-magazin.de
www.facebook.com/Gabalbuecher
www.twitter.com/gabalbuecher
www.instagram.com/gabalbuecher

Inhalt

Einleitung

Am 22. November 2023 hörte ich im Auto den Deutschlandfunk. In der Sendung »Agenda« ging es um die Frage, was wann im Fokus der Medien steht.[1] Die Moderatoren Antje Allroggen und Andreas Stopp hatten neben anderen Gästen eine 21-jährige Studentin der bildenden Kunst zu Gast. Diese Studentin sagte zu Beginn der Sendung: »Bei mir gibt es keine Zeitungen zu Hause in meiner kleinen Wohnung. (...) Also, meine Berichterstattung läuft auf jeden Fall nur übers Handy.«

Gefragt nach ihren Quellen antwortete die Studentin: »Ja, tatsächlich Instagram. Die sozialen Medien stehen bei mir da schon an erster Stelle. (...) Auch Radio ist bei mir total weggefallen, seitdem ich nicht mehr irgendwie bei meinen Eltern tatsächlich wohne. Also, ich habe kein Radio zu Hause. Ich fahre kein Auto. Radio spielt tatsächlich leider auch keine Rolle mehr.«

Moderator Andreas Stopp fragte die Studentin: »Haben Sie sich denn heute Morgen (...) ins Bild gesetzt, was über Nacht in der Welt alles geschehen ist? Oder ist das an Ihnen vorbeigelaufen beim Frühstück?«

Die Studentin antwortete: »Ja, tatsächlich mit einem Swipe nach rechts. Links (...) sind dann immer die fünf Schlagzeilen des Tages, die ich auf jeden Fall schon morgens früh mir einmal angucke. Das war es aber tatsächlich. Also bei mir ist das heute Morgen nur (...) ein Überfliegen der Schlagzeilen gewesen.«

Ich saß im Auto und fragte mich: Wie will sich diese junge Frau eine fundierte Meinung bilden über das, was auf der Welt geschieht? Wenn sie ausschließlich Instagram verfolgt, das ihr nur liefert, wofür sie sich ohnehin interessiert, plus ein paar Schlagzeilen?

Vielleicht sagen Sie sich jetzt: Na ja, das ist der Trend. In diese Richtung geht das mit der Nachrichtenauswahl eben. Sie haben recht. Und »früher« war es ja ähnlich: Auch früher haben wir uns selektiv informiert – die einen haben die »taz« und den »Spiegel« gelesen und die anderen »Welt« und »Bild«. Auch dazwischen klafften einst Welten. Aber eines war dann doch anders: Sowohl »Bild«-

als auch »taz«-Leser waren über die Nachrichtenlage immerhin einigermaßen zutreffend unterrichtet. Wenn auch unterschiedlich gefärbt.

Nur: Von welcher Qualität sind die Meinungen ahnungsloser Menschen? Und wie gehen wir mit der Flut an Desinformation um, die derzeit über uns hereinschwappt?

Ich dachte also über die Qualität von Meinungen nach. Der Ausdruck »Qualität von Meinungen« mag verwundern, aber Sie werden mir vermutlich zustimmen, dass er zutrifft: Ich beispielsweise kann mir keine qualifizierte Meinung über das Fach der erwähnten Studentin bilden, die bildende Kunst. Denn ich habe davon keine Ahnung. Um mich dazu öffentlich zu äußern, bin ich völlig inkompetent. Also maße ich es mir auch nicht an. Zumal jeder Versuch ohnehin peinlich wäre: Alle Experten würden merken, dass ich Unsinn erzähle.

Gegen Ende der Sendung gab die Studentin ein bemerkenswertes Statement ab. Sie sagte im Zusammenhang mit dem Ukrainekrieg: »Diese Komplexität des Themas und wie das auch mit Deutschland, mit unserem Leben zu tun hat, wie das alles zusammenhängt, das war mir davor einfach nicht klar.« Mit »davor« meinte sie »vor der Sendung«. Sie erklärte, sie müsse etwas nachholen, um die Zusammenhänge zu verstehen. Und: »Ich habe davon nichts gewusst. Das liegt vielleicht auch an meiner Informationsaufnahme.«

Wissen ist die Basis für die Meinungsbildung

Ich fand das erschütternd. Da lädt die Redaktion Gäste ein, um mit ihnen über Themen und Medien zu sprechen, und dann hat einer dieser Gäste überhaupt keine Ahnung davon, was die aktuelle Nachrichtenlage bedeutet. Um dann durch die Sendung zu erkennen, dass es da bisher einen blinden Fleck gab. Vermutlich wäre sich die Studentin ihres blinden Fleckes gar nicht bewusst geworden, wenn sie nicht Talkgast gewesen wäre. Denn Radio – und damit Deutschlandfunk – hört sie ja nicht.

Genau darum geht es mir in diesem Buch: Wie relevant sind unsere Meinungen, wenn wir ahnungslos sind? Wie sicher können wir sein, uns tatsächlich eine solide Meinung zu etwas zu bilden?

Bilden wir uns unsere Meinungen auf der Basis von gesicherten Erkenntnissen oder von Halbwissen und Mutmaßungen? Woran erkennen wir gesicherte Erkenntnisse? Was ist der Unterschied zwischen Erkenntnissen und Annahmen? Und was ist überhaupt eine Meinung? Und wie machen wir uns immun gegen Lügen, Desinformation und Unsinn?

»Wie wir uns eine fundierte Meinung bilden«, lautet der Untertitel dieses Buches. Sie fragen sich vielleicht: Genießen wir nicht Meinungsfreiheit und dürfen meinen, was wir wollen? Was fällt diesem Autor ein, darüber zu urteilen, welche Meinungen fundiert sind und welche nicht?

Ich bin mir ziemlich sicher: Das tun Sie auch. Stellen Sie sich vor, ein Freund sagt Ihnen, er finde es schade, dass Martina wegzieht – obwohl Martina das gar nicht vorhat. Wie fundiert ist dann seine Meinung über Martinas Umzugspläne? Nicht sehr. Bei aller Liebe zur Meinungsfreiheit.

Wenn wir uns eine Meinung auf der Basis von Unsinn bilden, zum Beispiel anhand von Fehlannahmen, ist diese Meinung kaum fundiert. Wir dürfen sie natürlich vertreten, aber möglicherweise ist sie dann eben nicht unbedingt sinnvoll.

Und damit sind wir schon bei einer Hauptprämisse dieses Buches: Allem, was wir meinen, liegt irgendeine Sachlage zugrunde. Wenn wir Martinas Wegzug schade finden (unsere Meinung), liegt dem zugrunde, dass Martina wegziehen will (die Sachlage). Hat Martina das gar nicht vor, ist die Meinung, das sei schade, eine Meinung mit falschem »Tatsachenkern«, wie es Juristen nennen. Die Meinung beruht auf einer Fehlannahme.

Insofern sind zutreffende Informationen die Basis für jede Meinungsbildung. Wollen Sie sich Ihre Meinungen auf der Basis von Denkfehlern und Irrtümern bilden? Ich kenne niemanden, der das will. Zugleich fürchte ich, dass immer mehr Menschen genau das tun: Viele Meinungen beruhen auf äußerst wackeligen Annahmen, andere auf Unwahrheiten.

In jedem Fall also sollten die Informationen, die uns zur Meinungsbildung dienen, stimmen. Deshalb sollten wir uns zuerst mit der Frage befassen, was eine gesicherte Erkenntnis ist – nicht, dass wir an Unsinn glauben. Dazu betrachten wir, welchen Informationen und Meinungen wir so ausgesetzt sind, gerade in der öffentlichen Kommunikation. Wie gehen wir damit um? Und danach setzen wir uns mit der Frage auseinander, wie wir uns eine fundierte Meinung zu den gesicherten Informationen bilden, die uns vorliegen.

Medienkompetenz und Informationskompetenz

Derzeit ist viel zu lesen über Medienkompetenz und darüber, dass Jugendliche in den Social Media Fake News erkennen sollen – und wie seriös welche Kanäle sind.

»Medienkompetenz« umfasst nach Dieter Baacke die Medienkritik, die Medienkunde, die Mediennutzung und die Mediengestaltung. Ralf T. Kreutzer, Professor für Marketing, definiert »Medienkompetenz« im Gabler-Wirtschaftslexikon so: »Medienkompetenz beschreibt die Fähigkeit, sowohl die verschiedenen Medienkanäle als auch deren Inhalte kompetent und vor allem kritisch zu nutzen sowie mit und in diesen Kanälen zu agieren.« Für ihn setzt sich Medienkompetenz aus vier Elementen zusammen:

- Sachkompetenz – das Wissen über die Medien,
- Selbstreflexionskompetenz – die Fähigkeit, das eigene Mediennutzungsverhalten zu analysieren,
- Rezeptionskompetenz – die Fähigkeit, Medien kritisch zu nutzen,
- Partizipationskompetenz – die Fähigkeit, Inhalte für Medien zu gestalten.[2]

Das sind alles erstrebenswerte Kompetenzen. Wobei ich mich hier nur auf einen Teilbereich konzentrieren will: auf den Umgang mit Informationen an sich. Dabei spielen viele weitere Aspekte eine Rolle:

- Wie erkennen wir, was wahr ist und was falsch? Und zwar, ohne uns beirren zu lassen von Menschen, die behaupten, die gesamte Realität sei subjektiv oder relativ?
- Was bedeutet das, was wir lesen oder hören? Und was bedeutet es nicht? In welchen Kontext gehört etwas? Was lässt sich daraus ableiten, was nicht?

- Wie gelangen wir überhaupt zu Erkenntnissen? Ist wahr, was wir für plausibel halten oder was in unser Weltbild passt? Und woran erkennen wir, dass wir uns irren?
- Welchen Denkfehlern unterliegen Menschen immer wieder?
- Welche Denkfehler nutzen Manipulatoren, um uns in ihrem Sinne zu beeinflussen? Wie gelingt Einflüsterung und wie schützen wir uns davor?
- Weshalb glauben so viele Menschen an irgendwelche Verschwörungsmythen?
- Wie bilden wir uns eine fundierte Meinung?

Medienkompetenz ist fraglos wichtig. Nur geht es dabei meines Erachtens nicht nur um Jugendliche und Social Media. Es geht um die Breite unserer Gesellschaft, in der viele Menschen ohne publizistisches Wissen bei Facebook & Co. Fake News verbreiten, nur weil sie ihnen plausibel erscheinen und ihre Vorstellungen bestätigen.

Daher möchte ich hier einen neuen Begriff vorschlagen: Wir brauchen nicht nur Medienkompetenz, sondern vor allem auch »Informationskompetenz«. Damit meine ich die Fähigkeit, mit Informationen professionell umzugehen – sie treffend einzuordnen und kritisch zu hinterfragen. Stimmt überhaupt, was wir lesen und hören?

Wir alle sind Sender und brauchen publizistisches Handwerk

Gerade weil wir alle inzwischen nicht mehr nur Medienkonsumenten sind, sondern längst auch Multiplikatoren und Sender, ist die Einordnung von Informationen eine Schlüsselkompetenz. Wir senden Blogbeiträge, Podcasts, Facebook-Postings, TikTok-Beiträge und Tweets. Wir teilen auch Beiträge anderer, möglicherweise ohne einschätzen zu können, ob wir Unsinn multiplizieren.

Dass alle senden können, ist prinzipiell eine feine Sache im Sinne einer demokratischen Gesellschaft. Der sogenannte Gatekeeper ist ein wenig in den Hintergrund geraten – der »Torhüter«, der bestimmt, welche Informationen das Licht der Öffentlichkeit erblicken und welche nicht, beispielsweise in Gestalt einer Leserbriefredaktion. Redaktionen erfüllen zwar nach wie vor eine Gatekeeper-Funktion – sowohl die klassischen als auch die »alternativen Medien« entscheiden, was sie bringen und was nicht –, aber grundsätzlich können wir alle heute sofort ein Blog aufsetzen und mit dem Publizieren anfangen. In unserem Blog sind wir der Gatekeeper.

Die Kehrseite dieser Medaille ist eine unfassbare Inflation an Falschinformationen im Internet, auf die wir möglicherweise hereinfallen. Wie können wir ausschließen, Unsinn zu teilen? Wie erkennen wir Desinformation und Propaganda?

Und hier sind wir beim Handwerk der öffentlichen Kommunikation. Dieses Handwerk ist für meine Begriffe entscheidend. Im Grunde brauchen wir alle heute das Know-how der Publizistik. Denn der Glaube an Unsinn und die daraus folgende Meinungsbildung nehmen inzwischen Ausmaße an, die die freiheitlich-demokratische Grundordnung gefährden können. Laut einer Studie der Bertelsmann-Stiftung vom Februar 2024 halten inzwischen 84 Prozent der Menschen vorsätzlich verbreitete Falschinformationen für ein großes oder sehr großes Problem, 81 Prozent sehen darin eine Gefahr für die Demokratie.[3]

»Schweigespirale«: Wenn die Minderheit zur Mehrheit wird

Vor der Revolution des Internets war die Kommunikation der meisten Menschen aufs Private begrenzt. Und was im Privaten läuft, spielt in der öffentlichen Wahrnehmung kaum eine Rolle. Millionenfaches Geschimpfe an Stammtischen blieb über Jahrhunderte ohne Belang, weil jeden einzelnen diffamierenden Spruch nur fünf Leute hörten. Heute verbreitet der Stammtisch seine Inhalte auf zahlreichen Kanälen öffentlich, und die Millionen finden zueinander und vernetzen sich. Und: Die Äußerungen bleiben dokumentiert, als Texte, in Fotos und Videos, und zwar ebenfalls nicht privat, sondern öffentlich.

Anders als beim klassischen Stammtisch, bei dem das Schimpfen mit der Sperrstunde endet und beim nächsten Frühschoppen von Neuem beginnt, knüpfen die Verbreiter von Falschinformationen und auch Hassbotschaften an ihre bisherigen Veröffentlichungen an und bauen darauf auf. Es entsteht der Eindruck einer breiten Bewegung.

Der Effekt erinnert an das Konzept der »Schweigespirale« der Demoskopin Elisabeth Noelle-Neumann: Danach wird eine laute Minderheit irgendwann durch Opportunitätsdruck zur Mehrheit, weil die Leute die Minderheit wegen deren Lautstärke als Mehrheit wahrnehmen und sich gerne der Mehrheit anschließen.[4]

Nun spricht generell nichts dagegen, dass eine Gruppe sich vergrößert und Mehrheiten gewinnt – das ist der Wesenskern der Demokratie, in der die Mehrheit entscheidet. Nur: Wenn sich eine Gruppe durch Falschbehauptungen und Diffamierungen zur Mehrheit emporarbeitet, sprechen wir von Demokratiegefährdung. Denn wenn diese Gruppe dann die Öffentlichkeit systematisch mit Falschbehauptungen versorgt und die Menschen daran glauben, bildet sich irgendwann niemand mehr eine fundierte Meinung. Wie wir wissen, gibt es solche Regime: Dort gibt es massive Eingriffe in die Meinungsfreiheit, und die Bevölkerung als Opfer ständiger Desinformation ist schlicht nicht im Bilde über die wahren Verhältnisse.

Meinungsbildung anhand von Halbwahrheiten und Lügen

Derzeit sind zahlreiche Agitatoren im Begriff, unsere Gesellschaft mit Unsinn zu füttern und damit politisch handlungsunfähig zu machen. Mit dieser Propaganda verwandt sind interessanterweise die vielen Verschwörungsmythen, die uns derzeit begegnen, so sinnlos sie dem aufgeklärten westlichen Menschen auch erscheinen mögen. Am Ende bilden sich immer mehr Menschen ihre Meinungen anhand einer kruden Mischung aus Halbwahrheiten, Lügen, Verdrehungen, Gerüchten und Verschwörungslegenden.

Insofern ist es heute zentral, dass wir Behauptungen und auch Meinungen professionell betrachten. Wir brauchen die Fähigkeit, Desinformation schnell zu identifizieren – als Gesellschaft, um die Destabilisierung zu stoppen, und als Einzelne, damit wir individuell qualifiziert mitreden können.

Der Kern der Informationskompetenz ist die Fähigkeit, Äußerungen verschiedener Qualität zu differenzieren. Und darum soll es in diesem Buch gehen: Tatsachen, Vermutungen, Meinungen, Perspektiven, Belege, Überzeugungen, Argumente, Unwahrheiten, Lügen, Irrtümer, Denkfehler, Desinformation, Gerüchte, Behauptungen, Andeutungen, seriöse und unseriöse Quellen, qualifizierte und unqualifizierte Äußerungen, Wahrheit, Plausibilität, Propaganda – und so weiter. Wären die Kenntnisse zur öffentlichen Kommunikation in der Bevölkerung stärker repräsentiert, hätten Lügner und Demagogen kein so leichtes Spiel.

Kapitel 1

»Aber es könnte doch sein ...« Was stimmt und was nicht stimmt

Wie kommen wir zu gesicherten Erkenntnissen? Was ist eine Tatsache? Was ist eine Vermutung? Diese Gedanken sind elementar, weil sie für jede Art von Meinungsbildung die Basis bilden. In diesem Kapitel sprechen wir über Erkenntnisgewinn nach wissenschaftlichen Maßstäben und darüber, warum das gar nicht so kompliziert ist. Und: Wenn zwei Menschen einander widersprechen, wer trägt dann die Beweislast? Dafür gibt es im aufgeklärten westlichen Denken klare Richtlinien. Wenn wir sie beachten, kommen wir mit höherer Wahrscheinlichkeit der Wahrheit auf die Spur. Wobei sich natürlich auch die Frage stellt: Was ist eigentlich »wahr«? Und: Stimmt es eigentlich wirklich, dass zwischen Erde und Mars eine kleine Teekanne um die Sonne kreist?

Wissen wir etwas oder glauben wir es nur?

Quiz 1:
Welche der folgenden Aussagen beinhalten gesicherte Erkenntnisse?

a. Die Künstliche Intelligenz (KI) wird bald die menschliche Intelligenz übertreffen.
b. Die Erde kreist um die Sonne.
c. Bakterien machen krank.
d. Reiche Menschen sind charakterlos.
e. Rauchen ist ungesund.

Auflösung am Ende des Kapitels.

Gab es König Artus? Schwer zu sagen. Wir wissen nicht, ob es König Artus gab, wir können es bestenfalls glauben. Er gilt als Sagengestalt und könnte zugleich gelebt haben. Wir können es also vermuten. Wir können auch davon überzeugt sein. Doch das alles sagt auch: Wir wissen es nicht.

Und gab es Ludwig XIV. (1638–1715)? Ja, den gab es. Wir haben ihn zwar nicht getroffen, aber wir verlassen uns auf die Geschichtsschreibung. Und danach ist die Existenz von Ludwig XIV. eine gesicherte Erkenntnis.

»Glauben heißt nicht wissen« – dieser Satz ist einer der wichtigsten Sätze, die ich aus der Schule mitgenommen habe, und zwar aus dem Munde meines inzwischen verstorbenen Geschichtslehrers. Auch dieser Geschichtslehrer hat Ludwig XIV. nie getroffen. Aber er kannte das Prinzip der Geschichtsschreibung, bei der wir die Existenz von Personen und Ereignissen in Chroniken finden und in Berichten, die unabhängig voneinander entstehen. Historiker halten fest, was war und was ist. Sie sichern diese Informationen als Wissen. Seriöse Historiker verdrehen dabei nichts und geben auch keine Vermutungen als Fakten aus.

Zugleich lassen wir Menschen uns oft von dem leiten, was wir glauben. Oft halten wir Annahmen für gesichertes Wissen. Wir vermuten etwas und bilden uns auf dieser Basis unsere Meinungen und treffen Entscheidungen. Zum Beispiel fragen wir unseren Partner entgeistert, wieso er das Gartentürchen offen gelassen hat, dabei hat er das gar nicht getan. Das alte Kastenschloss ist einfach marode und das Türchen ging im Wind von allein auf. Wir unterstellen einfach, dass er es war, und er darf dann erklären, warum er es nicht war. Unfair eigentlich, denn sollten nicht eher wir darlegen, warum er es war? Schließlich stellen wir die Behauptung auf.

Ich schreibe dieses Buch in einer Zeit, in der eine Flut von Falschinformationen über uns hereinbricht. Auf dem Bildschirm sehe ich gerade das Fake-Foto mit den meterhoch gestapelten Heuballen vor dem Eiffelturm, das uns weismachen soll, so sähen die Bauernproteste in Paris aus. Auf X (früher Twitter) erzählen uns zahlreiche User, dass die »Mainstream«-Medien diese Wahrheit angeblich verschweigen.[5]

Auf solche Fakes fallen nicht nur Leute herein, die sich leicht für dumm verkaufen lassen. Es ist tatsächlich ein Handwerk, die Qualität von Informationen einzuschätzen. Wem dieses Handwerk fehlt, ist gefährdet.

Uns begegnen zahlreiche Falschinformationen – Behauptungen, Vermutungen, Gerüchte, wilde Erklärungen für angeblich Unerklärliches und auch Manipulationsversuche und Verschwörungserzählungen. Wie ordnen wir das alles ein, was wir da »erfahren«? Wie erkennen wir, was stimmt und was nicht?

Womit wir gleich zu einer Spitzfindigkeit kommen, nämlich dem Wort »erfahren«. Ist das, was wir »erfahren«, eine »Erfahrung«? Nein, natürlich nicht. Etwas zu »erfahren« ist etwas anderes als eine »Erfahrung«. Unsere »Erfahrungen« sind das, was wir erleben und erlebt haben – wir waren Zeugen und können das Erlebte in aller Regel als zuverlässiges Wissen abspeichern. Wenn wir also selbst erleben, dass das Auto nicht anspringt, können wir das sicher behaupten.

Nun weiß ich auch, dass wir uns täuschen können und dass uns die Erinnerung Streiche spielen kann. Deswegen gehören aber nicht alle unsere Erfahrungen ins Reich der Legenden. Am Ende haben die allermeisten Menschen ihr Leben vor allem deswegen im Griff, weil sie sich darauf verlassen können, dass stimmt, was sie erleben. Ist unsere Wahrnehmung nicht gestört, können wir die Wirklichkeit beobachten und Feststellungen treffen. So, wie wir das täglich tun, in der Küche, bei der Arbeit. Erkenntnis durch eigenes Erleben ist selten das Problem.

Das Problem liegt eher bei dem, was wir »erfahren«. Das sind die Informationen, die wir nicht selbst ermitteln, indem wir etwas direkt erleben, sondern diese Informationen trägt uns jemand zu. Wir erhalten diese Informationen indirekt, über Bande.

Unsere Meinungen bilden wir uns aufgrund von beidem: Unsere Erfahrung spielt eine Rolle, und was wir von Freunden hören oder bei Instagram lesen, spielt ebenfalls eine Rolle. Das mag banal klingen, ist aber wichtig: Am Ende bilden wir uns unsere Gewissheiten aufgrund dessen, was wir erleben, und aufgrund dessen, was wir erfahren.

Die Ehrlichkeitsvermutung

Was tun wir, wenn wir eine Information erhalten? *Erfahren* wir etwas, dann wissen wir erst einmal nicht, ob die Information stimmt.

»Michael Jackson ist tot«, erzählte mir ein Freund Ende Juni 2009 am Telefon. Ich weiß nicht, wie das bei Ihnen ist, aber ich glaube Menschen erst einmal, was sie sagen. Ich lasse erst mal gelten, was ich höre. Ich übernehme nicht sofort jede Meinung, aber ich akzeptiere, dass jemand denkt, wie er denkt. Und wenn mir jemand etwas sagt, was ich niemals für möglich gehalten hätte, bin ich ebenfalls erst einmal geneigt, diese neue Information zumindest einmal zur Kenntnis zu nehmen und nicht sofort anzuzweifeln.

»Ehrlichkeitsvermutung« nennen das die Kognitionspsychologen Daniel Simons und Christopher Chabris in ihrem Buch »Lass dich nicht täuschen«. Freie Gesellschaften brauchen diese Ehrlichkeitsvermutung für die öffentliche Debatte, die die Gesellschaft weiterbringt.

In den westlichen Gesellschaften ist es eine soziale Konvention, dass wir einander grundsätzlich glauben.

Dass Michael Jackson mit nur 50 Jahren sterben würde, hatte ich nicht erwartet. Ich erhielt die Nachricht von einem Freund. Da dieser Freund mit dem Tod normalerweise keine Späße treibt, glaubte ich ihm. Ohne ihm zu misstrauen, habe ich die Information über die Nachrichten verifiziert.

Von den Terroranschlägen am 11. September 2001 habe ich im Autoradio auf einem öffentlich-rechtlichen Sender gehört. Es gab für mich keinen Grund, an der Information zu zweifeln. Ich habe etwas Unglaubliches geglaubt, obwohl ich nicht dabei war. Aber die Quelle war eben seriös, und so hatte ich eine zuverlässige Information bekommen.

Diese Dinge habe ich nicht deswegen geglaubt, weil ich sie für möglich hielt – und auch nicht, weil ich sie mir vorstellen konnte. Ich habe sie geglaubt, weil ich keinen Grund hatte, den Radiosender oder einen guten Freund als unseriöse Quellen anzusehen.

Aber: Nur weil ich etwas für möglich halte oder es mir vorstellen kann, halte ich es deswegen nicht für wahr. Natürlich halte ich es für möglich und kann es mir grundsätzlich vorstellen, dass die USA unter Präsident John F. Kennedy (1917–1963) die Mondlandung inszeniert haben. Aber trotzdem halte ich die Behauptung für Unsinn. Was die Befürworter an »Belegen« dafür anführen, sind Verdachtsmomente, die sich entkräften lassen: So hinterlässt eine Landefähre auf dem Mond beispielsweise keinen Krater, weil der Mond keinen »durch Wind, Wasser, Pflanzen, Tiere und Mikroorganismen geformten Mutterboden« kennt, worauf Holm Gero Hümmler hinweist. Es ist ein Felsboden. Dass auf den Mondfotos keine Sterne im Hintergrund zu sehen sind, erklärt sich durch die Einstellungen des Objektivs.[6]

Also: Unmöglich wäre der Fake nicht; eine Regierung könnte so etwas tun. Vorstellbar ist es auch, schließlich sind Inszenierungen kein Hexenwerk und kommen durchaus vor. Aber deswegen folge ich dieser Theorie nicht. Wenn sich die angeblichen Belege als haltloses Stochern im Nebel entpuppen, ist auch jede Ehrlichkeitsvermutung fehl am Platz.

Anders als bei einem Radiosender oder bei meinem erwähnten Freund zweifle ich bei Verschwörungsgläubigen an der Absenderkompetenz. Warum? Weil Verschwörungsgläubige an Gerüchte glauben und weil sie uns Verdachtsmomente als Belege unterjubeln wollen. Wer bitte ist ernsthaft von Spekulationen überzeugt? Da ist Vorsicht geboten.

Wo genau wir uns zwischen den Polen »extremes Misstrauen« und »extreme Gutgläubigkeit« ansiedeln, hängt also immer auch davon ab, wie geordnet die Menschen denken können, denen wir zuhören, und wie sie sich ihre Gewissheiten bilden.

Wenn Prämissen unsere Wahrnehmung beeinflussen

Stellen Sie sich vor, Sie schauen durch eine Kamera, auf deren Objektiv Sie einen Rotfilter aufgesetzt haben. Was sehen Sie? Einmal ist natürlich alles rot, klar. Aber zugleich ist das, was tatsächlich rot ist, nicht mehr sichtbar. Es ist maskiert, weil es im gesamten Rot untergeht. So hat man in der klassischen Schwarz-Weiß-Fotografie unschöne Rötungen der Haut weggezaubert. Wenn alles rot ist, ist nichts mehr rot. Wenn Sie so wollen, ist das eine beabsichtigte Wahrnehmungsstörung: Der Kontrast ist weg, durch den wir Dinge erkennen.

Durch gedankliche Filter lassen wir oft nur Inhalte zu, von denen wir ohnehin schon überzeugt sind.

Im übertragenen Sinne tragen wir jede Menge Brillen mit farbigen Gläsern, die unsere Wahrnehmung filtern. Ich nenne diese Filter »Prämissen« – sie verkörpern sozusagen die Bedingungen, unter denen wir etwas betrachten. Das kann unsere kulturelle Prägung sein oder unsere Art zu denken. Beim Stichwort »Verkehrsunfall« denken Polizeibeamte, Kfz-Mechatroniker und Verkehrsrechtler an unterschiedliche Dinge. Wer davon überzeugt ist, dass ihn alle beobachten, wird möglicherweise allen misstrauen. Wer glaubt, ein großer Finanzcrash stehe bevor, bunkert vielleicht Vorräte für Jahrzehnte.

Eine Prämisse ist also das, was unser Denken bestimmt. Wenn wir nun Gedanken entwickeln, dann ordnen sich diese Gedanken in aller Regel unseren Prämissen unter. Denn die Prämissen geben den Rahmen vor. Alles, was wir denken und entscheiden, findet unter diesen Prämissen statt.

Eine Prämisse kann eine Behauptung sein wie »Reiche Menschen sind durch Ausbeutung zu ihrem Reichtum gekommen« oder eben auch eine Meinung wie »Ich führe mein Leben richtig und alle anderen leben falsch«. Oft genug bilden sich Menschen dann auf der Basis kurioser Annahmen (»Die Regierung ist Teil einer Verschwörung«) Meinungen, die dann erstaunlich felsenfest sind (»Wir müssen Politik und Medien misstrauen«).

Neben der Färbung unserer Wahrnehmung durch derartige »Brillen« gibt es dann noch das Phänomen der selektiven Wirklichkeit: Wir nehmen nur wahr, was wir wahrnehmen wollen oder sollen und blenden alles andere aus. So entstehen Betriebsblindheit und Fachidiotie; und oft auch Arroganz, weil wir unsere Maßstäbe auf andere anwenden und deren Belange ignorieren.

Wobei es normal ist, Dinge auszublenden: Wir konzentrieren uns auf das, was für uns relevant ist und wofür wir uns interessieren. Wer das kulturelle Leben seiner Stadt ausblendet, lebt deswegen nicht in einer Scheinwelt – er interessiert sich nur nicht dafür. In einer Scheinwelt leben wir, wenn wir Dinge ausblenden, die für unser Leben und Denken maßgeblich sind, beispielsweise entscheidende Informationen. Wenn wir Tatsachen ignorieren, die uns zu anderen Gewissheiten und Meinungen führen würden, haben wir es nicht mehr mit einer sinnvollen Informationsauswahl zu tun.

In einer Scheinwelt leben wir auch, wenn wir uns selektiv an unzutreffende Annahmen halten, die wir für Fakten halten, weil sie unsere Prämisse bestätigen – und zugleich alles ignorieren, was dagegenspricht.

In einer Scheinwelt leben wir nicht, wenn wir irrelevante Informationen ausblenden, sondern wenn wir relevante Informationen ausblenden.

Andere Prämissen sind Logiken: beispielsweise die Eigenart, vage Hinweise als Beweise zu bezeichnen. Vielleicht weil wir es nie anders gelernt haben.

Kurz: Prämissen können bewirken, dass wir an Unsinn glauben und uns anhand von Unsinn eine Meinung bilden. Und weil wir es nicht merken, wenn unsere Prämissen falsch sind, erscheinen uns unsere Ansichten völlig normal.

Ist Wahrheit subjektiv oder relativ?

Bei manchen Menschen regt sich hier Widerspruch. Wie können Prämissen falsch sein? Wie kann »nicht stimmen«, woran wir glauben? Der Widerspruch regt sich, wenn Menschen die Wirklichkeit und vor allem auch die Wahrheit für subjektiv oder auch für relativ halten. Denn: Haben wir nicht alle einen anderen Blickwinkel auf die Welt?

Der Gedanke der »subjektiven Wirklichkeit« ist ein Grundgedanke in den Sozial- und Geisteswissenschaften. Wichtige Befürworter der Strömung, wonach die Wirklichkeit subjektiv ist, waren beispielsweise der Systemtheoretiker Niklas Luhmann (1927–1998) und der Vertreter des »Radikalen Konstruktivismus« Paul Watzlawick (1921–2007). Grob gesagt konstruieren wir unsere Wirklichkeit gemäß dem »Radikalen Konstruktivismus« selbst. Doch ob Watzlawick seine Steuerbescheide als »subjektive Wirklichkeit« irgendwelcher Finanzbeamten zurückgewiesen hat? Ich schätze: nicht.

Und was ist, wenn es regnet? Sie und ich sind in derselben Straße, Sie sind im Haus und ich sitze draußen im Auto. Sie sehen den Regen durchs Fenster und freuen sich, dass Sie heute den Garten nicht gießen müssen. Ich denke an den Bremsweg meiner Reifen. Dass wir die Wirklichkeit unterschiedlich erleben, mag stimmen, und dieses unterschiedliche Erleben können wir als »subjektive Wirklichkeit« bezeichnen. Aber dass es regnet, bestätigen wir doch beide, oder? Ist der Regen also nicht eine objektive Realität?

Apropos Auto: Haben Sie eine Fahrerlaubnis? Dann bewegen Sie sich offenbar souverän in der objektiven Wirklichkeit. Sonst wären Sie vermutlich durch die Fahrprüfung gefallen. Gut, dass Sie die objektive Wirklichkeit erkennen und darauf reagieren. Sonst wäre Ihre Teilnahme am Straßenverkehr ein Risiko für alle.

Mir ist es sehr wichtig, von einer objektiven Wirklichkeit auszugehen. Wir ordnen diese objektive Wirklichkeit subjektiv ein und blenden möglicherweise auch mal etwas aus. Wir schauen durch unsere farbigen Brillengläser und erkennen deshalb verschiedene Dinge vielleicht nicht. Aber, wie Dieter Lange sagt, Weltreisender und spiritueller Coach: Auch wenn wir durch blaue Brillengläser auf eine Zitrone schauen – die Zitrone wird nicht grün. Sie ist und bleibt gelb.

Kennen Sie die alte philosophische Frage, ob der Baum im Wald umfällt, wenn wir es nicht sehen? Die Subjektivisten sagen, wir konstruieren diesen Vorfall als Realität. Na ja. Ob der Baum fällt, soll von mir abhängen? Ist meine Wahrnehmung so wichtig? Demnach wäre die Verschmutzung des Weltalls nicht real, nur weil wir sie nicht sehen. Das fände ich schon etwas ignorant. Demnach gibt es auch keine Radioaktivität, denn für sie haben wir keinen Sinn. Trotzdem entsteht plötzlich Krebs. Oder haben Sie schon einmal einen Todesfall erlebt? Mit dem Tod des Menschen endete seine »subjektive« Wirklichkeit, aber die Welt dreht sich weiter.

Den »Wahrheitsrelativismus«, bei dem wir die Wahrheit als eine Frage der Meinung oder auch des Gefühls ansehen, halte ich in einem Buch über Erkenntnisgewinn und Meinungsbildung für wenig pragmatisch. Denn es gibt durchaus eine objektive Wirklichkeit: Juristen sprechen von »objektiven Tatbeständen«. Ärzte diagnostizieren realen Krebs, Zahnärzte behandeln tatsächlich vorhandene Zahnfleischentzündungen. Naturwissenschaftler weisen objektiv Spuren von Quecksilber im Wasser nach. Auch für Historiker ist der Sturm auf die Bastille am 14. Juli 1789 nicht subjektiv oder relativ, sondern Fakt.

Was ist Wirklichkeit? Was ist Wahrheit?

Wirklichkeit und Wahrheit sind am Ende ganz einfache Dinge. Fast die ganze westliche Welt hält sich bei der Definition der Wirklichkeit an Ludwig Wittgenstein (1889–1951), der die objektive Wirklichkeit die »Gesamtheit aller Tatsachen« nennt. Diese Realität umgibt uns alle. Dazu gehören Erlebtes und Erfahrenes.

Die Wirklichkeit besteht nach Wittgenstein aus den uns umgebenden Tatsachen.

In der Praxis halten wir uns außerdem an folgende Unterscheidung:

- »Wirklichkeit« bedeutet, dass es etwas gibt. »Wirklich« ist im Sinne Wittgensteins, was tatsächlich existiert oder geschieht, und zwar unabhängig davon, was wir wahrnehmen oder denken.
- »Wahrheit« bedeutet, dass eine Behauptung über die Wirklichkeit zutrifft.

Würden wir die Wirklichkeit selbst erschaffen, würde eine unwahre Behauptung über die Wirklichkeit die Wirklichkeit verändern. Das tut sie aber nicht. Wir liegen einfach nur falsch.

EXKURS: Der Wahrheitsrelativismus und warum er uns beim Erkenntnisgewinn nicht weiterbringt.

Die Sachlage kennt nur zwei Zustände

Was wir hier gerade machen, ist die Basis dessen, was wir zur Meinungsbildung brauchen. Es klingt vielleicht einfach, ist aber wichtig. Zum Beispiel die Feststellung, dass bei der Frage nach Erkenntnissen letztlich nur zwei Zustände zählen:

- Entweder trifft etwas zu
- oder es trifft nicht zu.

Es gibt dabei keine Zwischentöne oder Kompromisse. Es mag sein, dass von zwei gemeinsam geäußerten Behauptungen eine zutrifft und die andere nicht (»Die Sonne wärmt die Erde, die um den Mars kreist«), aber dann haben wir es eben nicht mit nur einer Behauptung zu tun, sondern mit zweien. Die sollten wir auseinanderhalten.

Wir sollten zwischen »Sachlage« und »Kenntnis der Sachlage« unterscheiden.

Diese Art von »geordnetem Denken« beherrschen die meisten von uns auch, denn die meisten bekommen ihren Alltag gemeistert. Da jonglieren wir eine Menge Dinge und Informationen und entscheiden oft auch auf der Basis unbekannter Variablen.

Zunächst also ist etwas Fakt oder eben nicht. Was unsere Kenntnis der Dinge betrifft, gibt es ebenfalls nur zwei Zustände:

- Entweder wissen wir etwas – dann haben wir es mit Fakten zu tun, also mit gesicherten Informationen.
- Oder wir wissen es nicht – dann sind wir bei den Vermutungen und Annahmen, wissenschaftlich formuliert: bei den Hypothesen. Diese sind erst noch zu bestätigen oder zu widerlegen.

Auch dazwischen gibt es im Grunde keine Grauzone. Wenn wir etwas ahnen oder vermuten, wissen wir es nicht. Wir sind im Bereich der Annahmen. Stellen Sie sich beispielsweise vor, jemand hat Ihren Autoreifen aufgestochen und Sie verdächtigen Ihren Nachbarn. Sie sind sich ganz sicher. Denn schließlich gibt es mit dem Mann immer wieder Streit. Mit niemandem haben Sie so viel Ärger wie mit ihm. Außerdem haben Sie kürzlich sein Kind vom

Spielplatz verjagt. Entsprechend können Sie sich vorstellen, dass er es war. Zu Hause entspinnt sich der folgende Dialog:

> *»Bist du dir wirklich sicher, dass der Nachbar den Autoreifen aufgestochen hat?«*
> *»Wer soll es denn sonst gewesen sein?«*

Hier wird klar: Oft halten wir Dinge für »sicher«, die reine Mutmaßungen sind. Das kann gefährlich sein, wenn wir mit dem Verdacht zur Polizei marschieren. Eine Anzeige wegen falscher Verdächtigung (§ 164 StGB) ist kein Spaß.

Unter dem Strich jedenfalls bilden sich Menschen ihre Meinungen anhand dessen, was sie zu wissen glauben, und seien es Falschinformationen.

Auch wenn wir etwas von jemandem erfahren, haben wir es zunächst mit Nichtwissen zu tun. Wir wissen nur, dass jemand etwas sagt. Aber ob stimmt, was er sagt, wissen wir zunächst einmal nicht. Erst wenn wir es gesichert wissen, können wir sagen, dass es zutrifft.

Das gilt vor allem für Dinge, die wir hören oder lesen. Nur was wir selbst durch *Erfahrungen* erleben, können wir als gesicherte Erkenntnis festhalten: Wir erleben selbst, dass Mittwoch ist, dass der Paketdienst ein Päckchen geliefert hat, dass das Benzin mal wieder teurer geworden ist. Diese Dinge *stellen* wir dann *fest*. Eine Feststellung ist im Grunde eine Behauptung über eine Sachlage uns selbst gegenüber. Wir sagen uns selbst, dass etwas Tatsache ist.

Alles außerhalb dieser Erfahrung sehen, hören und lesen wir vermittelt, wir »erfahren« es also nicht von der Wirklichkeit selbst, sondern indirekt – jemand sagt uns etwas, wir lesen etwas, wir belauschen ein Gespräch. Anders als direkt Erfahrenes können wir indirekt Erfahrenes naturgemäß zunächst nicht sicher wissen.

Wie nun können wir klären, ob stimmt, was wir glauben? Damit wir nicht an Unsinn glauben, brauchen wir eine Sicherheitsschleife namens *Verifikation*. Was wir selbst erlebt haben, müssen wir – zumindest für unsere eigene Erkenntnis – nicht verifizieren, denn wir haben es ja erlebt. Allerdings sollten wir es möglicherweise *bele-*

gen, wenn wir die Information weitergeben. In jedem Fall sollten wir verifizieren, was wir indirekt erfahren.

Wissen oder glauben wir?

Wir sehen also den Preis an der Tankstelle und sagen nicht: »Vermutlich ist das Benzin teurer geworden.« Sondern es *ist* teurer geworden. Und das sagen wir auch.[7]

»Wissen« bedeutet dabei die *Gewissheit*, dass eine Information stimmt. Da genügt keine hohe Wahrscheinlichkeit und auch nicht, dass sich die Behauptung schlüssig anhört und wir uns etwas vorstellen können. Es geht bei der Erkenntnis nicht darum, dass wir uns etwas zusammenreimen. Es geht darum, dass etwas gesichert ist. Bevor wir etwas behaupten, sollten wir es *wissen*.

Wissen wir etwas nicht, gehen wir aber davon aus, dann »glauben« wir es. Wir halten eine Information für wahr, ohne zu wissen, ob sie wahr ist. Geben wir diese ungesicherte Information weiter, kennzeichnen wir sie als Hypothese oder Annahme, aber geben sie nicht als Fakt aus.

So gehen gläubige Menschen davon aus, dass es einen Gott gibt. Sie haben keinen Gottesbeweis. Sie vermuten auch nicht, dass es einen Gott gibt, sondern sie sind sich sicher. Obwohl sie es nicht wissen. Sie sind davon überzeugt. Also *glauben* sie.

Zu wissen, dass wir etwas nur vermuten, ist eine wirklich wichtige Schlüsselkompetenz im Umgang mit Informationen: Wir sollten Vermutungen von Tatsachen unterscheiden und uns darüber bewusst sein, dass unsere Annahmen Annahmen sind.

Glaubt man uns unser Wissen?

Etwas völlig anderes ist dann die Kommunikation über dieses Wissen und unsere Annahmen. Wenn wir *sagen*, was wir *wissen*, mag es für uns selbst eine gesicherte Erkenntnis sein – für andere ist es erst einmal nur eine *Behauptung*. Und schon unterscheiden sich die Gewissheiten. Gläubige sprechen innerhalb ihrer Gemeinde ganz selbstverständlich von Gott, außerhalb müssen sie erst einmal deutlich machen, dass sie an Gott glauben.

Nehmen wir also an, Sie wissen gesichert, dass Ihr Nachbar Ihren Autoreifen aufgestochen hat. Sie haben es gesehen. Auch können Sie einen Doppelgänger ausschließen, weil der Nachbar keinen Zwillingsbruder hat und nach der Tat mit seinem Haustürschlüssel in sein Haus gegangen ist. Da sind Sie also ganz sicher.

Wenn wir etwas wissen, haben wir eine gesicherte Erkenntnis. Wenn wir annehmen, etwas zu wissen, können wir uns allerdings irren.

Trotzdem ist die Äußerung aus Sicht der Polizei lediglich eine Behauptung. Und wir wundern uns möglicherweise, dass man uns nicht glaubt, weil wir keine Beweise vorlegen – dabei wissen wir doch, dass stimmt, was wir sagen. Aus Sicht der Polizei ist hier aber noch gar nichts gesichert. Damit die Polizei unser Wissen als Gewissheit akzeptiert, müssen wir es sichern. Es ist ein elementares Prinzip im wissenschaftlichen Denken: Unsere Erkenntnis muss samt Beweisführung für andere nachvollziehbar sein. Das heißt, wir müssen Beweise liefern.

Vermutungen und Behauptungen klingen oft gleich

Noch verzwickter wird es, wenn wir Vermutungen kommunizieren. Eine Falle dabei ist, dass Vermutungen und Behauptungen bisweilen gleich klingen. Wir sagen: »Der war das.« Auch wenn wir es nur vermuten. Das ist unsauber, aber so kommunizieren Menschen.

Ob wir es mit einem Fakt zu tun haben oder einer Vermutung, ist an der Formulierung häufig nicht zu erkennen, daher interpretieren wir einen Satz wie »Der war das« erst einmal als Behauptung. Im Grunde müssten wir nach einem Beweis fragen, aber das tun wir oft nicht, und so halten wir eine Vermutung für einen Fakt.

Darum sollten wir Vermutungen kennzeichnen. Waren Sie nicht Augenzeuge, verdächtigen Ihren Nachbarn aber aus anderen Gründen, könnten Sie sagen: »Ich vermute, dass er das war.« Auf diese Weise würden wir keine Gewissheit formulieren, wie wenn wir Zeuge von etwas geworden sind. Stattdessen markieren wir unsere Äußerung ausreichend deutlich als Vermutung.

Vielleicht merken Sie, dass wir es hier mit einer ganzen Menge an unterschiedlichen Ebenen zu tun haben. Was ist die Sachlage? Was wissen wir? Was sagen wir darüber? Und: Welche Meinung haben wir dazu? Lassen Sie uns hier erst einmal für Ordnung sorgen.

Die fünf Ebenen von der Realität bis zur geäußerten Meinung

Damit wir bei den einzelnen Schritten vom Erkenntnisgewinn zur Meinungsbildung nicht durcheinanderkommen, schlage ich vor, fünf Ebenen zu unterscheiden:

- Ebene 1: **Die Realität**. Was ist die Sachlage? In der Realität sind Dinge der Fall oder auch nicht. Vieles auf der Welt wissen wir (noch) nicht, und von vielem auf der Welt haben wir (noch) keine Kenntnis.
- Ebene 2: **Unsere Gewissheiten und Vermutungen**. Was wissen wir über die Sachlage? Durch das Erfahren – direkt oder indirekt – bekommen wir Kenntnis von der Realität. Zunächst erhalten wir Informationen. Ob diese Informationen zutreffen oder nicht, müssen wir prüfen. Wir können uns irren, auch ohne es zu merken. Zugleich können wir Erkenntnisse sichern. Können wir sie nicht sichern, sind wir im Bereich der Vermutungen.
- Ebene 3: **Tatsachenbehauptungen**. Wie benennen wir eine Gewissheit? Hier geht es darum, wie wir die Informationen zum Ausdruck bringen, die uns vorliegen. Dabei *behaupten* wir Tatsachen, wir bezeichnen also etwas als Teil der Wirklichkeit.
- Ebene 4: **Unsere Meinung**. Was meinen wir über die Sachlage? Ausgehend von den Fakten bilden wir uns jetzt unsere Meinung. Wie bewerten wir die Situation – oder das, was wir für die Situation halten? Unsere Meinung kann fundiert sein – wenn die zugrunde liegenden Informationen stimmen und wir anhand von Lebenserfahrung und Kontextkenntnissen ausreichend nachgedacht haben. Unsere Meinung kann aber auch zweifelhaft sein – wenn wir uns unsere Meinung beispielsweise auf der Basis von Falschinformationen bilden.
- Ebene 5: **Meinungsäußerungen**. Wie äußern wir unsere Meinung über die Sachlage? Jetzt stellt sich die Frage, wie wir anderen vermitteln oder wie wir öffentlich kommunizieren, was wir meinen. Meinungsäußerungen sind Mitteilungen darüber, was wir von der Sachlage halten.

An diesen fünf Ebenen sehen Sie, wie wichtig eine zutreffende Einschätzung der Sachlage ist. Ohne eine zutreffende Gewissheit über die Realität können wir nichts Zutreffendes äußern und uns keine fundierte Meinung über diese Realität bilden. Und ohne eine Meinung zu haben, können wir keine Meinung äußern.

Auf einen Blick

- Es gibt eine objektive Realität, die nicht nur unseretwegen existiert.
- Über diese objektive Realität bilden wir uns subjektive Vorstellungen.
- Durch Prämissen in der Wahrnehmung und im Denken können diese Vorstellungen gefärbt sein.
- Wissen und glauben sind unterschiedliche Dinge.
- Nur was wir verifiziert haben oder was als gesicherte Erkenntnis vorliegt, »wissen« wir.
- Die Ehrlichkeitsvermutung ist ein sozialer Code, wonach wir einander erst einmal glauben.
- Wer vage Vermutungen für Fakten hält, ist keine sichere Informationsquelle.
- Was wir wissen, kann für andere erst einmal eine Behauptung sein.

Auflösung Quiz 1
Welche der folgenden Aussagen beinhalten gesicherte Erkenntnisse?

a. *Die Künstliche Intelligenz (KI) wird bald die menschliche Intelligenz übertreffen.* – Keine gesicherte Erkenntnis, sondern eine Prognose über die Zukunft. Eine Annahme, also eine Vermutung, die erst noch zu verifizieren wäre.
b. ***Die Erde kreist um die Sonne.*** **– Eine gesicherte Erkenntnis dank Wissenschaft.**
c. *Bakterien machen krank.* – Keine gesicherte Erkenntnis, weil die Aussage in ihrer Pauschalität nicht stimmt. Zahlreiche Bakterien brauchen wir, um zu überleben, etwa im Darm.
d. *Reiche Menschen sind charakterlos.* – Keine gesicherte Erkenntnis, sondern eine Meinung.
e. ***Rauchen ist ungesund.*** **– Ebenfalls eine gesicherte Erkenntnis dank Wissenschaft.**

Wer behauptet, belegt

Quiz 2
Was stimmt?

a. Aktuell gültig ist jeweils das zuletzt Gesagte. Was jemand behauptet, gilt so lange, bis jemand etwas anderes behauptet.
b. Bei gegenteiligen Behauptungen zählt das stärkste Argument. Dann bilden sich die Menschen eine Meinung – in einer Demokratie per Abstimmung.
c. Wissenschaft und Forschung müssen neue Behauptungen widerlegen, damit sie als unwahr gelten.
d. Weil Wissenschaft Versuch und Irrtum bedeutet, ist nichts wirklich wahr.
e. Neue Behauptungen hat der zu beweisen, der sie aufstellt.

Auflösung am Ende des Kapitels.

Selbst wenn wir gesehen haben, dass unser Nachbar unseren Autoreifen aufgestochen hat, genügt das nicht als Beweis. Aus Sicht der Behörden ist es lediglich eine Zeugenaussage. Aber ob die stimmt?

Die Sachlage lautet somit aus unserer Sicht: »Unser Nachbar hat unseren Autoreifen aufgestochen.« Aus Behördensicht lautet die Aussage anders: »Der Anzeigenerstatter behauptet, sein Nachbar habe seinen Autoreifen aufgestochen.«

Gefragt sind bei solchen Dingen Beweise. Denn es geht nicht darum, was wir wissen, sondern was wir beweisen. Wir sind bei Ebene 3, also bei dem, was wir über unsere Gewissheiten sagen. Es geht um Tatsachenbehauptungen. Und hier stellt sich die Frage: Was können und dürfen wir sagen und was nicht? Welche Äußerungen sind seriös, welche nicht?

Oft geht es nicht darum, was wir wissen, sondern was wir beweisen.

Mir ist bewusst: Die Frage, was wir sagen dürfen, impliziert schon, dass wir nicht alles sagen dürfen. Darauf reagieren manche im Affekt mit Abwehr und berufen sich auf die Meinungsfreiheit nach dem Motto: »Ich lasse mir doch den Mund nicht verbieten!«

Diese Herangehensweise ignoriert allerdings einige Details, beispielsweise strafbare Äußerungen. Oder die Frage, ob unwahre Behauptungen von der Meinungsfreiheit geschützt sind. Wir gehen noch darauf ein.

Bei wem liegt die Beweislast?

Die Frage ist zunächst: Wer hat den Beweis zu führen? Darauf hat die aufgeklärte westliche Welt eine Antwort: wer die Behauptung aufstellt. Wir sind damit bei einem elementaren Grundsatz des modernen westlichen Denkens: »Wer behauptet, belegt.«

Das leuchtet auch ein: Wer eine Behauptung aufstellt, ist in der Beweispflicht. Wenn also jemand behauptet, wir hätten seinen Autoreifen aufgestochen, muss dieser Jemand das bitte beweisen. Intuitiv ist uns völlig klar, dass es nicht andersherum ist. Die Unschuldsvermutung im Rechtsstaat bewahrt uns davor, dass wir als Beschuldigter unsere Unschuld beweisen müssen, sondern wir gelten erst einmal als unschuldig. Das ist eine Prämisse im rechtsstaatlichen Denken.

Darüber hinaus aber stellt sich die Frage, und zwar nicht nur im Strafrecht, sondern auch in der Wissenschaft: Wer ist in der Beweispflicht, wenn zwei Menschen einander widersprechende Behauptungen aufstellen? Wer muss dann den Beweis antreten? Beide Seiten etwa?

Und da sind wir an einem wichtigen Punkt. Denn nicht beide Seiten müssen den Beweis führen, sondern nur eine. Im wissenschaftlichen Denken kommt es darauf an, wer dem aktuellen Wissensstand widerspricht und etwas behauptet, das die bisherigen Vorstellungen infrage stellt. Den Beweis hat anzutreten, wer eine neue Idee als gesicherte Erkenntnis im Kanon des Wissens verankern will. Wer also eine neue Information als »Wissen« etablieren will, ist in der Beweispflicht.

Maßstab dafür ist der »Stand des Wissens« oder auch der »Stand der Wissenschaft«, der »Stand der Forschung« oder »Forschungsstand« oder auch der »Stand der Wissenschaft und Technik«. Es geht sozusagen um den Status quo, um die aktuelle Erkenntnislage, um den »Stand der Dinge«, um den »state of the art«. Das ist die Gesamtheit aller Erkenntnisse, die auf genau diese Weise gesichert wurden: Wer etwas behauptet, belegt es.

So ist der aktuelle Wissensstand, dass die Erde zumindest ungefähr eine Kugel ist. In keinem Fall ist sie eine Scheibe. Behauptet nun jemand, die Erde sei eine Scheibe, dann widerspricht er dem Stand der Wissenschaft und hat entsprechend den Beweis zu führen.

Die Vertreter des wissenschaftlichen »Mainstreams«, also sämtliche Wissenschaftler, die sich an die bisher gesicherten Erkenntnisse halten, müssen dagegen nichts beweisen – denn dass die Erde eine Kugel ist und keine Scheibe, ist ja bereits gesichertes Wissen. Der Beweis ist längst geführt. Also führen wir ihn nicht noch mal. Dass die Erde allerdings eine Scheibe sein soll, ist noch nicht bewiesen, also möge derjenige diesen Beweis führen, der solches behauptet.

»Zeigt uns einfach das Ufo« lautet also die Überschrift eines Interviews von Bernd Harder, Chefreporter bei der Zeitschrift »Skeptiker«, mit dem Autor Christian Schiffer über angebliche Belege für die Annäherung Außerirdischer an die Erde.[8] Und das ist auch Schiffers Appell: Statt die Wissenschaftsgemeinde damit aufzuhalten, sich mit unbelegten Behauptungen herumschlagen zu müssen, haben diejenigen den Beweis zu führen, die die Behauptung aufstellen.

Ein einfaches Prinzip, oder? Es hilft der Wissenschaft, eine Menge Zeit zu sparen und keine doppelte Arbeit zu machen.

Wer den Stand des Wissens infrage stellt, mag durchaus zum Wissensfortschritt beitragen. Allerdings hat er zu beweisen, dass seine neue, abweichende Behauptung stimmt. Und das kommt auch oft vor: Galt in der Medizin eine bestimmte Betäubung oder Narkose als Stand der Forschung, mussten sämtliche späteren Entwicklungen den Beweis antreten, ebenfalls wirksam oder besser zu sein.

Wen Scharlatane überzeugen und wen nicht

Nun stellen Sie sich vor, auf einem Wissenschaftskongress behauptet jemand, seine neue Tablette zerstöre nach nur einer Einnahme nebenwirkungsfrei jeden Krebs. Das wäre eine Sensation, oder? Das Problem ist nur: Der Vortragende präsentiert keinen einzigen Beleg dafür. Er behauptet einfach nur, dass seine Tablette wirkt, er führt keine Studie an. Was würde geschehen?

Die Anwesenden werden sich vermutlich zuallererst ärgern, und zwar vor allem über die verlorene Zeit. Profis reisen nicht zu einem Kongress, um sich halb gares Zeug anzuhören.

Die Beweislast liegt bei dem, der etwas Neues behauptet, das den Stand des Wissens verändert.

Laien dagegen – also Menschen ohne Kenntnis des wissenschaftlichen Denkens – lassen das oft mit sich machen: Viele besuchen Veranstaltungen, bei denen Redner Behauptung um Behauptung aufstellen, ohne sie zu beweisen. Oft hagelt es Behauptungen und Andeutungen, und oft sind vollmundig angekündigte Beweise dann doch wieder nur Behauptungen. Ein Laienpublikum ist davon schnell beeindruckt – durch den pseudowissenschaftlichen Anstrich entsteht der Eindruck, es handele sich um eine Weiterbildungsveranstaltung mit intellektuellem Tiefgang. Scharlatane erreichen also durchaus Laien, die vom wissenschaftlichen Denken nicht so viel verstehen.

Profis dagegen fordern, dass der Redner seine Theorie mit Fakten untermauert. Denn der aktuelle Stand ist: Krebs ist medikamentös nicht von jetzt auf gleich heilbar. Weil es darum geht, diesen Stand der Forschung zu erweitern, muss ein Beweis her.

Doch statt seine These zu beweisen, beklagt sich der Vortragende darüber, man beschneide seine Meinungsfreiheit. Jetzt wissen die Wissenschaftler im Raum, dass sie es mit einem Amateur zu tun haben: Es geht nicht um die Meinungen des Referenten, sondern um seine Behauptungen. Und die müssen belegt sein. Ansonsten hören wir bitte den nächsten Referenten.

Hörensagen und halb gares Zeug

Dieses Transparenzgebot gehört zum wissenschaftlichen Denken seit der Aufklärung. Die Fachwelt sagt dazu »Reliabilität« und meint damit so etwas wie Nachvollziehbarkeit. Diese Reliabilität ist der Standard, Geheimniskrämerei eher ein Indiz für Scharlatanerie.

Unbelegte Behauptungen, Andeutungen, Gerüchte, Hörensagen, Raunen – alles das verorten wir eher in der Dorfkneipe, daher die Bezeichnung »Stammtischniveau«. Auch Okkultes und Obskures gehört nicht in die moderne Wissenschaft, sondern bestenfalls in die mittelalterliche Alchimie oder in die heutige Esoterik.

Sowohl das Stammtischniveau als auch die Esoterik lehnen seriöse Wissenschaftler als Denkmodelle ab. Journalisten auch. Denn diese Denkmodelle sind wissenschaftsfern, oft wissenschaftsfeindlich und häufig auch wahrheitsrelativierend.

Mit halb garem Zeug werden übrigens auch immer wieder Redaktionen konfrontiert. Wir haben das regelmäßig erlebt: Ohne Termin und ohne konkreten Ansprechpartner kommt jemand mitten im anstrengendsten Tagesgeschäft ohne Rücksicht auf die Zeit der Redakteure mit einem Aktenordner voller angeblicher Beweise für einen riesigen Skandal in die Redaktion und erklärt, das müsse unbedingt in die Zeitung. Jedenfalls war das noch in Zeiten so, als Redaktionen noch keine Security hatten, die Besucher ohne Termin aufgehalten haben.

Was macht eine Redaktion da? Wenn sich dieser »Leser« nicht abwimmeln lässt, nimmt sich jemand die Zeit, schaut die Unterlagen höflich durch und hört sich alles an. Und was soll ich sagen: Im Grunde ergeben solche Besuche nie ein brauchbares Thema. In aller Regel umfasst der Aktenordner keine Beweise, sondern bestenfalls Hinweise, jede Menge zusammengereimte Gedanken und Kopien letztlich unbrauchbarer Quellen. Denn die Leute, die auf solche Art in Redaktionsräume reinmarschieren, haben erfahrungsgemäß selten die nötige Ahnung davon, wie Informationen zu bewerten sind. Sie halten ihre halb garen Ideen für handfest, aber das sind sie nicht.

So gut wie nie gelingt es solchen Besuchern übrigens auch, in wenigen Sätzen zu sagen, worum es ihnen im Kern geht. Sehr viele dieser Hinweisgeber trennen gedanklich nicht zwischen den erwähnten Ebenen: Sie glauben, nur weil etwas ein gewisses Gesamtbild ergibt, was sie sich in ihrer Fantasie zusammenreimen, sei es wahr.

Vielleicht ist das schon einmal ein entscheidender Unterschied in der Herangehensweise an Informationen zwischen Profis und Laien. Es geht nicht darum, jemanden nicht anzuhören. Vielmehr geht es darum, ob wir das, was jemand sagt, seriös verwenden können – also ob sich aus dem vermuteten Wissen eine relevante und vor allem zutreffende Veröffentlichung machen lässt, ob wissenschaftlich oder publizistisch.

Und das ist eben selten der Fall, wenn jemand nicht weiß, dass Behauptungen zu belegen sind und was der Unterschied zwischen einer Annahme und einer Tatsache ist. Manche dieser Hinweisgeber meinen allen Ernstes, eine Redaktion durchforste das gesamte Konvolut und prüfe jede einzelne Behauptung auf ihren Wahrheitsgehalt. Von der Regel »Wer behauptet, belegt« haben die meisten noch nie gehört.

Die unzulässige Beweislastumkehr

Es gilt also: Wer behauptet, belegt. Das heißt, der Referent mit seiner Krebs-Tablette darf nicht vom Publikum fordern, ihm doch zu beweisen, dass er ein Scharlatan ist. Kennen Sie das, wenn jemand die Beweislast umzukehren versucht? Oft sind es politische oder auch historische Behauptungen, die wir widerlegen sollen, manchmal auch wissenschaftliche, etwa bei der Impfthematik in den vergangenen Jahren.

Stand der Wissenschaft ist hier zum Beispiel: Für Impfstoffe brauchen wir keine Langzeitstudien, weil der Körper mit Impfstoffen völlig anders umgeht als mit Medikamenten. Die einzige Hinterlassenschaft eines Impfstoffs im Körper ist die Immunreaktion – und selbst die verblasst nach einiger Zeit, weswegen wir Impfungen immer wieder auffrischen müssen. Sicher können Impfstoffe Nebenwirkungen haben, doch treten diese in aller Regel bald nach der Impfung auf.[9]

Vermutlich haben auch Sie die enorme Empörung aus einigen Ecken darüber erlebt, dass »die Pharmaindustrie« sich angeblich der Langzeitforschung verweigere – eine Empörung, die auf einer Falschinformation beruht. Wer behauptet, Impfstoffe könnten ihre Nebenwirkungen auch in ferner Zukunft entfalten, möge diese Behauptung beweisen, weil sie den Stand der Wissenschaft verändern würde. Jede Beweislastumkehr ist hier wissenschaftlich unzulässig. Entsprechend muss nicht die Pharmaindustrie erklären, weshalb sie keine Langzeitstudien macht.

Die Regel »Wer behauptet, belegt« ist eine der wichtigsten Grundlagen für geordnetes Denken und eine sinnvolle Meinungsbildung. Der Rechtsstaat interpretiert die Regel als Unschuldsvermutung: Als »Stand der Dinge« gilt, dass das Individuum unschuldig ist. Wer etwas anderes behauptet, hat es zu belegen. In den liberalen westlichen Demokratien hat das wissenschaftliche Denken auf diese Weise Eingang in die Justiz gefunden.

Wenn wir also gegenüber den Behörden behaupten, unser Nachbar habe unseren Autoreifen aufgestochen, dann zählt im Rechtsstaat nicht, wer welches Parteibuch, welchen Glauben oder welche Hautfarbe hat, sondern es zählt allein der Beweis. Der Rechtsstaat lässt lieber einen Schuldigen laufen, als einen Unschuldigen zu belangen. Im Totalitarismus ist es umgekehrt: Dort zählen Parteibuch, Glaube und Hautfarbe. Dort belangen Regime lieber Unschuldige, als einen Schuldigen laufen zu lassen.

Wenn wir nun im Rechtsstaat zur Behörde gehen und behaupten, unser Nachbar hätte unseren Autoreifen aufgestochen, dann folgt alles Weitere den Prinzipien wissenschaftlicher Wahrheitsfindung. Und dazu gehört das Prinzip »Wer behauptet, belegt«. Wer behauptet? Wir. Also liegt die Beweislast bei uns, weil wir dem »Stand der Dinge« widersprechen, wonach der Nachbar grundsätzlich als unschuldig gilt.

Den Angeklagten seine Unschuld beweisen zu lassen, ist nach rechtsstaatlichen Grundsätzen also eine unzulässige Beweislastumkehr. Und obwohl die Gesellschaft das längst akzeptiert hat, ignorieren heute immer noch zahlreiche Menschen den Grundsatz »Wer behauptet, belegt«. Statt selbst den Beweis für ihre oft haarsträubenden Behauptungen anzutreten, verlangen sie von anderen, diese Behauptungen zu widerlegen.

Die rechtsstaatliche Unschuldsvermutung entspringt dem wissenschaftlichen Prinzip »Wer behauptet, belegt«.

Daher fliegen Menschen, die im Wissenschaftsbetrieb immer wieder gegen den Grundsatz »Wer behauptet, belegt« verstoßen, irgendwann aus dem Wissenschaftsbetrieb raus. Über Rechtsverstöße sprechen wir dabei selten, meist ist es eine Qualitätsfrage. Die Beweislastumkehr, die im Rechtsstaat mitunter *juristisch* unzulässig ist, ist in der Wissenschaft *methodisch* unzulässig.

Wer Behauptungen nicht belegt, gilt als potenzieller Lügner oder Scharlatan

Aus dem Verbot der Beweislastumkehr ziehen der Wissenschaftsbetrieb und auch die Publizistik den nächsten Schluss: Wer etwas behauptet und sich beharrlich weigert, Belege anzubringen, ist mit hoher Wahrscheinlichkeit ein Lügner oder Scharlatan. Denn würde stimmen, was er sagt, hätte er schließlich keine Probleme damit, seine These zu beweisen.

Die Anhänger und vielleicht sogar Jünger des Scharlatans wissen das nicht. Sie fressen ihm aus der Hand. Der Scharlatan selbst ist zwar aus der Uni geflogen, weil die Uni ihren Ruf nicht mit unwissenschaftlichen Arbeitsweisen verschmutzen will, aber der Scharlatan verbreitet seine halb garen Behauptungen nun eben in populären Büchern ohne wissenschaftlichen Anspruch. Weil sein Publikum das Konzept nicht versteht, erkennt es in seinem Guru ein Opfer des »Mainstreams«, das zensiert werde.

Das Publikum stört sich auch nicht an anderen Methoden von Lügnern und Scharlatanen wie ihren drei typischen Strategien:

- **Beweisverweigerung:** Lügner und Scharlatane liefern keine Beweise, was sie schließlich auch nicht können. Sie behaupten zum Beispiel, die Beweise hätten sie nur sichten, nicht fotografieren können – wo sie jetzt seien, sei unbekannt. Die CIA halte die Beweise unter Verschluss, sie seien vernichtet worden. Die entscheidenden Zeugen seien verstorben, die fraglichen Akten im Krieg verschollen und der ominöse Schrank mit dem Geheimfach sei an einen Unbekannten verkauft worden oder gleich verbrannt. Damit geben sie vor, man müsse ihnen vertrauen, weil es keine gesicherten Erkenntnisse gibt, sondern nur subjektive Gewissheiten.
- **Verwirrung durch Überforderung**: Statt Beweisen liefern Lügner und Scharlatane weitere unübersichtliche Informationen, die nur mit enormem Zeitaufwand zu sichten sind und bei näherer Betrachtung keine Beweise beinhalten, sondern lediglich weitere unbelegte Behauptungen. Oft verweisen sie einfach nur auf Quellen, die wiederum nur Behauptungen transportieren.

- **Beweislastumkehr**: Lügner und Scharlatane drehen die Beweislast um – wissenschaftlich unzulässig – und verlangen von uns, das Gegenteil zu beweisen.

Diese drei Taktiken sind massive Verstöße gegen die Prinzipien des modernen Denkens. Doch immer wieder fallen gutgläubige Menschen darauf herein, Wissenschaftler und Journalisten dagegen eher nicht. Diese Profis beharren auf Beweisen und lassen sich nicht hinhalten – ganz egal, wie laut jemand irgendwelche Vorwürfe formuliert, wir seien misstrauisch und damit unhöflich.

Gerade Beweise zu verweigern und die Leute zugleich in Informationsmassen zu ertränken, erweist sich als sehr wirksame Methode: Statt uns eine uferlose Recherche anzutun, glauben wir lieber, was wir hören, und lassen unsere anerzogene Ehrlichkeitsvermutung entscheiden. Wissenschaftlich-publizistische Profis allerdings wollen es genau wissen und haken immer wieder hartnäckig nach. Diese Hartnäckigkeit entlarvt den Unsinn irgendwann.

Bei allen Ausflüchten sollten wir wach sein und aufs wissenschaftliche Denken verweisen: Nicht die etablierte Wissenschaft muss dem angeblichen Wunderheiler nachweisen, dass er falschliegt. Nein, der Wunderheiler muss beweisen, dass er richtigliegt. Denn er ist es, der mit einer Behauptung etwas möglicherweise Neues liefert, was das bisherige Wissen infrage stellt oder ergänzt.

Wer von Ihnen verlangt, eine unbelegte Behauptung zu widerlegen, agiert unseriös.

Aus dem Grundsatz »Wer behauptet, belegt« in Kombination mit der verbotenen Beweislastumkehr sollten übrigens drei Missverständnisse nicht folgen:

- **Eine Behauptung wird auch dann nicht wahr oder glaubwürdig, wenn sie niemand entkräftet.** Manche Leute halten Behauptungen für wahr, nur weil sie nicht widerlegt sind oder sich nicht widerlegen lassen. Doch erstens treten seriöse Wissenschaftler und Journalisten die geforderten Gegenbeweise nicht an – es widerspräche der wissenschaftlichen und publizistischen Ethik. Und zweitens gibt es oft keine Möglichkeit, den Gegenbeweis anzutreten, weil Lügner und Scharlatane uns den Zugang zu den wesentlichen Informationen verweigern. Doch auch wenn eine Falschbehauptung unwidersprochen stehen bleibt, spricht das nicht für sie.

- **Aus der Beweispflicht folgt nicht, dass wir jede Behauptung sofort verwerfen, wenn keine Beweise vorliegen.** Manchmal haben wir es mit Hypothesen zu tun, die auf ihre Beweisführung warten. In solchen Fällen kann weitere Forschung sinnvoll sein, um die Behauptung zu überprüfen. Wenn die Staatsanwaltschaft also noch keine Beweise hat, aber eben einen Anfangsverdacht, dann ermittelt sie.
- **Ebenfalls folgt aus der Beweispflicht nicht, dass wir keine Entscheidungen auf der Basis unbekannter Parameter treffen.** Wir kennen oft die Sachlage nicht und noch viel weniger können wir in die Zukunft schauen. Politiker, Unternehmen und auch Behörden müssen oft anhand einer unklaren Informationslage entscheiden. Auch Gerichte fällen ihre Urteile oft anhand einer erdrückenden Indizienlage ohne jeden Beweis (»Indizienprozess«).

Die Teekanne, die um die Sonne kreist

Dass uns jemand die nötigen Informationen zur Prüfung verweigert, ist übrigens selten Zufall. Meist steckt eine Methode dahinter. Wir kommen zum wichtigsten Merkmal trügerischer Behauptungen: Sie sind nicht nur unbewiesen – was logisch ist, weil sie ja unzutreffend sind –, sondern sie sind zudem auch nicht prüfbar. Wir können sie entweder gar nicht oder nur mit immensem Aufwand prüfen. Damit lässt sich die Lüge nicht widerlegen. Wir können den Gegenbeweis gar nicht erst antreten.

Ist eine Behauptung unbelegt und zugleich unprüfbar, herrscht Scharlatanerie-Alarm.

Bevor wir uns unsere Gehirne verknoten, schauen wir uns ein Beispiel an: Versuchen Sie mal zu widerlegen, dass es außerhalb der Erde Leben im Weltall gibt. Das wird Ihnen nicht gelingen. Sie können außerirdisches Leben nicht ausschließen, denn niemals können Sie das gesamte Weltall durchsuchen. Wir wissen: Dass es außerhalb der Erde Leben im Weltall gibt, wurde bisher auch nicht bewiesen. So steht eine bisher unbelegte Behauptung im Raum, die zugleich unprüfbar ist. Das ist eine geniale Kombination, um Lügen zu verbreiten. Der Lügner schließt damit möglichst sicher aus, dass die Lüge als solche zu entlarven ist. Genau dieses Merkmal mancher Aussagen – unbewiesen und zugleich unprüfbar zu sein – ist unter Wissenschaftlern als sicheres Scharlatanerie-Indiz bekannt. Das Modell ist eine kleine Teekanne.

Stellen Sie sich vor: Irgendwo zwischen Mars und Erde kreist eine Teekanne um die Sonne. Allerdings ist diese Teekanne so klein, dass sie kein Teleskop sichtbar machen kann. Was fangen Sie mit einer solchen Behauptung an? Wir können es nur glauben oder auch nicht. Weder können wir die Existenz der Teekanne belegen noch können wir sie widerlegen.

Nun gehört es zum modernen westlichen Denken, dass wir Dinge nicht einfach *glauben*, sondern sie *verstehen wollen*. Dazu müssen wir sie *nachvollziehen* können. Wer uns das verweigert, handelt nicht wissenschaftlich. Und darum, sagt der Wissenschaftsbetrieb, sind unbelegte und zugleich unprüfbare Behauptungen nicht nur müßig, sondern auch gegenstandslos. Sie sind reine Zeitverschwendung.

Das Modell der Teekanne stammt von dem Philosophen Bertrand Russell (1872–1970). Er sah die Beweislast bei dem, der eine Behauptung aufstellt, und war darüber hinaus der Ansicht, dass sich Behauptungen überprüfen lassen sollten. Nicht die anderen sind aufgerufen, eine neue Idee zu widerlegen, sondern es gilt: »Wer behauptet, belegt.« Wer mit einer neuen Behauptung daherkommt, hat sie nicht nur zu belegen, sondern auch die Beweisführung nachvollziehbar zu machen. In der Wissenschaft bedeutet das oft, alle Unterlagen öffentlich verfügbar zu machen.

Russells Folgerung daraus ist bemerkenswert: Da es weder beweisbar noch widerlegbar ist, dass es diese Teekanne gibt, kann auch niemand beanspruchen, dass ihm jemand diese Geschichte abnimmt.[10] Das Modell der Teekanne von 1952 ist Russells überdeutliches Beispiel für eine unbelegte und unprüfbare Theorie, mit der wir uns schlichtweg nicht auseinandersetzen müssen.

Vermutlich hat sich Russell dabei auf einen weiteren wichtigen Philosophen und Wissenschaftstheoretiker bezogen, nämlich auf Karl Popper (1902–1994). In seinem Buch »Logik der Forschung« beschreibt Popper im Jahr 1935 das Prinzip des »Falsifikationismus«. Demnach sollten sich Behauptungen grundsätzlich falsifizieren, also angreifen lassen. Und damit wir eine Behauptung angreifen können, brauchen wir alle Belege und auch sämtliche Informationen über das Zustandekommen dieser angeblich neuen Erkenntnis. Das meint der Wissenschaftsbetrieb mit der erwähnten Reliabilität, also Nachvollziehbarkeit.

Und das ist außerordentlich konkret gemeint: Lässt sich eine Behauptung grundsätzlich überprüfen? Können wir uns überhaupt damit befassen? Liegen uns alle nötigen Daten vor? Ist die Überprüfung rein praktisch möglich? Erhalten wir Zugang zu allen relevanten Informationen? Oder enthält uns jemand die Unterlagen vor?

Mit seinem Konzept wollte Popper keine neuen Ideen ablehnen. Er wollte lediglich die Qualität der Forschung erhöhen und es ermöglichen, dass die Forschungsgemeinde neue Thesen offen und kritisch diskutieren kann. Da liegen alle Fakten auf dem Tisch. Ein seriöser Forscher hält nichts geheim, sondern sollte vielmehr offen sein für kritische Fragen zu seinen Behauptungen. Er sollte nach Popper sogar von sich aus versuchen, seine Theorie anzugreifen, also nach Irrtümern und Denkfehlern abzuklopfen.

Heute nennen wir ein solches Denken »ergebnisoffen«, also ohne ein »Priming« zugunsten einer bestimmten Idee oder auch Ideologie. Forscher sollten eben unvoreingenommen sein.

Wer seriös arbeitet, hat kein Probleme damit, seine Überlegungen der Kritik anderer auszusetzen – Wissenschaftler kennen die Praxis des Peer-Review« zur Qualitätssicherung. Es ist ein Standard vor jeder Veröffentlichung, den Text erst einmal fachkundigen Kollegen vorzulegen und deren Feedback abzuwarten. Einfach auch, um Wissenslücken und Denkfehler auszuschließen.

Durch Russells Teekanne sehen wir: Viele scheinbare Gewissheiten lösen sich schnell in Luft auf.

Wenn Sie sich das Konzept von Russells Teekanne einmal vor Augen halten, stellen Sie vermutlich fest: Zahlreiche scheinbare Gewissheiten, an die viele Menschen glauben, lösen sich so in Luft auf. Ist etwas unbewiesen und unprüfbar zugleich, sollten wir keine Zeit damit verschwenden. Kennen Sie Menschen, die sich angesichts unprüfbarer Behauptungen tagelang im Internet vergraben, um die angebliche Wahrheit herauszufinden? Das ist im Grunde ein mittelalterliches Vorgehen, an dem die Erkenntnisse modernen wissenschaftlichen Denkens vorbeigegangen sind. Entweder finden wir bei einer Recherche rasch den Gegenbeweis, dann ist die Behauptung Quatsch – oder aber uns will jemand zermürben und verunsichern angesichts schlimmster Unwägbarkeiten in einer obskuren Welt voller übler Geheimnisse.

Bei uns in der Redaktion hießen solche Ideen »Spekulatius« – zu vage, um etwas damit anfangen zu können. Vielleicht ist was dran, aber wenn wir es nicht sichern können, ist die Information wertlos. Was die betreffenden Hinweisgeber dann natürlich empört, weil sie denken, der »Mainstream« lasse sie mit ihrer skandalösen Enthüllung nicht zu Wort kommen oder unterdrücke ihre Meinung.

Halten wir fest: Das Merkmal »unbewiesen und zugleich unprüfbar« ist ein Wesenskern vieler Irrtümer und Verschwörungstheorien.

Auf einen Blick

- Was wir vermuten oder wissen, ist für andere noch lange keine Erkenntnis. Es fehlt der Beweis.
- Beweise objektivieren Erkenntnisse. Durch sie werden Gewissheiten sozusagen übertragbar.
- Wer etwas behauptet, was den bisherigen Wissensstand infrage stellt, hat diese Behauptung zu belegen.
- Von den anderen den Gegenbeweis zu verlangen, ist wissenschaftlich unzulässig.
- Lügner und Scharlatane setzen auf unbelegte Behauptungen, die sich nicht oder nur sehr schwer prüfen lassen.
- Wer keine Kenntnis vom wissenschaftlichen Denken und Arbeiten hat, geht Lügnern und Scharlatanen leichter auf den Leim. Denn deren unbelegte und unprüfbare Behauptungen üben oft einen faszinierenden Sog aus. Am Ende aber opfern viele Menschen dafür ihre Zeit, ihre Lebensqualität und manche sogar ihre Existenz, weil sie sich in eine Scheinwelt hineinziehen lassen.
- Fordern wir von Lügnern und Scharlatanen Beweise, reagieren sie meist mit Beweisverweigerung (die Verschwörung halte die Beweise geheim), mit Verwirrung (sie verweisen auf endlose weitere Quellen, in denen sich wiederum nur weitere Behauptungen finden) oder mit der unzulässigen Beweislastumkehr.

Auflösung Quiz 2
Was stimmt?

a. *Aktuell gültig ist jeweils das zuletzt Gesagte. Was jemand behauptet, gilt so lange, bis jemand etwas anderes behauptet.* – Falsch, weil die Wahrheit nicht vom Zeitpunkt abhängt, zu dem wir etwas äußern.
b. *Bei gegenteiligen Behauptungen zählt das stärkste Argument. Dann bilden sich die Menschen eine Meinung – in einer Demokratie per Abstimmung.* – Falsch, weil es bei Erkenntnissen nicht um Argumente geht. Zudem ist es keine Frage einer demokratischen Abstimmung, was wahr oder falsch ist.
c. *Wissenschaft und Forschung müssen neue Behauptungen widerlegen, damit sie als unwahr gelten.* – Falsch, es ist genau andersherum: Wer Neues behauptet, hat es zu belegen.
d. *Weil Wissenschaft Versuch und Irrtum bedeutet, ist nichts wirklich wahr.* – Falsch, weil auch das Prinzip »Versuch und Irrtum« zu gesicherten Erkenntnissen führt.
e. *Neue Behauptungen hat der zu beweisen, der sie aufstellt.* – Richtig. Denn was zum Stand des Wissens gehört, ist bereits belegt. Wer diesen Wissenskanon ergänzen oder korrigieren will, hat seine neuen Thesen zu beweisen.

Kapitel 2

»Ich habe gedacht ...« Wie wir falschliegen können

Wie wissen wir, was wir zu wissen glauben? Oft irren wir uns und halten eine Unwahrheit für wahr. Für uns ist es eine Gewissheit. Warum? Weil vieles darauf hindeutet, weil es auch andere sagen, weil wir daran glauben wollen – es gibt viele denkbare Gründe. Dabei wissen wir, dass wir täuschbar sind, schließlich haben wir uns alle schon einmal über die Tricks eines Zauberers gewundert. Jetzt geht es um Denkfehler, die uns zu falschen Gewissheiten bringen, und um Möglichkeiten, unsere Irrtümer zu erkennen.

Warum oft nicht wahr ist, was wir glauben

Quiz 3
Wie denken Sie bisher?

a. Ich schließe von der Vergangenheit auf die Zukunft.
b. Ich weiß, dass auch das Unwahrscheinliche eintreten kann. Das bringt mich dann auch nicht aus der Ruhe, denn hin und wieder geschieht das eben.
c. Wenn ich ein paar Anhaltspunkte für eine Theorie habe, halte ich sie für sicher.
d. Wenn mir jemand etwas erzählt, das schlüssig klingt, neige ich dazu, dem Gedanken zu folgen.
e. Für mich bedeutet, etwas zu glauben, nicht automatisch, es zu wissen.

Auflösung am Ende des Kapitels.

Damals war ich felsenfest davon überzeugt, dass mein Kunde bezahlen würde. Warum dachte ich das? Wegen seines einnehmenden Wesens, seiner Umgänglichkeit und natürlich wegen meiner Ehrlichkeitsvermutung. Nur: Er hat nicht bezahlt. Mein Anwalt erwirkte einen Vollstreckungstitel, aber wo nichts zu holen ist, ist auch nichts zu vollstrecken.

Es gibt viele Gründe, warum das, was wir glauben, oft nicht zutrifft, unter anderem:

- Da sind einmal *Konventionen* wie die, dass es sich nicht gehört, jemandem irgendwelche Dinge zu unterstellen. Durch Konventionen verbieten wir uns, bestimmte Dinge für wahr oder auch nur für möglich zu halten.
- Dann gibt es *emotionale Faktoren*: Wir wollen etwas glauben, weil wir uns damit besser fühlen – beispielsweise, dass der Mensch an sich gut ist. Starke Emotionen wie Angst oder auch Liebe können unser Denken sogar aussetzen lassen, und wir liegen in so ziemlich allem falsch, was wir glauben.

- Auch das *soziale Umfeld* beeinflusst, was wir glauben – wir übernehmen die Einschätzungen anderer. Folgen wir einem Guru oder sind verblendet, ignorieren wir mitunter klarste Gegenbeweise.
- Oft ist *Unwissen* der Grund: Hin und wieder mangelt es einfach an Beweisen und Informationen. So treffen wir Annahmen, ohne alle wesentlichen Daten zu kennen.
- Schließlich ist unser Gehirn anfällig für *kognitive Verzerrungen*, also für Denkfehler aller Art.

Um etwas wirklich zu wissen, sollten wir alle diese Einflüsse kennen und möglichst ausschließen. Das bedeutet mitunter auch, dass wir uns nicht emotional einwickeln lassen von jemandem, der uns etwas einreden will. Ein klarer Verstand erkennt die Wirklichkeit und bildet sich seine Meinung möglichst unbeeinflusst von derlei Faktoren. Wobei zumindest ich inzwischen sensibilisiert bin gerade bei Merkmalen wie auffälliger Umgänglichkeit: So gut wie alle Betrüger sind umgänglich. Wobei natürlich nicht alle umgänglichen Menschen Betrüger sind.

Warum also denken wir, es stimme, was wir glauben? Weil es wahrscheinlich ist? Weil es schlüssig ist? Weil es eine Quelle sagt, die wir für vertrauenswürdig halten?

»…«, sagt er

Was Behauptungen irgendwelcher Leute angeht, habe ich mir etwas angewöhnt: Ich füge dahinter erst mal ein »›…‹, sagt er« oder »›…‹, sagt sie« an. Damit schütze ich mich schon mal vor dem Automatismus, Gehörtes und Gelesenes sofort für bare Münze zu nehmen. Und ich stelle meiner Ehrlichkeitsvermutung so etwas wie ein gesundes Misstrauen zur Seite.

Hinter Informationen aus zweiter Hand hängen Sie einfach an: »›…‹, sagt er« oder »sie«.

Das empfehle ich Ihnen auch. Wenn jemand sagt: »Ich habe gestern überwiesen!«, fügen Sie gedanklich an: »›…‹, sagt er« oder »›…‹, sagt sie«. Behauptet jemand: »Das waren die Amerikaner!«, fügen Sie ebenfalls an: »›…‹, sagt er« oder »›…‹, sagt sie«. Auch wenn es heißt: »Der will nur spielen!«, ist ein »›…‹, sagt er« oder »›…‹, sagt sie« sinnvoll. Damit machen wir uns die Überzeugungen oder auch Behauptungen anderer erst einmal nicht zu eigen. Und das ist generell klug, zumindest als unmittelbare Vorsichtsmaßnahme, weil wir nie wissen, ob etwas eine gesicherte Erkenntnis oder nur eine Behauptung ist.

Stimmt etwas, weil es möglich oder wahrscheinlich ist?

Wenn wir mit Behauptungen konfrontiert sind, brauchen wir Wege, um diese Behauptungen zu prüfen. Um herauszufinden, was stimmt, halten sich viele Menschen an die Abstufungen der Wahrscheinlichkeit: Die Grade reichen von »unmöglich« über »möglich« und »wahrscheinlich« bis »sicher«. Wobei das nur die gröbsten Stufen sind: Verfeinerungen kennen Sie durch Formulierungen wie »sehr wahrscheinlich« oder »höchstwahrscheinlich«.

Wenn wir wissen wollen, wie diese Stufen funktionieren, empfehle ich, die Arbeit von Ermittlungsbehörden zu verfolgen und genau zu schauen, welche Ausdrucksweise sie verwenden. Im Grunde repräsentieren Polizeibehörden und Staatsanwaltschaften das wissenschaftliche Denken, indem sie versuchen, Beweise zu führen. Eine große Rolle spielt dabei die Wahrscheinlichkeit. Sich nach Wahrscheinlichkeiten zu richten, ist oft sinnvoll, birgt aber auch ein paar Tücken.

»Kommissar p«

Arbeiten Ermittlungsbehörden streng nach den Prinzipien der Wahrscheinlichkeit, gehen sie mathematisch vor und denken in wahrscheinlichen und unwahrscheinlichen Szenarien. »Wahrscheinlichkeit« ist in der Stochastik *p*, also spreche ich bei solchen Ermittlungen von »Kommissar p«.

Das Problem ist, dass »Kommissar p« – sagen wir es mal vorsichtig – oft sehr schematisch denkt. So verfolgt er häufig Ansätze nicht, nur weil sie unwahrscheinlich sind. Allerdings ist etwas nicht unmöglich, nur weil es uns unwahrscheinlich erscheint. Die Lösung so manchen Kriminalfalls war dann doch ein unwahrscheinliches Szenario. Aber wenn es eintritt, tritt es ein, also zu 100 Prozent.

Trifft etwas (Unwahrscheinliches) zu, trifft es zu 100 Prozent zu.

Wenn wir uns von der Wahrscheinlichkeit leiten lassen, sollten wir also etwas ganz Grundsätzliches anerkennen: Wir schließen dabei von der Vergangenheit auf die Gegenwart oder die Zukunft. Das ist der Grundgedanke bei vielen Prognosen – sie gehen von der bisherigen Verteilung der Ereignisse aus und unterstellen, dass es so weitergeht.

Doch die Verhältnisse können sich ändern: Nur weil die Nachbarn in der Vergangenheit zu Silvester immer eine große Party mit vielen Gästen gemacht haben, heißt das nicht unbedingt, dass sie das beim kommenden Jahreswechsel wieder tun. Wir halten es nur für wahrscheinlich, weil wir an Kontinuität glauben. Obwohl sich die Welt die ganze Zeit verändert, halten wir an dem Gedanken fest, alles ginge so weiter wie bisher.

Nicht von der Vergangenheit beeinflusst sind grundsätzliche wahrscheinlichkeitstheoretische Erkenntnisse: Wenn wir einen gleichmäßigen Würfel beliebig oft werfen, werden alle Seiten zunehmend gleich oft vorkommen. Je öfter wir werfen, desto kleiner werden die Abweichungen von dieser Gleichverteilung. Probieren Sie es aus, es ist eine nette Beschäftigung für lange Winterabende.

Ansonsten gilt, was Heinrich von Kleist (1777–1811) in seiner Kurzgeschichte »Unwahrscheinliche Wahrhaftigkeiten« schrieb. Darin lässt er eine Figur sagen: »Die Leute fordern, als erste Bedingung, von der Wahrheit, dass sie wahrscheinlich sei; und doch ist die Wahrscheinlichkeit, wie die Erfahrung lehrt, nicht immer auf Seiten der Wahrheit.«

Das Leben ist nicht so gut voraussehbar wie das Würfeln

Nun ist die Realität, das Leben, nicht so gut voraussehbar wie der Fall eines Würfels. Bedingungen ändern sich.

Von bisherigen Verteilungen auf zukünftige Verteilungen zu schließen, ist oft trügerisch.

Nehmen wir den Fall einer vermissten Wandrerin. Es geht mir hier nicht um den konkreten Fall, sondern um die Suche nach der Lösung. Die Wandrerin verschwand im September 2020, damals 26 Jahre alt, spurlos auf einer Wanderung im Schwarzwald.

In der Vergangenheit waren die meisten Vermissten in der Gegend verunglückt – sie wurden dann abseits der Wege entdeckt, nachdem sie beispielsweise einen Hang hinuntergestürzt waren. Darum ermittelten die Behörden zunächst in die Richtung eines Unfalls. Sie hielten sich an die wahrscheinlichste Theorie, gemessen an der Vergangenheit. Sie schlossen von der Verteilung der Vermisstenfälle der Vergangenheit auf das Schicksal eines konkreten Menschen in einem individuellen Fall. Wie sinnvoll ist das?

Es hieß als Argument für die Unfallermittlungen sogar, es gebe keine Anzeichen für ein Verbrechen. Das stimmte auch. Aber zur Wahrheit gehört außerdem: Es gab auch keine Anzeichen für einen Unfall. Für keines der denkbaren Szenarien gab es Anzeichen. Trotzdem gingen die Behörden bei ihrer Suche von einem Unfall aus.

Was für uns wichtig ist, wenn wir uns über gesicherte Erkenntnisse eine fundierte Meinung bilden wollen: Jedes einzelne Geschehen ist individuell. Vor allem Delikte folgen oft ganz eigenen, für Außenstehende schwer nachvollziehbaren Mustern.

Jedenfalls lag der Fokus der Ermittler nicht auf einem möglichen Verbrechen. Wobei natürlich die Frage im Raum steht, wo sie mit ihrer Spurensicherung hätten ansetzen sollen. Um in einem Heuhaufen eine Nadel zu suchen, brauchen wir zumindest einmal einen Heuhaufen, wie ein Ermittler einmal sagte.

Mit der Zeit dann haben sich die Wahrscheinlichkeiten verschoben: Wenn selbst nach Jahren trotz intensiver Suchen weder die Wandrerin noch ihr auffälliger roter Rucksack auftauchen, wird die Unfalltheorie immer schwächer. Damit steigt die Wahrscheinlichkeit eines anderen Szenarios. Aber ist dieses andere Szenario deswegen sicher? Nein. Es kann immer noch ein Unfall sein.

Die Realität lässt sich eben so gut wie nicht standardisieren. Das Leben schreibt ganz konkrete Geschichten. Nur im Rückblick lässt sich die Wirklichkeit einordnen und statistisch darstellen, und das auch erst dann, wenn uns gesicherte Erkenntnisse vorliegen.

Fragen Sie nicht nur, was für ein Szenario spricht, sondern auch, was gegen ein Szenario spricht.

Bei dem Fall der vermissten Wandrerin lohnt es sich übrigens, Fragen umzudrehen. Auf die Fragen, was für einen Unfall spricht, für Suizid, für freiwilliges Verschwinden oder für ein Verbrechen, lautet die Antwort aus heutiger Sicht in allen Fällen: Nichts. Es gibt für keine einzige dieser Theorien Anhaltspunkte. Eben weil die junge Frau spurlos verschwunden ist.

Deshalb ist es klug, die Frage anders zu stellen: Was spricht *gegen* ein Szenario? Gegen einen Unfall oder auch gegen einen Suizid spricht vor allem, dass die Vermisste und ihr Rucksack trotz umfangreicher Suche noch immer nicht gefunden wurden. Was spricht gegen freiwilliges Verschwinden? Eine ganze Menge: Weshalb verschwindet sie mitten auf einer Wanderung vor der letzten Etappe, warum bleibt ihr Auto stehen, wieso gibt es eine Verabredung mit ihrer Freundin für den Tag nach der Wanderung? Und jetzt die entscheidende Frage: Was spricht gegen ein Verbrechen? Antwort: Nichts. Keine einzige Information lässt sich so deuten, dass ein Verbrechen unwahrscheinlich oder undenkbar erscheint.

Realität schlägt Prognose: Tritt ein unwahrscheinliches Ereignis ein, zählt nicht mehr, wie wahrscheinlich es einmal war.

Die Realität interessiert sich oft nicht dafür, was bisher besonders häufig geschehen ist und was nicht. Von der Vergangenheit auf die Gegenwart oder auch auf die Zukunft zu schließen, mag uns eine gewisse Orientierung geben – Sicherheit gibt es uns nicht. Das ist wie bei Wahlen: Sobald das Wahlergebnis vorliegt, sind die Umfrageergebnisse hinfällig. Realität schlägt Prognose.

Was möglich ist, ist noch lange nicht Fakt

Und sicher ist es *möglich*, dass unser Nachbar den Reifen aufgestochen hat. Wenn wir nichts davon wissen, dass er verreist war, denken wir: Klar ist es möglich. Dass uns eine Information fehlt, merken wir nicht.

Es ist oft gefährlich, an etwas zu *glauben*, nur weil es möglich ist. Zum einen: Nur weil wir etwas für möglich *halten*, muss es nicht möglich *sein*. Wir halten eventuell etwas Unmögliches für möglich, ohne es zu merken. Zum anderen: Selbst wenn etwas möglich ist, muss es nicht zutreffen. Hat der Nachbar kein Alibi, ist es zwar *möglich*, dass er unseren Autoreifen aufgestochen hat. Aber das heißt eben nicht, dass er es tatsächlich *war*.

Und wenn wir umgekehrt etwas für unmöglich halten, muss es nicht unmöglich sein. Was höchstwahrscheinlich ist, muss nicht zutreffen. Und unser Denken spielt uns auch noch den einen oder anderen Streich.

Vereinfacht gesagt, glauben die meisten Menschen Dinge, die ihnen irgendwie möglich oder wahrscheinlich erscheinen. Andere glauben, was sie sich vorstellen können. Doch mit alldem glauben wir nicht unbedingt an das, was Tatsache ist. Zumal »möglich« und »vorstellbar« verschiedene Dimensionen sind, die wir oft genug verwechseln: Nur weil wir uns etwas vorstellen können, muss es nicht möglich sein. Viele Menschen können sich zum Beispiel vorstellen, dass wir eines Tages durch die Zeit reisen können. Aber es dürfte dann doch unmöglich bleiben. Andersherum sind Dinge möglich, die wir uns bis zu ihrem tatsächlichen Eintreffen nicht vorstellen konnten – wie der Anschlag am 11. September 2001 oder auch, dass manche Prominente im Telefonbuch stehen.

Was wir uns vorstellen können, ist der Realität egal

Um das Jahr 2000 herum fragte mich in der Redaktion ein Kollege, ob ich die Telefonnummer von Harald Juhnke habe. Ich antwortete, Juhnke stehe im Telefonbuch. Der Kollege lachte mich aus und fragte bei den anderen Kollegen herum. Er bekam weitere zwei Male die Antwort, dass Juhnke im Telefonbuch stehe. Irgendwann sah er im Telefonbuch nach und da stand Harald Juhnke.

Der Kollege konnte sich nicht vorstellen, dass Harald Juhnke im Telefonbuch steht, und hielt mich für bescheuert, weil ich das angeblich *glaubte*. Allerdings *glaubte* ich es nicht, sondern ich *wusste* es. Was gesichert ist, ist nicht mehr unvorstellbar. Es ist dann einfach so.

Es ist gefährlich, sich von seinem Vorstellungsvermögen leiten zu lassen. Darum empfehle ich, im Zweifel nachzuschauen, ob Harald Juhnke im Telefonbuch steht, selbst wenn wir es nicht für möglich halten. Ich schließe ungerne etwas aus, nur weil ich es mir nicht vorstellen kann. Ich konnte mir auch nicht vorstellen, dass die Berliner Mauer fallen würde. Sie ist trotzdem gefallen. Der Wirklichkeit war es damals egal, was wir uns vorstellen können, und es ist ihr heute egal. Wir sollten uns bei der Bewertung der Sachlage möglicherweise ein wenig von unserem Vorstellungsvermögen unabhängig machen.

Wobei wir hier einen Aspekt nicht unerwähnt lassen sollten: Formulierungen wie »Ich kann mir nicht vorstellen, dass die anderen die Idee gut finden« sind sehr oft Manipulationsversuche. Auf einer sachlichen Ebene können Sie anmerken, dass es nicht darum geht, was wir uns vorstellen können. Dann merkt Ihr Gegenüber, dass seine Manipulationsversuche ins Leere laufen, und es zeigt sich, ob die Rhetorik »Ich kann mir nicht vorstellen, dass …« einen manipulativen Zweck erfüllen soll und jemand seinen Willen hinter dem versteckt, was angeblich die anderen wollen.

Was »möglich« ist, siedelt sich also außerhalb unseres Denkens an, während das Vorstellbare von uns selbst abhängt. Und da sind wir äußerst subjektiv: Was Sie sich vorstellen können, kann sich Ihr Kollege möglicherweise nicht vorstellen. Bisweilen sind die abwegigsten Dinge möglich. Entsprechend subjektiv ist, was wir uns vorstellen können, oft genug geprägt von unseren Wünschen.

Vorurteile, Laienwissen und lückenhafte Überzeugungen begrenzen die Vorstellungskraft vieler Menschen zusätzlich und bewirken, dass sie vieles nicht für möglich halten, was allerdings möglich ist. Es ist völlig in Ordnung, über das persönliche Vorstellungsvermögen und auch über Wahrscheinlichkeiten Wahrheitsfindung zu betreiben – aber der Tücken sollten wir uns bewusst sein.

Stimmt etwas, weil es schlüssig ist?

Falls Sie den Münster-Tatort vom 10. Dezember 2023 nicht gesehen haben (»Der Mann, der in den Dschungel fiel«), sollten Sie ihn sich unbedingt anschauen. Zentrale Figur in der großartigen Geschichte (Drehbuch: Thorsten Wettcke) ist ein Lügner, der seiner Umgebung einen Bären nach dem anderen aufbindet und am Ende als »Pseudologe«[11] auffliegt.

In der Geschichte schreibt der Schriftsteller Stan Gold (gespielt von Detlev Buck) in einem Buch, er habe nach einem Flugzeugabsturz Jahre bei einem indigenen Volk in Südamerika verbracht, das niemand vor ihm besucht habe. Fürs geneigte Publikum innerhalb des Krimis klingt das glaubwürdig – immerhin hat Stan Gold ja ein Buch dazu veröffentlicht.

Und Sie merken vermutlich schon: Die Behauptung, dass er dort war, ist unbewiesen und unprüfbar zugleich, denn er war ja bisher der einzige Auswärtige bei diesem indigenen Volk. Da Sie das Prinzip von Russells Teekanne kennen, wissen Sie: Der Betrüger wählt mit Absicht ein Szenario, das sich nicht prüfen lässt. Niemals dürfte er zu Besuch bei einem indigenen Volk gewesen sein, das schon jemand kennt. Da würde er sofort auffliegen.

Im Münster-Tatort hat Kommissar Thiel (gespielt von Axel Prahl) einen Vater, genannt »Vaddern« (und gespielt von Claus Clausnitzer), der Taxifahrer ist. Thiels Vater verlangt von dem Schriftsteller Stan Gold verschwundenes Geld von früher zurück – aber der Betrüger tischt ihm eine schlüssige und vorstellbare Räuberpistole auf, bei der der Betrüger natürlich das arme Opfer ist. Bestürzt von der angeblichen damaligen emotionalen Krise Stan Golds erlässt ihm »Vaddern« die Schuld.

Und irgendwann fragt der Forensiker Boerne (gespielt von Jan Josef Liefers) Stan Gold sinngemäß: Wie kann es eigentlich sein, dass der Talisman aus Paraguay einen geschnitzten Elefanten zeigt, wo es doch in Südamerika keine Elefanten in freier Natur gibt?

Ertappt jemand einen Lügner, bemüht dieser möglicherweise eine Ausrede, die sich nicht prüfen lässt.

Mit dieser Feststellung ist Stan Golds Südamerikageschichte nicht mehr schlüssig. Das Kartenhaus droht einzustürzen. Der Lügner braucht jetzt eine Ausrede, um die Plausibilität wiederherzustellen. Weil er bei seiner ersten Lügengeschichte einen Konstruktionsfehler gemacht hat, muss eine zweite Lügengeschichte diesen Fehler ausbügeln. Die Ausrede muss wiederum unprüfbar sein. Unbelegt ist sie sowieso, sie ist ja erstunken und erlogen. Aber auf keinen Fall darf es eine Möglichkeit geben, die Erklärung zu prüfen.

Der angeblich Abgestürzte sagt, die Schnitzerei sei auf einen Stoffelefanten zurückzuführen, den er bei seinem Flugzeugabsturz dabeigehabt hätte. Was wiederum plausibel klingt und möglich sein könnte. Beweise führt er nicht an, weil es keine gibt, und prüfen lässt sich das Ganze auch nicht. Infolge der soziokulturell etablierten Ehrlichkeitsvermutung glauben alle Beteiligten außer Boerne dem Hochstapler und brauchen sehr lange, um sich einzugestehen, dass sie jemandem auf den Leim gegangen sind – auch wegen der sozial erlernten Ehrlichkeitsvermutung.

Die Geschichten, die Stan Gold den anderen auftischt, sind unwahrscheinlich, aber in sich plausibel. Diese Kombination bringt die Umwelt dazu, die Geschichten für spektakulär zu halten und zu glauben. Es geht um illegale Waffengeschäfte und um einen angeblichen Rächer, der hinter Stan Gold her sei. Nur ist eben alles Unsinn. Tatsächlich saß »Hotte Koslowski« – so der wirkliche Name des Schriftstellers im Tatort – einige Jahre wegen eines Banküberfalls in Paraguay im Gefängnis. Der Erfolgsautor ist ein Krimineller und Aufschneider.

Falle Plausibilität

Plausibilität, also, wenn uns etwas schlüssig erscheint, ist trügerisch. Sie kann sogar eine Falle sein. Immer wieder fallen Menschen auf plausible Lügengeschichten herein, ob auf den Enkeltrick oder Versprechungen von geerbtem Geld aus Afrika.

Die Aufgabe für die Täter ist dabei im Grunde nur, uns etwas glauben zu machen, was nicht der Fall ist. Täter nutzen die Ehrlichkeitsvermutung aus, unser Wohlergehen ist ihnen dabei völlig gleich. Ob es dabei um Fälscher aller Art geht oder um Love Scammer, die einsamen und naiven Menschen die große Liebe vom Himmel herunterlügen, um ihnen in der Folge das Geld aus der Tasche zu ziehen.

Am Ende ist es der Trick von Lügnern und Betrügern, eine falsche Wirklichkeit zu konstruieren. Fälscher drucken Falschgeld und täuschen damit eine falsche Wirklichkeit vor – nämlich, sie hätten Geld. Letztlich stellen alle Lügner und Betrüger Behauptungen auf, ob direkt geäußert oder unterschwellig untergejubelt, ob direkt oder indirekt, ob als Text oder Fake-Foto.

Lügner und Fälscher wollen Plausibilität herstellen. Denn dieser folgen Menschen bei dem, was sie glauben.

Angesichts von Behauptungen sollten wir uns daranmachen, sie zu verifizieren. Und das nüchtern, also ungetrübt von sämtlichen persönlichen Dramen, die diese Hochstapler inszenieren, um uns über Logikfehler hinwegsehen zu lassen. Denn genau das ist eine der wichtigsten Fallen, die uns Hochstapler stellen: Wenn wir angesichts ihrer verstorbenen Freunde, der schlimmen Krankheiten und Schicksalsschläge auf eine saubere Faktenlage pochen, stellen sie uns vor allen Anwesenden sofort als unempathisch dar und gewinnen damit meist auch die öffentliche Meinung am Ort des Geschehens für sich. Das Gutseinwollen unterdrückt die Wahrheitsfindung.

Haben Sie das schon einmal erlebt? Sie finden eine Geschichte unglaubwürdig und suchen den Fehler, aber weil der Hochstapler irgendeine Traumatisierung vorschiebt, gilt es sozial als unanständig, der Lüge auf den Grund zu gehen? Wegen dieser sozialen Konvention folgen viele unserer Zeitgenossen sehr blind diversen Hochstaplern. Sie vermischen die Sachlage nicht nur mit dem, was sie darüber denken, sondern sie erlauben es auch noch, dass jemand das Ganze moralisch überlagert und uns den Blick vernebelt. So schauen die Menschen nicht mehr so genau hin und erachten das scheinbar Plausible als wahr – und werden dann möglicherweise sogar zu ahnungslosen Helfern von Lügnern und Betrügern.

Das Wesentliche dabei ist in der Tat die Glaubwürdigkeit. Je besser eine Fälschung über die erlogene Realität hinwegtäuscht, desto mehr Gewinn lässt sich damit erzielen.

Es geht also um unzutreffende Behauptungen über die Wirklichkeit, die auf uns schlüssig wirken sollen. Es ist geplant, dass wir der Plausibilität auf den Leim gehen. Und das tun wir oft – wegen der erwähnten Ehrlichkeitsvermutung, wegen der Plausibilitätsfalle und weil wir nicht wissen, dass die Beweislastumkehr unzulässig ist.

Diese Dinge bewirken, dass wir etwas glauben, nur weil wir es nicht widerlegen können. Damit sind wir die idealen Opfer für Lügner und Betrüger jeder Art, für Intriganten am Arbeitsplatz, für Heiratsschwindler und auch für Demagogen.

Plausibilisierung oder Verifikation?

Menschen glauben oder misstrauen Informationen aus verschiedensten Gründen: Für die einen ist eine Information qualifiziert, wenn sie nach modernen wissenschaftlichen Methoden zustande gekommen ist; die anderen halten sie für korrekt, wenn sie ihnen plausibel erscheint.

Doch was ist eigentlich Plausibilität? Lassen Sie es mich ein wenig herunterbrechen. Wenn ich etwas plausibel finde, dann ...

- ist es **möglich** – es kann also sein und widerspricht nicht den fundamentalsten Gesetzen der Logik oder der Naturwissenschaften,
- ist es in sich **konsistent** – die Erzählung ist frei von inneren Widersprüchen,
- ist es **vorstellbar** – die Erzählung deckt sich insofern mit meiner Lebenserfahrung, als sie nicht abwegig erscheint,
- passt es in den **Kontext** – es gibt also keine Erkenntnisse, die der Erzählung entgegenstehen oder sie gar ad absurdum führen.

Erfüllt eine Erzählung diese Kriterien, halte ich sie für plausibel. Aber ich halte sie deswegen noch lange nicht zwangsläufig für wahr. Vielleicht interessiert es Sie, wie ich dabei mit mir selbst spreche? Ich sage mir nicht: »Das ist plausibel!«, sondern ich sage mir: »Das wirkt auf mich plausibel« oder »Das erscheint plausibel«. Auch dadurch beuge ich dem Fehlschluss vor, einer plausiblen Idee gleich zu folgen.

EXKURS: Die »Hitler-Tagebücher« und ein Sechsfachmord von 1922 – wie uns Fälschungen falsche Plausibilitäten vorspielen.

Insgesamt ist es gefährlich, impulsiv dem Anschein zu folgen. Wenn ich über den Facebook-Messenger eine Nachricht mit dem Porträt einer jungen Asiatin bekomme und in der Nachricht in radebrechendem Englisch lese, »sie« wolle mich und mein Land kennenlernen, weiß ich erst einmal nur, dass bei mir eine solche Nachricht angekommen ist. Ob es die junge Dame gibt – keine Ahnung. Das hat nichts damit zu tun, dass ich dieser Frau misstrauen würde: Ich kann niemandem misstrauen, von dem ich nicht weiß, ob er existiert. In den meisten Fällen stecken Spammer und andere Nervensägen hinter solchen Anfragen.

Ebenso wenig, wie es die Wirklichkeit interessiert, ob sie möglich oder wahrscheinlich ist, interessiert es sie übrigens auch nicht, ob sie plausibel ist. Was geschieht, geschieht. Oft erscheint uns ein Geschehen auch unplausibel.

Wie trügerisch Plausibilität ist und wie sehr sich auch öffentliche Institutionen darauf verlassen, habe ich kürzlich selbst erfahren: Es kam Post von den Stadtwerken mit der Bitte, unseren Zählerstand abzulesen, weil wir ja auszögen. Der Punkt war nur: Wir hatten gar nicht vor auszuziehen.

Eine Plausibilitätsprüfung ist oberflächlicher als eine Verifikation. Nur weil etwas plausibel ist, muss es nicht stimmen.

Der erste Fehler war offenbar ein Zahlendreher bei der Zählernummer eines Stromzählers eines anderen Kunden, der umziehen wollte. Der zweite Fehler geschah bei dessen Stromanbieter – der hat die Zählernummer nicht mit der Adresse abgeglichen. So ist die falsche Information an den Netzbetreiber weitergegangen, der Kunde mit dieser Zählernummer ziehe um.

Infolge meiner Nachfrage erfuhr ich, dass der Netzbetreiber einen sogenannten Plausibilisierungsprozess durchgeführt hatte. Dabei erwies sich als plausibel, dass wir umziehen. Auf die Idee, uns zu fragen, ob wir umziehen, ist niemand gekommen. Eine falsche Information galt als wahr, weil sie plausibel wirkte.

Das ist der Unterschied zwischen Verifizierung und Plausibilisierung. Eine Plausibilisierung prüft nicht den Wahrheitsgehalt, sondern die Stimmigkeit – und das ist etwas völlig anderes. Aber das Phänomen erklärt immerhin, warum die Aktenlage oft mehr zählt als die Realität, auch wenn sie die Realität nicht abbildet. Ist eine Aktenlage in sich selbst konsistent, glauben wir, dass der Inhalt stimmt – aber deswegen muss er nicht wahr sein.

Die Realität dagegen ist immer wahr. Und deswegen sollten wir uns an Beweise halten.

Der Barnum-Effekt

Übrigens gibt es auch plausible Behauptungen, an die wir glauben, weil sie immer stimmen. Und das ist bei diesen Behauptungen so, weil sie völlig beliebig sind. Die Wissenschaft spricht hier vom Barnum-Effekt, benannt nach Phineas Taylor Barnum (1810–1891), der in New York das »Barnum's American Museum« betrieb, ein

Kuriositätenkabinett. Dort gab es »a little something for everybody«, also für jeden etwas. Diese Beliebigkeit ist das entscheidende Merkmal beim Barnum-Effekt.

So werden Sie in einem Zeitungshoroskop allerhand Dinge über sich lesen, die so unkonkret sind, dass sie immer stimmen. Was in einem Horoskop steht, verhält sich wie Russells Teekanne: Es ist für eine Objektivierung zu vage und es lässt sich nicht prüfen. Schon wenn ein Psycho-Coach zu einem seiner Kunden sagt: »Du bist in letzter Zeit sehr nachdenklich«, so wird das stimmen, denn ansonsten ginge niemand zu einem Psycho-Coach.

Derartige »Barnum-Aussagen« sind nie ein Indiz für Glaubwürdigkeit. Unsere Zustimmung ist Teil des Konzepts. Der Sinn ist es, uns eine Plausibilität vorzuspielen.

Und obwohl das Phänomen gar nicht so schwer zu verstehen ist, wollen zahlreiche Menschen genau solche Aussagen hören. Sie finden sich darin wieder und sind glücklich, während ihnen andere sagen, sie sollen doch bitte nicht auf so einen Schmu hereinfallen. Gerade wer Bestätigung und Orientierung sucht, ist möglicherweise gefährdet, auf den Barnum-Effekt hereinzufallen, und bucht darum ein Psycho-Coaching nach dem anderen oder fällt auf Betrüger herein wie zum Beispiel auf Love Scammer. Oder eben auf Demagogie und Desinformation.

Hilfreich wäre es hier, sich bewusst zu fragen, ob die Aussagen so allgemein und vieldeutig sind, dass ihnen alles Spezifische fehlt und damit jede Bedeutung.

Autodidaktisches Lernen

Sich vom Plausiblen leiten zu lassen, ist im Übrigen eine große Gefahr auch beim autodidaktischen Lernen, also beim Lernen auf eigene Faust und ohne Zuhilfenahme von Experten. In meinen Augen gibt es zwei Wege, um sich autodidaktisch zu bilden:

- Entweder wir halten für korrekt, was uns plausibel erscheint und was wir uns zusammenreimen – dann bringen wir uns vermutlich allerhand Unsinn bei. Wir werden zum Dilettanten. Wer auf diese Weise Englisch lernt, dabei dem Anschein folgt und im Eng-

lischen »Handy« sagt statt »cell phone« oder »mobile«, dürfte schnell auffliegen.
- Oder wir prüfen, was wir vermuten – dann kann auch das autodidaktische Lernen sehr erfolgreich sein. Hier können wir tatsächlich ohne Lehrerin oder Lehrer Englisch lernen und uns auch in andere spannende Materien einarbeiten.

Das Problem sind nicht die Autodidakten, die mit Verifizierungen arbeiten. Dagegen spricht überhaupt nichts. Johann Wolfgang von Goethe (1749–1832) war autodidaktischer Naturwissenschaftler, Friedrich Schiller (1759–1805) autodidaktischer Historiker. Allerdings haben diese Geistesgrößen auch keinen Unsinn von sich gegeben. Sie haben sich wohl weitgehend aus zuverlässigen Quellen informiert und dürften unwahre Informationen erkannt haben, die es natürlich auch schon vor dem Internet gab. Sie wussten, woran Unsinn zu erkennen ist.

Das Problem sind eher jene Autodidakten, die sich selbst überschätzen und dem Dunning-Kruger-Effekt unterliegen, der im Grunde die anmaßende Überheblichkeit beschreibt, Dinge beurteilen zu wollen, von denen man nichts versteht. Der Begriff »Dunning-Kruger-Effekt« beschreibt dabei das Phänomen, dass Selbstsicherheit und Selbstüberschätzung umso größer sind, je weniger man weiß.

Autodidaktisches Lernen ohne wissenschaftliches Denken ist ein Minenfeld: Wir halten uns möglicherweise an Halbwissen.

Neben Goethe und Schiller dürfte einer der berühmtesten Autodidakten übrigens Adolf Hitler (1889–1945) gewesen sein. Wobei der »Führer« dann vermutlich – anders als Goethe und Schiller– zur Dunning-Kruger-Fraktion zählte. So schrieb der Philologe Victor Klemperer (1881–1960) in seinem Buch »LTI – Notizbuch eines Philologen«[12]: »Hitler ist Autodidakt und nicht etwa halb-, sondern allerhöchstens zehntelgebildet.«[13]

Die Kombination aus Einfalt und Überheblichkeit kommt hier zu einer gefährlichen Mischung zusammen: Das einfältige völkische Denken, das Fremdes ablehnt, bestimmt auch heute noch das Handeln zahlreicher Menschen, die sich dem »Mainstream« entziehen und denen das westliche, aufgeklärte Denken zu differenziert ist.

Viele Autodidakten glauben, was sie sich zusammenreimen

Entsprechende Denkfehler sind oft die Folge, und die zeigen sich anhand scheinbar unerklärlicher Phänomene. Ein Beispiel dafür ist das veränderte Haltbarkeitsdatum des COVID-19-Impfstoffes Comirnaty von BioNTech – plötzlich sind die Ampullen sechs Monate länger haltbar als bisher angegeben.

Manche Laien vermuteten da sofort schlimme Machenschaften, dabei hatte die EU-Kommission lediglich die Verlängerung der Haltbarkeitsangabe genehmigt.[14] Bei Haltbarkeitsdaten geht es nun einmal nicht um das Ende der Haltbarkeit, sondern darum, einer Richtlinie zu entsprechen. Ein Haltbarkeitsdatum trifft insofern keine Aussage zur Substanz, sondern eine rechtliche Aussage. Das wissen eigentlich auch alle, die das Konzept »Mindesthaltbarkeitsdatum« aus ihrem Kühlschrank kennen.

Oder wir erfahren, dass die Zulassung eines bestimmten COVID-19-Impfstoffes endet. Lesen wir nur die Schlagzeile, könnten wir uns zusammenreimen, dass dieser Impfstoff gefährlich sein muss, und das Ganze skandalisieren – und würden damit falschliegen: Der Hersteller wollte das Produkt schlicht vom Markt nehmen, weil es nicht mehr gebraucht wird. Wozu sollte ein Hersteller in so einem Fall weiter laufende Gebühren an die Arzneimittelbehörde bezahlen?[15] So bestätigte dann auch die EU-Kommission, »dass die Entscheidung nicht auf Zweifeln an Sicherheit oder Wirksamkeit des Impfstoffes beruht«.[16]

Wenn wir falschliegen, korrigiert erst einmal niemand unseren Denkfehler.

Wer solche Zusammenhänge ignoriert und seinen »Erkenntnisgewinn« ohne fachliche Hilfe betreibt, stolpert immer wieder in derartige Denkfallen und findet zu mancher falschen Gewissheit. Entsprechend fragwürdig sind die Behauptungen, die daraus entstehen. Und niemand aus dem Establishment kommt dabei von sich aus auf uns zu und korrigiert unsere Fehlannahmen. Wer an Unsinn glaubt, hat aus Sicht der Wissenschaftsgemeinde einfach Pech. Es ist nicht das Problem des »Mainstreams«, wenn Einzelne nicht mitbekommen, was der aktuelle Wissensstand ist. Es ist unsere Holschuld, zu zutreffenden Informationen zu kommen.

Zugleich war das autodidaktische Lernen noch nie so leicht wie heute: Wer heute Bestätigungen für seine falschen Annahmen sucht, wird im Internet massenhaft fündig – da finden sich jede Menge gleiche Behauptungen auf unterschiedlichsten Seiten, woraus manch einer fälschlich schließt, es seien unabhängige Quellen. Das Internet mit seinem riesigen Wust an wahren und falschen Informationen ist für Autodidakten sehr hilfreich, birgt aber jede Menge Fallstricke. So finden wir im Internet Bestätigungen dafür, dass der zurückgezogene Impfstoff des Teufels ist, und auch dafür, dass es eine rein kommerzielle Entscheidung war. Es hängt davon ab, wonach wir suchen.

Die Frage ist letztlich, ob wir Informationen professionell bewerten können. Wer davon etwas versteht, wird sich im Internet wunderbar weiterbilden können. Er oder sie wird sich hochwertiges Wissen aneignen können, weil er oder sie eben Sinn und Unsinn zu unterscheiden weiß und aufs Verifizieren setzt. Wer aber keine Ahnung davon hat, wie wir Informationen professionell einordnen, und wer sich an die Plausibilität hält statt an die Wahrheit, wird auf lange Sicht an jede Menge Unsinn glauben und Falsches für richtig halten, Unwahres für wahr.

Falschinformationen durch KI

Und auch die künstliche Intelligenz (KI) ist nicht immer eine Hilfe. Möglicherweise kennen Sie das Buch »Mythos Motivation« von Reinhard K. Sprenger, Untertitel: »Wege aus einer Sackgasse«. Es ist ein Standardwerk der Management- und Leadershipliteratur. Nun könnte es sein, dass wir einen raschen Überblick über das Buch brauchen, das Buch selbst aber gerade nicht dahaben. Also fragen wir eine KI, beispielsweise die Hamburger Anwendung neuroflash: »Worum geht es in dem Buch ›Mythos Motivation‹«? Es ist eine einfache Frage. Die KI ist jetzt gefordert, aus veröffentlichten Erwähnungen des Buches die wesentlichen Inhalte zusammenzusuchen und gebündelt zu präsentieren. Eine Aufgabe, deren Erledigung nur wenige Sekunden dauert.

Tatsachenbehauptungen seitens einer KI-Anwendung sind unbedingt auf ihren Wahrheitsgehalt zu prüfen.

Doch was schreibt »neuroflash«? Am 13. Dezember 2023 schreibt die KI: »›Mythos Motivation‹ ist ein Buch des Autors Daniel H. Pink, das sich mit dem Thema der intrinsischen Motivation und ihren Auswirkungen auf unser Verhalten beschäftigt.« Bei einem weiteren Test am

18. Februar 2024 heißt es: »Das Buch ›Mythos Motivation‹ ist von Dan Ariely geschrieben.« Daraufhin schreibe ich der KI: »Du erzählst Unsinn. ›Mythos Motivation‹ ist nicht von Ariely.« Die KI ist gut erzogen und antwortet höflich: »Es tut mir leid, ich habe einen Fehler gemacht. ›Mythos Motivation‹ ist in der Tat nicht von Dan Ariely geschrieben, sondern von Jochen Mai.« Möglicherweise kennen Sie Jochen Mai, er ist der Autor der berühmten »Karrierebibel«. Am 13. März 2024 war das Buch wieder von Daniel Pink.

Nun haben alle diese Autoren kluge Bücher geschrieben, aber eben nicht »Mythos Motivation«. Wer jetzt nicht *weiß*, dass das Buch »Mythos Motivation« von Reinhard K. Sprenger ist, wird solchen Falschinformation möglicherweise *glauben*.

Wer es nun aber weiß und erkennt, dass uns die KI hier Unsinn präsentiert, traut keiner einzigen Information aus dem – insgesamt natürlich viel längeren – KI-Text mehr, möglicherweise sogar der KI insgesamt nicht mehr. Stimmt es denn, dass es in »Mythos Motivation« vor allem um die intrinsische Motivation geht? Wir glauben es erst einmal nicht, weil die KI uns bereits einmal mit einer Falschinformation versorgt hat. Wir halten uns an das Sprichwort: »Wer einmal lügt, dem traut man nicht.«

Das Problem ist: Woher wollen wir wissen, dass eine Angabe falsch ist, wenn wir keinerlei Hintergrundwissen haben? Ein gewisses Maß an Bildung schadet also nicht, wenn wir uns im Internet auf Recherche begeben. Auch bei KI-Informationen sollten wir ein »›...‹, sagt die KI« anfügen.

Was wir nicht verifizieren können, sollten wir zurückhalten – oder zumindest als unbelegte Behauptung kennzeichnen.

Bei einem weiteren Test am 20. März 2024 war das Buch dann endlich von Reinhard K. Sprenger, am 2. Mai 2024 dann allerdings von dem Motivationstrainer Hermann Scherer.

Unwahrheiten: Irrtümer, Lügen und Manipulation

Künstliche Intelligenz dient natürlich nicht nur zur Recherche, sondern vor allem auch zur Herstellung von Inhalten. Hier lauert ein noch größeres Problem: In wenigen Sekunden erstellen KI-Anwendungen täuschend echt wirkende »Fotos«. Schon das erwähnte Foto mit den Heuballen in Paris war nicht schlecht. Dazu schrieb jemand den Kommentar: »Hört man in den Staatsmedien in Deutschland nix von!«[17] Und wir können davon ausgehen, dass die Qualität KI-generierter Inhalte in Zukunft steigen wird, sodass Fake-Fotos am Ende tatsächlich nicht mehr von realen Fotos zu unterscheiden sind.

Diese sogenannten Deepfakes, die das Vertrauen in die Akteure der freiheitlich-demokratischen Grundordnung erschüttern sollen, revolutionieren derzeit die Medienmanipulation. Bisher konnten wir uns auf Fotos und Videos als Beweismittel verlassen – das wird möglicherweise künftig nicht mehr so zu sein. Wir müssen jedes angebliche Beweisfoto oder -video verifizieren. Auch hier genügt kein »Plausibilisierungsprozess«.

Die Bundesregierung hat die Gefahr erkannt. So heißt es auf ihrer Website: »Deepfakes können eine große Gefahr für die Gesellschaft und Politik darstellen. Insbesondere dann, wenn sie genutzt werden, um die öffentliche Meinung zu manipulieren und politische Prozesse gezielt zu beeinflussen. Desinformationskampagnen könnten künftig immer häufiger durch Deepfakes begleitet und ihr Effekt damit verstärkt werden, zumal die vermeintliche Glaubwürdigkeit durch Bewegtbild hoch ist. Die schnelle Verbreitung über die Sozialen Medien erhöht das Gefahrenpotenzial.«[18]

Wer einer Lüge glaubt, irrt sich

Unwahrheiten lassen sich grob einteilen in Irrtümer (in gutem Glauben geäußert) und in Lügen (bewusst geäußert).

Jetzt stellen wir uns mal vor, jemand fällt auf so eine Lüge herein. Dann geschieht etwas Spannendes: Wer ein Fake-Foto erstellt und damit die Unwahrheit behauptet, lügt; aber die Opfer solcher Propaganda lügen nicht, sondern täuschen sich. Beziehungsweise: Sie lassen sich täuschen. Sie irren sich.

Und damit sind wir bei der Frage, was Unwahrheiten eigentlich sind. Vereinfacht können wir die Unwahrheiten in Irrtümer und Lügen unterteilen – abhängig davon, ob mit oder ohne Wissen um die Wahrheit. Wenn ich also lüge, kenne ich die Wahrheit und weiß, dass mein Foto ein Fake und meine Behauptung falsch ist. Wer aber darauf hereinfällt und die Behauptung weiterträgt, wird damit nicht zum Lügner. Er oder sie glaubt tatsächlich, was das Fake-Foto zu vermitteln scheint. Für Urheber von Propagandalügen ist das wunderbar, denn so setzen die Demagogen einfach auf Millionen von unbezahlten ahnungslosen Helfern.

Unzutreffende Aussagen müssen also nicht unbedingt in böser Absicht geäußert sein. Dass wir angeblich umziehen, war keine *Lüge* der Stadtwerke. Es war ein *Irrtum*. Erst wenn wir eine Unwahrheit bewusst äußern, wird die Unwahrheit zur Lüge. Erst durch die Kenntnis der Wahrheit wird die üble Nachrede (§ 186 StGB), bei der wir etwas Unbewiesenes äußern, zur Verleumdung (§ 187 StGB), bei der wir bewusst etwas Unzutreffendes behaupten.

Was ist Manipulation?

Fake News sind nicht Selbstzweck; mit ihnen wird vielmehr ein Ziel verfolgt: Sie sollen zur Grundlage unserer Meinungsbildung werden. Erinnern Sie sich an die fünf Ebenen von der Realität bis zur geäußerten Meinung: Bevor wir etwas meinen, brauchen wir dazu irgendeine Form von Gewissheit (die allerdings auch trügerisch sein kann).

Und damit sind wir bei der Frage, was Manipulation ist: Bilden wir uns anhand unzutreffender Informationen eine bestimmte Meinung, kann es sein, dass uns jemand manipuliert hat – dann nämlich, wenn man uns absichtlich eine Lüge serviert hat. Halten wir uns an die Wendung »die Wahrheit, die ganze Wahrheit und nichts als die Wahrheit«, verstehen wir unter »Lüge«:

- Jemand behauptet eine Unwahrheit.
- Jemand behauptet eine Wahrheit nur teilweise und unterschlägt entscheidende Informationen.
- Jemand behauptet eine Wahrheit, dichtet aber Unwahres hinzu.

Geschieht dies in der Absicht, dass wir uns auf der Basis dieser Unwahrheiten, Halbwahrheiten oder unwahr ergänzten Wahrheiten eine Meinung bilden oder eine Entscheidung treffen, würde ich von Manipulation sprechen.

Ich weiß, dass manche Kommunikationstheoretiker sagen, jede Meinungsbeeinflussung sei Manipulation. Dann aber wäre der Begriff »Manipulation« kaum noch zu gebrauchen, weil er zu viel umfasst. Außerdem wissen wir: Wenn wir unserem Chef eine Sachlage vollständig schildern, damit er eine Entscheidung treffen kann, manipulieren wir ihn nicht. Wir manipulieren ihn, wenn wir die Unwahrheit sagen, nur die halbe Wahrheit oder der Wahrheit etwas Unwahres beifügen.

Uns manipuliert, wer uns nur einen Teil der nötigen Informationen vorsetzt oder Falschbehauptungen – oder auch, wer uns durch unlautere rhetorische Mittel wie etwa Scheinfragen in eine bestimmte Richtung bugsiert (»Findest du nicht auch, dass Zahnärztin ein toller Beruf für dich wäre?«). Auf derartige Scheinfragen gehen wir später noch genauer ein.

Manipulation ist Meinungsbeeinflussung durch falsche oder unvollständige Informationen.

Das Heuballenfoto aus Paris ist natürlich eine Manipulation, weil die Fotomontage nicht oder kaum zu erkennen ist. Aber auf der anderen Seite hat der Urheber dieses Fotos, der KI-Künstler Vincent Smadja, nicht behauptet, es sei echt. Er hat auch nicht gesagt, es stehe mit den Bauernprotesten in Verbindung. Er hat es aus Freude an seiner Kunst erstellt, nicht mit einer politischen Intention oder dem Willen, die Öffentlichkeit zu manipulieren.

Wenn nun aber jemand dieses Bild postet und dazu schreibt: »Die Bauern in Paris machen Dampf«, dann stellt die Kombination aus Bild und Text eine Lüge dar. Indem uns jemand einreden will, das Foto zeige authentisch ein Geschehen in Paris, versucht er uns zu manipulieren.

Auf einen Blick

- Was jemand sagt, sagt er zunächst einmal nur. Ob es stimmt, steht auf einem anderen Blatt.
- Nur weil etwas unwahrscheinlich ist, muss es nicht unmöglich sein. Und ist etwas Unwahrscheinliches am Ende der Fall, ist es zu 100 Prozent der Fall.
- Es ist trügerisch, von der Vergangenheit auf die Zukunft zu schließen.
- Nur weil etwas möglich ist, sollten wir es nicht als Tatsache ansehen.
- Was wir uns vorstellen können, ist erstens höchst individuell und zweitens der Wirklichkeit egal.
- Sich von der Plausibilität leiten zu lassen, ist riskant, weil Plausibilisierung etwas anderes ist als Verifikation.
- Autodidaktisches Lernen kann sinnvoll sein – wenn wir die Arbeit von Experten würdigen. Es kann unklug sein – wenn wir uns vom Anschein leiten lassen und uns etwas zusammenreimen nach dem Motto: »Es wird schon so (gewesen) sein.«
- Liegen wir falsch, korrigiert zunächst einmal niemand unsere Denkfehler und Wissenslücken. Das müssen wir selbst leisten.
- Manipulation ist eine Beeinflussung durch Unwahrheiten oder durch das Unterschlagen entscheidender Informationen.

Auflösung Quiz 3

Bei der Frage, wie Sie denken, lassen sich die Antwortmöglichkeiten nicht in richtige und falsche einteilen. Aber hier sind b. und e. die sinnvollsten Lösungen: Auch das Unwahrscheinliche kann eintreten, und wir müssen uns davon nicht durcheinanderbringen lassen. Und: Glauben heißt nicht wissen.

a. *Ich schließe von der Vergangenheit auf die Zukunft.* – Der Ansatz, aus der bisherigen Verteilung von Ereignissen zuverlässig auf das Geschehen in der Zukunft zu schließen, führt Menschen oft in die Irre. Denn die Realität orientiert sich häufig nicht an der Vergangenheit.

b. *Ich weiß, dass auch das Unwahrscheinliche eintreten kann. Das bringt mich dann auch nicht aus der Ruhe, denn hin und wieder geschieht das eben.* – Das ist sinnvoll, wobei wir uns klarmachen sollten: Unwahrscheinliches tritt nicht ein, *weil* es unwahrscheinlich wäre.

c. *Wenn ich ein paar Anhaltspunkte für eine Theorie habe, halte ich sie für sicher.* – Eine gefährliche Denkweise, weil wir uns dabei von Indizien statt von Beweisen leiten lassen.

d. *Wenn mir jemand etwas erzählt, das schlüssig klingt, neige ich dazu, dem Gedanken zu folgen.* – Ebenso eine gefährliche Denkweise, weil wir uns von der Plausibilität leiten lassen statt von gesicherten Erkenntnissen.

e. *Für mich bedeutet, etwas zu glauben, nicht automatisch, es zu wissen.* – Ein kluger Ansatz, weil wir dabei zwischen Vermutung und sicherem Wissen unterscheiden.

Die häufigsten Denkfehler und Missverständnisse

Quiz 4
Welche der folgenden Behauptungen treffen zu?

a. Das Auto springt nicht an. Also ist der Anlasser defekt.
b. Seine Bürotür ist zu. Also ist er nicht da.
c. Die Rückseite der deutschen 2-Euro-Münze zeigt den Bundesadler.
d. Ich habe Ahnung von IT, weil ich seit Jahrzehnten Programmierer bin.
e. Ich habe Ahnung von IT, weil ich einen Computer benutze.

Auflösung am Ende des Kapitels.

Wenn wir versuchen, zu Gewissheiten zu gelangen, lauert eine ganze Reihe von Denkfehlern. Treten wir in so eine Falle, halten wir unsere Gewissheit für zutreffend, tatsächlich aber ist sie falsch. Wir glauben also an etwas, was nicht der Fall ist. Und da wir uns unsere Meinungen anhand von Gewissheiten bilden, also anhand dessen, was wir für real halten, führen Denkfehler zu Meinungen, die wir mindestens als »schief« bezeichnen können.

Die Bandbreite an potenziellen Denkfehlern ist riesig – die folgenden Gedanken dazu sind ganz sicher nicht erschöpfend.

Falschinformationen

Die wichtigste Falle ist natürlich die, dass wir an Falschinformationen glauben. Die meisten der folgenden Punkte sind Varianten davon.

Da gibt es einmal jede Menge harmlose Gewissheiten, die wir nicht hinterfragen: »Frankenstein« gilt vielen als Monster mit grünem, eckigem Gesicht und Schrauben im Nacken. Tatsächlich ist Victor Frankenstein in dem Roman »Frankenstein oder der moderne Prometheus« von Mary Shelley (1797–1851) der junge Arzt, der das Monster erschafft. Im Grunde ein kollektiver Irrtum, wir denken da sehr assoziativ. Wir hören ein Schlagwort (»Frankenstein«) und unser Gehirn spuckt sofort das kulturell bekannte Bild aus. Und das ist eben das Monster, nicht der Arzt.

Oder nehmen wir den Spruch: »Wer ›nämlich‹ mit ›h‹ schreibt, ist dämlich.« Eine Eselsbrücke aus der Grundschule. Jetzt bietet Ihnen jemand die Wette an, dass sich »dämlich« durchaus mit »h« schreibt. Einsatz: eine Pizza. Sie erinnern sich an die Merkhilfe und schlagen ein, ohne zu überlegen. Schließlich wissen Sie schon, dass Sie recht haben, die Merkhilfe gibt es ja nicht ohne Grund, das Wissen gilt längst als gesichert. Dann schreibt Ihr Gegenüber das Wort »nämlich« auf einen Zettel und zeigt Ihnen das »h« am Ende des Wortes. Sie müssen eine Pizza spendieren, obwohl Sie sich so sicher waren.

Und ob wir nun daran glauben, die »Große Mauer« in China vom Mond aus sehen zu können, eine breitere Autobahn aber nicht – was soll's? Oder wenn uns nicht klar ist, dass die »Biene Maja« mit ihrer gelb-schwarzen Ringelung eigentlich eine Wespe ist – wen kümmert's?

Schwieriger sieht es bei Falschinformationen aus, durch die wir entscheidende und existenzielle Dinge und Situationen falsch einschätzen. Wir glauben, unsere Informationen seien korrekt, merken aber nicht, dass sie es nicht sind. Ein aktuelles Beispiel hatten wir schon: die Falschinformation, Impfstoffe würden sich wie Medikamente verhalten.

»Garbage in, garbage out«: Wer Unsinn aufnimmt, wird Unsinn reproduzieren.

Am Ende greift hier das sogenannte GIGO-Prinzip (»Garbage in, garbage out«): Wenn wir ein System mit Müll füttern, wird es Müll ausgeben. Der Gedanke kommt zwar aus der Programmierung, gilt aber auch für unsere Prämissen im Denken.

An Falsches zu glauben, geschieht oft und schnell: Unsere Erinnerung täuscht uns, wir verwechseln Dinge oder Personen, oder unsere Wahrnehmung ist getrübt und wir erkennen etwas nicht. Oder wir sind stark vorurteilsgeprägt. Oder wir glauben Lügnern.

Sobald in unserem Denken also eine Prämisse falsch ist, ist nach dem GIGO-Prinzip in aller Regel auch unsere Überzeugung falsch. Sie mag zufällig auch einmal zutreffen, doch im Prinzip führen falsche Voraussetzungen zu falschen Ergebnissen und dann auch zu fragwürdigen Meinungen und Entscheidungen. Die Information stellt die Ursache dar und unsere Überzeugung oder Meinung, unser Gefühl oder unsere Entscheidung die Wirkung.

Bemerkenswert ist dabei, dass wir viele scheinbare Gewissheiten nicht hinterfragen. Beim Chinesische-Mauer-Mythos etwa machen wir uns nicht bewusst, was mehr als 360.000 Kilometer Abstand fürs Sehen mit bloßem Auge bedeuten. Wir denken also in vielen Fällen erstaunlich kurz. Wir denken einfach nicht weiter. Wir überlegen nicht, was eine bestimmte Aussage bedeutet und was aus ihr folgt.

Unvollständige Informationen

Neben falschen Informationen sorgt auch Informationsmangel für schiefe Einschätzungen. Also stellen Sie sich vor, alle uns vorliegenden Informationen stimmen, aber uns fehlen noch bestimmte Informationen. Wenn wir das wissen, ist die Situation beherrschbar, aber wenn wir uns dessen nicht bewusst sind und wir uns für umfassend informiert halten, haben wir einen blinden Fleck.

Wer als angehender Selbstständiger zum Beispiel nicht weiß, dass er Geld für die Einkommensteuervorauszahlungen zur Seite legen sollte, bekommt hier möglicherweise Schwierigkeiten. Es ist eine Banalität, aber zahlreiche Gründer treten in diese Falle. Das Gemeine ist hier, dass es wieder eine Holschuld ist, dass wir uns informieren. Dass der Staat je nach Lebenslage jedem Bürger alle relevanten Informationen bereitstellt, ist vielleicht wünschenswert, aber de facto nicht der Fall. Das betrifft das gesamte öffentliche Leben. Wir haben uns über die Rechtslage und über unsere Pflichten zu erkundigen. Ob wir die Gesetze kennen oder nicht, ist dem Staat am Ende egal. Darüber müssen wir uns selbst informieren.

Eines der größten Probleme heutzutage ist die Meinungsbildung auf der Basis unvollständiger Informationen.

Fehlen uns Informationen, beispielsweise über die Möglichkeiten eines Wechsels von einer privaten Krankenversicherung in die gesetzliche, dann ist das allein unser Problem. Gehen uns durch Informationsmangel Chancen durch die Lappen, ersetzt uns den Schaden niemand.

Vor diesem Hintergrund halte ich fehlende oder unvollständige Informationen für ein großes Thema unserer Zeit. Vielen Menschen geht es so, dass sie mit zunehmendem Alter erkennen: Hätten sie damals dieses oder jenes gewusst, hätten sie möglicherweise anders entschieden. Aber damals haben sie nach bestem Wissen gehandelt. In der heutigen sogenannten VUCA-Welt[19] ist das Handeln angesichts unbekannter Variablen zur Regel geworden.

Auch in der öffentlichen Kommunikation finden sich hier viele Fallen. Fehlt uns beispielsweise die Information, dass unbelegte und zugleich unprüfbare Behauptungen aus wissenschaftlicher und publizistischer Sicht gegenstandslos sind, glauben wir vermutlich an halb gares Zeug. Und weil wir mit unseren Ideen weder beim Prof an der Uni noch in der Zeitungsredaktion auf offene Ohren stoßen, entwickeln wir möglicherweise eine Abneigung gegen Wissenschaftler und Journalisten und unterstellen irgendwann eine geheime Agenda, der diese Leute folgen.

Und so können wir uns unseren Ruf ruinieren. Wir können auf der Basis unserer unzureichenden Informationslage Behauptungen im Internet verbreiten, an denen verständige Menschen relativ schnell sehen, dass uns entscheidendes Wissen fehlt und wir es nicht merken.

In Seminaren höre ich an dieser Stelle häufig den Einwand, niemand könne garantieren, dass er alles weiß. Immer bestehe die Gefahr, dass wir etwas übersehen. Das stimmt! Und gerade deswegen pflegen seriöse Kommunikatoren eine gewisse Demut und halten es immer für möglich, dass ihnen eine Information fehlt. Gerade deswegen gehen klassische Journalisten und auch Wissenschaftler erst dann mit einer Information an die Öffentlichkeit, wenn sie die Gefahr möglichst minimiert haben, aufgrund einer Wissenslücke Unsinn zu kommunizieren. Deswegen wenden Wissenschaftler ja den Peer-Review an. Und auch Sie und ich und alle anderen können das Risiko der Unwissenheit minimieren – beispielsweise mit den Tipps, die ich im 5. Kapitel unter der Überschrift »Informationen sichern« beschreibe.

Fehlinterpretationen

Eine weitere Falle lauert, wenn wir uns etwas zusammenreimen und für bare Münze nehmen, was wir aus irgendwelchen Informationen oder Informationsfetzen ableiten. Das Motto lautet: »Es wird schon so gewesen sein.« Oder: »Ich habe gedacht.«

Unwissenheit verleitet uns gerne dazu, an Vermutungen zu glauben.

Eines Tages waren wir bei einer Veranstaltung in einem großen Tagungshotel am Düsseldorfer Flughafen. Wir haben im Parkhaus P8 geparkt – jede angefangene Stunde kostete 5 Euro. Als wir das Ticket bezahlt haben, hat alles gestimmt: 4:20 Stunden Parken in P8 kosteten 25 Euro. Doch im Ausgabeschacht lag noch die Quittung des Vorgängers, und weil ich neugierig bin, habe ich draufgeschaut. Und siehe da: Er hat für 4:11 Stunden 42,50 Euro bezahlt.

Was geschieht nun im Kopf vieler Menschen? Sie denken: Skandal! Bezahlen Fahrer von Autos mit Kölner Nummernschild am Flughafen Düsseldorf möglicherweise mehr? Da werden Nummernschilder gescannt und Düsseldorf nimmt Rache an Köln! Das könnten wir denken. Doch da sollten wir differenzieren:

- Der erste Gedanke ist noch zutreffend: Uns liegen zwei Quittungen über fünf angefangene Stunden vor, und die Stunden sind unterschiedlich berechnet. So weit stimmt die Aussage; wir haben es mit einer gesicherten Erkenntnis zu tun.
- Der zweite Gedanke aber – dass der Flughafen Düsseldorf Autofahrer unterschiedlich behandeln würde – ist keine Erkenntnis, sondern eine *Interpretation*. Sie tritt an die Stelle einer fehlenden Information. Die Behauptung, dass da tatsächlich jemand im selben Parkhaus mit demselben Tarif geparkt hat, ist eine reine *Mutmaßung*, denn wir wissen nicht, wo der andere geparkt hat. Es ist im Grunde eine Fehlinterpretation. Anhaltspunkte dafür haben wir nicht.
- Die daraus resultierende Skandalisierung ist eine *irrige Meinungsbildung* – eine Meinung als solche ist zwar nicht richtig oder falsch, aber hier basiert sie auf einem falschen Tatsachenkern und ist damit nicht professionell und seriös gebildet. Wir haben es mit einer *unqualifizierten Meinung* zu tun.

Die Erklärung ist schon angeklungen: Es geht um verschiedene Parkhäuser. Das eine Parkhaus ist ein Parkhaus für Dauerparker, das preiswerter ist. Das andere Parkhaus liegt direkt beim Terminal und soll nicht von Dauerparkern verstopft sein. Darum ist das Parken dort teurer, aber für Kurzparker immer noch finanzierbar. Das können wir nicht wissen, wenn wir am Kassenautomat unser Ticket bezahlen. Wir können es uns vielleicht denken, aber wissen tun wir es zunächst einmal nicht.

Wie viele Menschen lassen sich vom Anschein leiten und bilden sich ihre Meinungen, obwohl ihnen gar nicht alle entscheidenden Informationen vorliegen? Gewissheiten, die wir uns aufgrund unserer Interpretationen bilden, sind oft falsch. Hin und wieder mag die vermutete Ursache auch die tatsächliche Ursache sein, aber sich darauf zu verlassen ist ziemlich riskant.

Und genau in solchen Fällen greift die juristische und auch journalistische Regel »audiatur et altera pars« (»Zu hören ist auch die andere Seite«). Wenn wir es mit einem offenkundigen Widerspruch zu tun haben, müssen wir nachfragen, damit wir nichts Halbgares herumerzählen oder auch veröffentlichen. Natürlich können wir im Nebel stochern und uns von unseren Interpretationen leiten lassen – oder wir sparen uns das Gehirnschmalz und rufen gleich beim Flughafen Düsseldorf an.

Von dort kam dann auch die Erklärung, die meine Vermutung bestätigte. Obwohl ich sehr sicher wusste, was der Grund für die unterschiedlichen Quittungen war, brauchte ich die Stellungnahme der »anderen Seite«. Die Information war zu verifizieren.

Ein anderes schönes Beispiel ist das Video mit dem angeblichen Riss in der Brücke, das im Oktober 2023 kursierte. Laut dem Faktencheck von Agence France-Presse (AFP) trug das Video massiv zur allgemeinen Verunsicherung bei, obwohl es einfach nur eine Bewegungsfuge zeigte.[20] Vermutlich haben auch Sie diese Fugen schon an Brücken gesehen – sie sind dafür da, dass sich das Material bei Hitze ausdehnen kann, ohne dass Spannung entsteht.

Assoziatives Denken

Manchmal liegen wir auch falsch, weil wir assoziativ denken. Assoziationen sind im landläufigen Sinne Gedanken, die uns zu irgendwelchen Themen unmittelbar einfallen.

Wenn die Vorurteile fest genug sitzen und trainiert sind, genügt es, den Betroffenen einfach nur Stichwörter an den Kopf zu werfen: »USA«, »Bill Gates«, »Israel« – und wir können davon ausgehen, dass die zusammengereimten Gewissheiten sprudeln. Schauen Sie mal, wer alles in Ihrem Umfeld die Realität mit seinen Weltbildern abgleicht und wer Dramen veranstaltet, wenn etwas nicht seinem Denken entspricht. Da können Sie regelrechte irrationale Assoziationsgewitter erleben.

Mehrere Gedanken ergeben Gedankenketten. Denken wir nicht klar, ziehen wir mitunter absurde Schlüsse.

Eine der berühmtesten Geschichten dazu ist Watzlawicks »Geschichte mit dem Hammer« aus seinem Buch »Anleitung zum Unglücklichsein«: Ein Mann will ein Bild aufhängen, hat keinen Hammer und steigert sich mit der Zeit in eine Fantasie hinein, der zufolge der Nachbar ihm möglicherweise keinen Hammer leihen würde. Ohne den Nachbarn zu fragen, entspinnt sich im Kopfkino des Mannes das Bild eines bösen Menschen. Schließlich reicht es ihm, er klingelt beim Nachbarn und schreit ihn an: »Behalten Sie Ihren Hammer, Sie Rüpel!« Und der Nachbar hat keine Ahnung, worum es geht.

Beim assoziativen Denken konstruieren wir eine subjektive Wirklichkeit, völlig ungeachtet dessen, wie die objektive Realität aussieht. Auf Außenstehende wirkt unser Verhalten verwirrt bis wahnhaft. Bei manchen Assoziationspyramiden folgt ein Fehlschluss aus dem anderen. Bei jedem gedanklichen Schritt fehlt die aufgeklärt-wissenschaftliche Logik, stattdessen gilt erneut: »Es wird schon so gewesen sein.« Natürlich bieten sich für eine Situation mehrere theoretische Erklärungen, aber manche Menschen spinnen ihre Gewissheit an nur einer dieser Möglichkeiten weiter.

Beispielhaft könnte eine solche Assoziationspyramide so aussehen:

1. Wir hören oder lesen, dass Nationen mit hohem Schokoladenkonsum mehr Nobelpreisträger hervorbringen als Nationen mit geringem Schokoladenkonsum.[21]
2. Wir schließen aus der Korrelation (zwei gemeinsam auftretende Phänomene) fälschlich auf eine Kausalität (das eine wird das andere verursachen).
3. Wir erinnern uns daran, dass Schokolade auch etwas Koffein enthält (und blenden die anderen Bestandteile aus, wodurch wir unseren Fokus selektiv einschränken und die wahre Ursache möglicherweise ignorieren).
4. Wir vollziehen die Fehlannahme, dass dieses Koffein die Ursache sein muss für Geisteskraft und Klugheit (obwohl nicht einmal der Zusammenhang zwischen Schokoladenkonsum und Nobelpreisen erklärt ist).
5. Uns fällt sofort ein, dass auch Kaffee Koffein enthält (was zweifellos stimmt, aber deswegen noch lange nicht relevant ist).
6. Daraus schließen wir ohne großes Nachdenken, dass Kaffeekonsum schlau machen muss (und sind davon vollkommen überzeugt, obwohl es nur eine von mehreren Interpretationen ist und zudem jegliche Beweise fehlen).

In diesem Beispiel begründen wir unsere Gewissheit auf einer Fülle von Denkfehlern – wir reimen uns etwas völlig Haltloses zusammen. Uns aber leuchten unsere Gedanken schlichtweg ein, weil wir eine gewisse Logik *empfinden.*

Wer wissenschaftlich arbeitet, tritt nicht in diese Falle – professionellen Wissenschaftlern unterläuft schon der erste Denkfehler nicht, in einer Korrelation eine Kausalität zu erkennen, also in einer Wechselbeziehung zwischen zwei Dingen ein Ursache-Wirkungs-Verhältnis zu sehen. In der Folge unterbleiben auch die weiteren falschen Abbiegungen.

Ebenfalls gefährdet sind aus meiner Sicht auch diejenigen, die sämtliche Eventualitäten durchspielen und sich in ihren Gedanken verheddern. Bei ihnen entwickelt sich die Assoziationspyramide eher wie ein Entscheidungsbaum, bei dem sich aus jeder Assoziation zahlreiche weitere Stränge mit weiteren Assoziationen ergeben. Von einer strukturierten Kommunikation kann da kaum noch die Rede sein, die Akteure wirken eher nervös und wirr.

Oft fehlt hier die Fähigkeit, das Relevante vom Irrelevanten zu unterscheiden, was durchaus fatal sein kann: Wenn wir öffentlich kommunizieren wollen, sollten wir unsere Gedanken einigermaßen beieinanderhaben und wissen, welche logischen Abfolgen sich genau ergeben.

Beteiligt sind oft auch der Bestätigungsfehler (auch »confirmation bias«) und der Halo-Effekt (auch »Heiligenschein-Effekt«): Beim Bestätigungsfehler befassen wir uns generell nur noch mit Informationen, die unsere Erwartungen bestätigen – und spinnen uns so auch immer weiter in unsere Blase ein, ähnlich wie es die Algorithmen bei Facebook & Co. tun, die uns nur noch Inhalte ausspielen, für die wir uns ohnehin schon interessieren. Dabei sammeln wir zunehmend nur noch Informationen, die unser Denken bestätigen, beispielsweise eine Einstellung gegen den »Mainstream«.

Der Halo-Effekt ist eine Unterart des Bestätigungsfehlers: Hier lassen wir quasi als Fan keine negativen Äußerungen über unser Idol oder unsere politische Richtung zu. Statt also beispielsweise einem negativen Gedanken zu folgen, unterdrücken wir ihn und lassen unserer positiven Assoziationskette freien Lauf. Und unser Idol kann natürlich kein Straftäter oder Kriegsverbrecher sein, das widerspräche unserer Prämisse.

Emotionales Denken

Verwandt mit dem assoziativen Denken ist das emotionale Denken. Die Emotion erfüllt eine besondere Funktion beim Erkenntnisgewinn und bei der Meinungsbildung. Wir sind einfach der Meinung, bei der wir das beste Gefühl haben – ob die zugrunde liegende Sachlage nun stimmt oder nicht.

Für zahlreiche Vertreter der Wissenschaft und Publizistik spielen Emotionen eine untergeordnete Rolle. Die allermeisten Repräsentanten des »Mainstreams« haben das aufgeklärte westliche Denken mit seinem Fokus auf Verstand und Vernunft so verinnerlicht, dass es ihnen dabei nur um die Sache geht. Es mag sein, dass ein Wissenschaftler sich freut, wenn er eine Entdeckung gemacht hat, aber das ist nicht sein Antrieb. Sein Antrieb ist der Wille zum Erkenntnisgewinn und dazu, die Menschheit voranzubringen. Gelingt ihm ein Beitrag dazu, freut er sich natürlich.

Oder denken Sie an ungelöste Kriminalfälle. In manchen Internetforen geht es ums große Rätselraten, wer nun der Täter ist und wie er sich überführen lässt. Hier wollen die Leute die Ermittlungen nachvollziehen und eigene Ideen einbringen und diskutieren. Doch immer wieder stören dabei emotionale Beiträge in der Art: »Also, ich finde das ganz schlimm, was der Familie passiert ist! Ich hoffe, dass sie mit der Situation umgehen kann.« Ja, das finden und hoffen die anderen auch, und trotzdem artikulieren sie es nicht, weil es off topic ist. Was wiederum jene nicht verstehen, die das Emotionale vor alles andere stellen. Unter dem Strich nervt es die meisten, über solche Beiträge hinwegscrollen zu müssen, denn was nun exakt dieser eine Forist denkt oder fühlt, ist nicht wirklich entscheidend.

Wenn wir konzentriert einem Gedanken folgen wollen, stören emotionale Beiträge oft.

Manche sagen, der Mensch an sich sei letzten Endes emotional motiviert. Das mag sein. Doch warum lassen sich so viele Menschen eben nicht von Emotionen leiten, wenn sie sich ihre Meinungen bilden und Entscheidungen treffen, sondern gehen nach sachlichen und rationalen Kriterien vor? Wir machen doch eben keine Schiffsreise nach New York, obwohl das so schön romantisch ist, sondern wir fliegen, weil wir weniger unterwegs und mehr in New York sein wollen und sowieso nur eine Woche Zeit haben. So handeln selbst jene, die von sich sagen, sie seien rein emotional motiviert. Und das tun sie nicht, weil sie damit am Ende ein gutes Gefühl haben, sondern sie entscheiden sich schlicht für die vernünftigere Option.

Entsprechend sachlich betrachten die allermeisten Vertreter des »Mainstreams« die Realität. Wenn jemand aus dieser Ecke etwas veröffentlicht, finden wir in aller Regel keine Häufungen von emotionalen Signalen wie Ausrufezeichen als Zeichen der Empörung. Sondern der »Mainstream« formuliert recht nüchtern, was er sagen will – oft so nüchtern, dass es andere als langweilig empfinden. Gerade in der Wissenschaft erhalten deshalb zahlreiche wichtige Themen nicht die möglicherweise verdiente Reichweite, und es ist mühsam, so manche wissenschaftlichen Zusammenhänge auf

Anhieb zu verstehen. Wissenschaft mag schön und spannend sein, doch der Standard des aufgeklärten Denkens mit seiner Vernunft verlangt eine sachliche Betrachtung.

Die emotionalen Denker empören sich oft schon, wenn sie den Zusammenhang noch gar nicht begriffen haben, daher ist das emotionale Denken oft auch zugleich assoziativ. Manche schreien uns mit ihren Großbuchstaben, Fettungen und Ausrufezeichen buchstäblich an, und wir fragen uns, wovon sie sprechen, was sie meinen, worauf sie hinauswollen und was wir damit zu tun haben.

Eine derart mangelnde Impulskontrolle kennt der »Mainstream« kaum – für ihn sind das Anzeichen für mangelnde Seriosität. Denn rein wissenschaftlich betrachtet sind Emotionen Reaktionen. Wir *reagieren* also emotional auf etwas. Es mag Krankheitsbilder geben, zu denen emotionale Ausbrüche ohne sichtbaren Anlass gehören, aber üblicherweise dürfte das gute alte Reiz-Reaktions-Modell aus der Biologie auf uns alle zutreffen. Emotionale Regungen sind danach in aller Regel die Folge von etwas, was wir erleben oder erfahren.

Insofern folgt das Emotionale beim modernen westlichen Denken auf das Verstehen, nicht andersherum. Wer die Grundsätze des wissenschaftlich-publizistischen Denkens nicht kennt, lässt sich eher mal zu einer impulsiven Reaktion hinreißen, noch bevor die Bedeutung der Information überhaupt klar ist. Wer dagegen professionell zu einer Meinung oder Entscheidung finden will, der hält sich an die bewährte Reihenfolge: erst verstehen, dann interpretieren – und dann meinetwegen durchdrehen. Es ist jedenfalls Unsinn, wegen etwas auszuflippen, was wir noch gar nicht erfasst haben: Der Jubel bricht erst dann aus, wenn unsere Mannschaft das Tor geschossen hat, nicht vorher.

Ein typisches assoziativ-emotionales Vorgehen ist beispielsweise die sofortige Aufregung, nachdem wir Fake News zur Kenntnis genommen haben. Also: Wir sehen im Netz ein Video, bei dem Bauern angeblich Gülle vor der ukrainischen Botschaft in Paris abkippen. Ohne viel nachzudenken, reagiert die Zielgruppe dieser Fake News sofort emotional und ruft: »Sogar die Bauern sind gegen die Ukraine!« Das Foto schlägt in die gleiche Kerbe wie das Eiffelturmfoto mit den Heuballen, und auch hier brachte AFP einen treffenden Fakten-Check.[22] Die falsche Nachricht bestätigt das Weltbild, daher reagieren die Betroffenen emotional – und sie transportiert einen Skandal, also ist die Empörung impulsiv und laut.

Wer dagegen einen kühlen Kopf bewahrt und das Rationale vor das Emotionale setzt, neigt nicht zu derartigen Übersprungshandlungen, sondern versucht erst einmal herauszufinden, ob dieses Video überhaupt echt ist. Und wie sich herausstellt, fand der Gülle-Protest nicht in Paris statt, sondern in Dijon. Der Zusammenhang war ein völlig anderer. Entsprechend ging es auch nicht um die ukrainische Botschaft.

Solche Erkenntnisse gehen uns aber durch die Lappen, wenn wir emotional reagieren, bevor wir nachdenken. Emotionalisierte Menschen, vor allem wenn sie sich aufregen oder empören, sind selten aufnahmebereit. Da ist die Wahrnehmung getrübt. Alle, die hier empört durchgedreht sind, haben ein hohles Drama veranstaltet. Heiße Luft.

Emotional gesteuerte Menschen reagieren oft emotional auf Dinge, die noch gar nicht klar sind. Klug ist es, zuerst zu verstehen und dann zu reagieren.

Diesen Gedanken finde ich wichtig vor dem Hintergrund, dass uns alle Welt weismacht, wir müssten unbedingt und ganz dringend sämtliche Emotionen berücksichtigen. Gerade in meinem Umfeld der Seminar- und Speakerszene stehen Emotionen hoch im Kurs. Das Rationale spielt oft eine Nebenrolle, weil die Branche der Weiterbildung und Persönlichkeitsentwicklung starke Anleihen aus der Pädagogik mitbringt, der zufolge wir erst einmal alles gelten lassen und auf sämtliche Gefühle achten. Der Punkt ist nur: Wie bei Meinungen, die wir uns aufgrund von Denkfehlern bilden, sind auch emotionale Folgen auf der Basis von Unwahrheiten mehr oder weniger unbegründet.

Bricht beispielsweise jemand in Tränen aus angesichts der Information, dass ein nahestehender Mensch gestorben ist – was tun Sie, wenn Sie wissen, dass das gar nicht stimmt? Dann werden Sie sicher nicht bei der Emotion ansetzen und den Weinenden trösten, sondern Sie werden am Faktenkern ansetzen und die Falschinformation korrigieren. Dann entfällt quasi die Grundlage für die Trauer. Das ist auch allen klar, wenn sie ehrlich sind. Selbst jene, die sonst gerne das Emotionale in den Vordergrund stellen, korrigieren hier erst einmal die Täuschung.

Und ist eine Gewissheit falsch, so ist sie unabhängig von jeglichen Emotionen falsch. Es spielt keine Rolle, was wir angesichts einer Falschinformation fühlen, die wir für wahr halten – die Sachlage bleibt eine andere, und wir reagieren emotional auf etwas, was nicht ist.

Manche Menschen lassen sich allerdings tatsächlich so stark emotional leiten, dass sie nur dann ein gutes Gefühl haben, wenn die Realität ihrem Weltbild entspricht. Das Unbehagen, Fehler zu empfinden, also Unterschiede zwischen Welt und Weltbild, kann so stark sein, dass wir etwas unbedingt glauben wollen und Abweichungen ablehnen. So kann uns zwar der Gedanke kommen, dass das Foto mit den Heuballen in Paris seltsam unwirklich aussieht, unsere Intuition mag das melden – aber wir folgen dem Verdacht nicht, weil wir infolge des Bestätigungsfehlers lieber unser Weltbild bestätigen, indem wir das Foto für echt halten.

Ein solches Vorgehen finde ich schon einigermaßen bedenklich, weil es mit Sicherheit zu einer riesigen Anzahl von Fehleinschätzungen führt: Weil wir eine bestimmte Vorstellung von der Welt unbedingt erfüllt sehen wollen, ketten wir uns emotional so stark an diese Vorstellung, dass selbst der schärfste Verstand deaktiviert bleibt, weil das Emotionale ihn überlagert.

Eine Schlüsselkompetenz ist Ambiguitätstoleranz – die Fähigkeit, Unsicherheit und Schwebezustände zu akzeptieren.

Es handelt sich hier um ein häufiges und ernst zu nehmendes Phänomen: Statt hinzunehmen, dass wir es mit einer Wissenslücke zu tun haben, füllen wir die Lücke lieber mit einer irrigen Gewissheit. Was unsere Situation in keiner Weise besser macht. Dazu neigen Menschen mit einem Mangel an sogenannter Ambiguitätstoleranz, also der mangelnden Fähigkeit, Unklarheiten, Widersprüche und Schwebezustände zu ertragen. Uns sind die abstrusesten Erklärungen dann willkommener als die Einsicht in die Erkenntnis, dass wir die Antwort auf eine Frage nicht kennen. Es ist eine emotionale Steuerung, die sehr fatal sein kann: Sich etwas vorzumachen, damit wir emotional einigermaßen im Gleichgewicht bleiben, ist alles andere als klug.

Schwarz-Weiß-Denken

Auch das Denken in Entweder-oder-Kategorien trägt zu Fehlschlüssen bei. Dabei sind wir gut und die anderen schlecht – und was zählt, ist die Abgrenzung. Und darauf bauen wir unsere Gewissheiten auf. Also: Weil wir die USA kritisieren, darf Russland machen, was es will. Oder umgekehrt.

Nach dem Tode des russischen Regimekritikers Alexej Nawalny im Februar 2024 postete ich bei Facebook eine Art Traueranzeige und formulierte einen Text im Sinne der Freiheit dazu. Mein Beitrag wurde mehr als 300-mal geteilt, aber auch der Shitstorm war enorm – vor allem hagelte es Hinweise auf das Schicksal des australischen Journalisten Julian Assange mit der Frage, was denn mit ihm wäre.

Die Welt ist so komplex, dass meist nicht das eine oder das andere gilt. Oft gelten verschiedene Dinge, die einander zu widersprechen scheinen.

Sehen Sie, was ich meine? Mein Trauer-Posting für Nawalny haben zahlreiche Leute im Affekt mit einem »Whataboutism«[23] umgedeutet. Sie haben unterstellt: Wenn ich mich für Nawalny einsetze, muss ich mich auch für Assange einsetzen. Wogegen übrigens gar nichts spricht, auch Assange gehört meiner Meinung nach in Freiheit. Aber es ging hier eben gerade nicht um Assange, sondern um Nawalny. Als Ablenkungsmanöver stellen manche Menschen Zusammenhänge her, die nicht bestehen.

Dass wir es hier mit zwei verschiedenen Themen (und vor allem Menschen) zu tun haben, haben die Angreifer nicht begriffen – oder sie betrieben den Whataboutism bewusst und beabsichtigt. Mit dem gleichen Schwarz-Weiß-Denken verweisen Menschen auf den Abu-Ghuraib-Folterskandal der USA[24], wenn jemand das Massaker in Butscha[25] thematisiert. Dieses Relativieren transportiert im Grunde die Haltung »Wenn die das dürfen, dürfen die anderen das auch«, obwohl kein Unrecht anderes Unrecht rechtfertigt.

Gerade wegen der verhärteten Situation zwischen Russland und dem Westen neigen viele Menschen zu diesem Schwarz-Weiß-Denken: Da sind Menschen nicht willens oder in der Lage, ein Thema differenziert zu betrachten, beispielsweise die Bedeutung von Nawalnys Tod für die freiheitliche Demokratie. Es ist heute kaum möglich, etwas Politisches zu thematisieren, ohne dass gleich ein Gegenschlag in der Art »Die anderen aber auch« kommt.

Es mag für manche Menschen schwierig zu verstehen sein, aber nur weil die einen gut sind, sind die anderen nicht automatisch böse. Auch wenn die einen böse sind, sind die anderen nicht automatisch gut. Wir können durchaus gegen Russlands Krieg in der Ukraine sein und trotzdem die US-Politik kritisieren. Wer allerdings im Schwarz-Weiß-Denken gefangen ist, blickt mehr oder weniger digital auf die Welt. Und demnach sind wir selbst gut, weswegen die anderen zwangsläufig schlecht sein müssen.

Es gibt ein spannendes Büchlein von Umberto Eco mit seinem Essay beziehungsweise seiner Rede »Der ewige Faschismus« von 1995. Der Schriftsteller Roberto Saviano schreibt im Vorwort: »Umberto Eco beschreibt hier (…) das, was er als den Ur-Faschismus bezeichnet, das heißt die Gesamtheit jener Handlungen, Verhaltensweisen, Haltungen und Instinkte, die zwar die Dynamik des Faschismus im frühen zwanzigsten Jahrhundert ausmachten, aber seine historische Ausprägung überlebt haben und heute lebendiger sind als jemals zuvor.«[26]

Konsenszwang ist untypisch für die Demokratie: Hier hören wir uns unterschiedliche Meinungen an und dann entscheidet die Mehrheit.

In dem Essay stellt Eco mehrere Merkmale des Faschismus dar, etwa die Ablehnung der Moderne und ihres Denkens oder auch die Kritikunfähigkeit. Und dann heißt es: »Außerdem ist Dissens immer auch ein Zeichen für Vielfalt. Der Ur-Faschismus wächst und sucht sich Konsens, indem er die natürliche Angst vor dem Andersartigen ausbeutet und vertieft.«[27]

Eco beschreibt hier das Freund-Feind-Denken, das eine Unterart des Schwarz-Weiß-Denkens ist. Es gilt: »Wer nicht für uns ist, ist gegen uns«, was in der heutigen politischen Gemengelage manchmal logisch nicht aufgeht – aber das hält Schwarz-Weiß-Denker nicht vom Schwarz-Weiß-Denken ab.

Beim Schwarz-Weiß-Denken polarisieren wir, wir sehen keine Zwischentöne. Die Radikalisierung ist dann schon sehr weit fortgeschritten – hier reagieren ideologisierte Menschen auf Trigger und entlarven sich schnell. Es scheint, als sei die Fähigkeit zum Differenzieren deaktiviert. Diese Fähigkeit macht aber massiv das westliche Denken aus. Wer nach aufgeklärten Maßstäben denkt, betreibt keinen Whataboutism, sondern bleibt beim Thema und eröffnet daneben möglicherweise weitere.

In seinem Buch beschreibt Eco genau diesen Effekt. Bei Eco heißt das, dass er als Demokrat auf Dissens setzt. Darauf zu drängen, wir alle müssten stets einen Konsens erzielen, ist demnach tendenziell totalitär. Ein Konsenszwang würde auch dem Gedanken der Diversität widersprechen. Sicher suchen wir immer wieder Kompromisse, aber der Anspruch, dass wir alle einer Meinung sind und im Wortsinne von »Konsens« im Sinn übereinstimmen, ist kein Merkmal einer Demokratie. Gegensätze und Widerspruch sind in einer Demokratie nicht nur erlaubt, sondern zur Bildung eines fundierten politischen Willens in einer pluralistischen Gesellschaft auch erwünscht.

Und damit sind wir beim Thema Ideologie. Eine Ideologie oder Weltanschauung legt unumstößliche Prämissen zugrunde. Dabei ist es egal, ob die Prämissen stimmen oder nicht. Es geht innerhalb einer Ideologie nicht darum, sachliche Erörterungen zu führen, sondern es geht nahezu ausschließlich und immer um die Bestätigung der Prämissen.

Eine Prämisse des Sozialismus/Kommunismus im Sinne der Sowjetunion und der DDR war es, dass Produktionsmittel in staatliche Hände gehören, nicht in Privathand.[28] Damit gab es keine Wettbewerbsanreize, um beispielsweise die Technik voranzubringen. Wegen des folglich geringen Lebensstandards und auch der fehlenden Freiheit wollten zahlreiche Menschen die DDR verlassen, wogegen der »antifaschistische Schutzwall« half, also die Berliner Mauer und die Befestigung der Zonengrenze.

Nun hatten wir es in der DDR mit einem geringen Lebensstandard und mit Menschenrechtsverletzungen zu tun, die sich nicht leugnen lassen. Also hören wir das Argument, die DDR sei eben »noch gar kein richtiger Sozialismus« gewesen. Was für eine Respektlosigkeit gegenüber gestandenen Kommunisten wie Walter Ulbricht (1893–1973) oder Erich Honecker (1912–1994), die bereits unter den Nazis gelitten hatten.

Es ist eine Gedanken-Zwickmühle, in die das ideologische Denken eben führt. Der Ausweichversuch »noch gar kein richtiger Sozialismus« entspricht der Argumentation »kein echter Schotte«: Wenn wir sagen, dass »kein Schotte« Zucker auf seinen Haferbrei streut und die Entgegnung lautet, dass der Onkel Schotte ist und genau das tut, dann sagen wir eben: »Kein *echter* Schotte streut Zucker auf seinen Haferbrei.« Damit ist der Onkel eben ein falscher Schotte und unser Weltbild bleibt gewahrt.[29]

Doch die ideologische Prämisse des Sozialismus erlaubt eben keine Korrektur des Weltbildes. Selbst in Kuba sind erst seit wenigen Jahren Unternehmensgründungen erlaubt.

Ideologische Weltbilder haben einen Vorteil: Sie helfen uns, Zeit zu sparen, sowohl beim Denken als auch beim Handeln. Es ist wie bei Vorurteilen, die durchaus auch nützlich sind: Kommt uns in der Fußgängerzone jemand torkelnd und johlend mit einer offenen Flasche Rotwein in der Hand entgegen, schließen wir durch ein Vorurteil darauf, dass es eine unangenehme Konfrontation geben könnte, und schlagen einen Haken – obwohl gar nicht gesagt ist, dass die Begegnung unangenehm verlaufen würde.

Ebenso betrachten wir unsere ideologischen Prämissen als gesetzt. Sie sind so starr, dass wir sie nicht hinterfragen. Trotz offenkundigster Erkenntnisse ändern wir schlimme Zustände nicht, weil das bedeuten würde, dass unsere Prämisse nicht stimmt.

Und gerade das Freund-Feind-Denken, das Eco gut beschreibt, spielt hier eine Rolle. Alarmzeichen sind beispielsweise: »immer«, »alles«, »die Amerikaner«, »die Russen« … – solche Formulierungen sind Hinweise darauf, dass wir den Kreis der potenziell Schuldigen am Elend dieser Welt auf bestimmte Gruppen reduzieren. Doch selbst wenn eine Regierung Krieg führt, heißt das nicht, dass ihr ganzes Volk dahintersteht.

Und wenn wir schon andauernd vom wissenschaftlichen Denken sprechen: Unter Forschern sind Staatsangehörigkeiten meistens zweitrangig, wie wir bei der Kooperation russischer Kosmonauten und amerikanischer Astronauten auf der Weltraumstation ISS sehen.[30]

Jede Menge Denkfallen

Rolf Dobelli stellt in seinem berühmten Buch »Die Kunst des klaren Denkens« 52 Denkfehler vor, die ich als eine der besten dieser Listen erachte. Mir geht es hier gar nicht so sehr um eine erschöpfende Darstellung, sondern ich will hier die Denkfallen anführen, die ich heute als die wichtigsten ansehe:

- Beim erwähnten *Bestätigungsfehler* (»confirmation bias«) halten wir leichtfertig Informationen für wahr, nur weil sie unsere Haltung bestätigen. Zugleich lehnen wir dabei Informationen ab, die unserem Weltbild widersprechen. Dobelli nennt den Bestätigungsfehler den »Vater aller Denkfehler – die Tendenz, neue Informationen so zu interpretieren, dass sie mit unseren bestehenden Theorien, Weltanschauungen und Überzeugungen kompatibel sind«.[31]
- Ebenfalls schon kurz erwähnt: Sehr oft halten wir *Korrelationen* für *Kausalitäten* und interpretieren Zusammenhänge als ursächlich. Wenn wir eine Erkältung haben und auf dem Höhepunkt der Erkältung ein wirkungsloses Zuckerkügelchen schlucken, wird die Erkältung abflauen, weil sie das ohnehin vorhatte. Aus unserer Sicht aber könnten wir es für plausibel halten, dass die Erkältung wegen des Kügelchens abflaut. Oder: Wir schnipsen mit dem Finger und die große Eingangsglastür des Kaufhauses öffnet sich.
- Häufig sind auch *falsche Vergleiche*, also wenn wir Dinge zueinander ins Verhältnis setzen, die nichts miteinander zu tun haben (»Hitler war Nichtraucher, also sind Nichtraucher Nazis«).
- *Zirkelschlüsse* sind relativ häufig – wenn die Folgerung in der Prämisse enthalten ist (»Es gibt Gott, weil es in der Bibel steht«).
- Ebenso begegnen wir der *Konformitätsverzerrung*: wenn wir die Überzeugungen und Meinungen einer vermeintlichen Mehrheit oder von angeblichen Kompetenzträgern übernehmen, selbst wenn diese möglicherweise falsch sind (etwa wenn vereinzelt Wissenschaftler am offiziellen Forschungsstand zweifeln).
- Dann ist der *Gerüchteeffekt* nicht zu unterschätzen: wenn wir Informationen glauben, nur weil sie immer wieder auftauchen, selbst wenn sie nicht prüfbar sind – wie zahlreiche Fake News aus Zitatkartellen unterschiedlicher dubioser Quellen, die einander wechselseitig zitieren.
- Auch der erwähnte *Dunning-Kruger-Effekt* spielt eine enorme Rolle. Damit geht meist eine kolossale Selbsttäuschung einher: Betroffene schlagen beharrlich alle Warnungen und freundlich gemeinten Hinweise in den Wind. Woran es hier mangelt, ist die Metakognition, also die Fähigkeit, sich selbst von außen zu betrachten.

Gegen derartige Denkfehler hilft es in jedem Fall, sich mit den Grundlagen des wissenschaftlichen Arbeitens zu befassen: Wie recherchieren wir sauber? Wie analysieren und bewerten wir Informationen? Wie interpretieren wir Aussagen korrekt, also ohne sie fehlzudeuten und mit Implikationen aufzuladen, die sie nicht mitbringen? Wer sich mit diesem Rüstzeug ausstattet – und diese Dinge waren zumindest in meiner Zeit Gegenstand im Grundstudium –, ist vermutlich eher davor gefeit, sich aus Irrtümern und Halbwahrheiten falsche Gewissheiten zusammenzureimen.

Auf einen Blick

- Wir bilden uns unsere Meinungen und treffen unsere Entscheidungen auf der Basis von Informationen. Diese können richtig oder auch falsch sein.
- Liegen unseren Meinungen und Entscheidungen falsche Informationen zugrunde, sind unsere Meinungen und Entscheidungen in aller Regel ungünstig bis fragwürdig.
- Viele Menschen ziehen falsche Schlüsse und kommen auf dieser Basis zu unzutreffenden Gewissheiten.
- Assoziativ und emotional zu denken, ist oft ungünstig, weil Meinungen, Entscheidungen und Emotionen in aller Regel die Folge einer Informationslage sind. Bevor wir emotional reagieren oder entscheiden, sollte die Informationslage klar sein.
- Das Schwarz-Weiß-Denken ist häufig bei Ideologen anzutreffen. Deren Priorität ist, ihre Prämisse beizubehalten. Daher begehen sie oft Logikfehler und vertreten widersprüchliche Positionen.
- Wir brauchen Ambiguitätstoleranz, sollten also lernen, Unklarheiten zu ertragen.
- Wir sollten die wichtigsten Denkfehler kennen, darunter beispielsweise den Bestätigungsfehler, den Halo-Effekt, die falschen Vergleiche und Zirkelschlüsse sowie den Dunning-Kruger-Effekt, der beschreibt, dass Laien sich für kompetent halten.
- Zu gesicherten Erkenntnissen kommen wir eher, wenn uns diese Denkfehler nicht unterlaufen.

Auflösung Quiz 4
Welche der folgenden Behauptungen treffen zu?

a. *Das Auto springt nicht an. Also ist der Anlasser defekt.* – Falsch. Das Phänomen kann verschiedene Ursachen haben.
b. *Seine Bürotür ist zu. Also ist er nicht da.* – Auch hier: Es kann viele Gründe geben, weshalb die Bürotür geschlossen ist.
c. Die Rückseite der *deutschen 2-Euro-Münze zeigt den Bundesadler.* – In dieser Pauschalität falsch, weil viele deutsche 2-Euro-Münzen auch andere Motive zeigen. Richtig wäre: »Die meisten deutschen 2-Euro-Münzen zeigen den Bundesadler.«
d. *Ich habe Ahnung von IT, weil ich seit Jahrzehnten Programmierer bin.* – Richtig: Hier dürfen wir von Kompetenz ausgehen.
e. *Ich habe Ahnung von IT, weil ich einen Computer benutze.* – Falsch. Als Anwender kennen wir die IT eben nur aus der Anwendersicht, nicht aus der Programmierersicht.

Kapitel 3

»Das wird man doch wohl noch sagen dürfen« Welche Äußerungen (un)qualifiziert sind

Warum dürfen wir nicht alles sagen, was wir sagen können? Inwiefern ist die Meinungsfreiheit eingeschränkt? Und ist das ein Zeichen dafür, dass wir in einer Diktatur leben? Neben den erwähnten Erkenntnissen und Behauptungen spielen vor allem Meinungen eine Rolle, im Medienrecht auch »Werturteile« genannt. Diese bilden wir uns anhand dessen, was wir für gesichert erachten, also anhand von Informationen. Doch wie lassen sich Meinungen bewerten? Wie funktioniert Widerspruch? Sprechen wir jemandem sein Recht auf Meinungsfreiheit ab, wenn wir ihm widersprechen? Und was ist eigentlich Zensur? Ein Kapitel, nach dessen Lektüre Sie erkennen, ob sich jemand qualifiziert äußert oder nicht – und ob jemand »schwurbelt«.

Fakt oder Meinung?

Quiz 5
Welche der folgenden Äußerungen beinhalten Meinungen?

a. Studien zeigen, dass dieses Medikament das effektivste ist.
b. Kernkraft ist (un)sicher.
c. Die Beatles waren eine der berühmtesten Bands der Welt.
d. Die Beatles waren wichtiger als die Rolling Stones.
e. Meiner Meinung nach war der Nachbar der Täter.

Auflösung am Ende des Kapitels.

Neben den Fakten und gesicherten Erkenntnissen spielt noch eine weitere Kategorie von Äußerungen eine Rolle: die Meinung (Ebene 4). Mit Meinungen sagen wir (Ebene 5), was wir über eine Sachlage denken. In freien Ländern dürfen wir unsere Meinungen grundsätzlich äußern und verbreiten.

Aufgrund dieses in den Verfassungen freiheitlicher Nationen festgeschriebenen Grundrechts auf Meinungsfreiheit denken viele Menschen, sie dürften »alles sagen«. Der Gesetzgeber sieht das anders und hat daher beispielsweise in Deutschland in Art. 5 GG Abs. 2 definiert: »Diese Rechte finden ihre Schranken in den Vorschriften der allgemeinen Gesetze, den gesetzlichen Bestimmungen zum Schutze der Jugend und in dem Recht der persönlichen Ehre.«

Interessanterweise spricht Art. 5 GG nur von dem Recht, Meinungen zu äußern – die bisher besprochenen gesicherten Erkenntnisse und Tatsachen kommen darin nicht zur Sprache. Nur indem die Pressefreiheit und die Freiheit der Berichterstattung durch Rundfunk und Film gewährleistet sind, spielen auch Informationen über Fakten eine Rolle. Was hat es damit auf sich? Und was dürfen wir nun sagen und was nicht?

Tatsachenbehauptungen sind »dem Beweise zugänglich«

Kürzlich las ich in einem Blog, wir bräuchten einen Systemwechsel. Der Autor listete eine Menge Dinge auf, die angeblich niemand sagen dürfe – und stellte sich dar als jemanden, der diese Dinge endlich einmal benennt. Zum Beispiel, dass wir mal schauen sollten, woher der Strom fürs Elektroauto komme.

Das habe ich gemacht, und ich fand im Internet zahlreiche Stimmen, die sich über den miesen ökologischen Fußabdruck von Elektroautos aufregten, die mit Kohlestrom fahren. Selbst auf der Website des Bundesumweltministeriums (BMUV) stand wörtlich in einer Überschrift: »Elektroautos sind so sauber wie der Strom, mit dem sie fahren.« Hier ging es genau um das Thema, das uns der Autor als großes Tabu verkaufen wollte: »Um die Klimaverträglichkeit von Elektrofahrzeugen zu bewerten, muss also nicht nur der Fahrbetrieb betrachtet werden, sondern auch die Strombereitstellung – also der Ausstoß der Kraftwerke – und die Fahrzeugherstellung.«[32]

Auf Facebook bekam der Autor Gegenwind. Prompt ergriff jemand Partei für den Autor und verlangte, man solle ihm doch bitte sein Recht auf freie Meinungsäußerung nicht absprechen.

Spannend, oder? Sprechen wir jemandem die Meinungsfreiheit ab, wenn wir ihm widersprechen? Oder wenn wir ihn korrigieren, wenn er Unsinn erzählt? Die Frage ist: Hat der Autor nun etwas behauptet oder etwas gemeint? Zu diesem Unterschied kommen wir jetzt.

Wir hatten gesagt: Was wir behaupten, sollte bewiesen sein oder sich – als Hypothese – zumindest prüfen lassen. Das sieht auch das Äußerungsrecht so: Tatsachenbehauptungen sind »dem Beweise zugänglich«, wie es Juristen sagen. Ich vereinfache das und sage: Behauptungen lassen sich prüfen. Meinungen dagegen sind nicht dem Beweise zugänglich – sie lassen sich nicht prüfen. Ob heute Mittwoch ist, können Sie prüfen – das ist eine Behauptung. Ob heute ein schöner Tag ist, können Sie nicht prüfen – das ist eine Meinung.

Es geht dabei nicht darum, ob etwas tatsächlich bewiesen *ist* oder nicht. Es geht nur darum, ob es sich grundsätzlich beweisen *lässt*. So sind die Aussagen »1=1« und »1=2« Tatsachenbehauptungen. Denn beide sind prüfbar. Die Prüfung ergibt: Die eine ist richtig und die andere falsch. Daraus folgt auch: Meinungen können nicht falsch sein, Behauptungen dagegen schon.

Also: Wenn jemand schreibt, er finde den Hype ums Elektroauto beknackt, dann äußert er eine Meinung. Wir können anderer Meinung sein, aber was er meint, können wir nicht prüfen. Es lässt sich nicht beweisen oder widerlegen, dass etwas beknackt ist. Und diese Meinung ist auch nicht richtig oder falsch. Er ist dieser Meinung und das darf er sein.

Sagt er aber, niemand thematisiere die Herkunft des E-Auto-Stroms, dann lässt sich das prüfen. Wir finden rasch heraus: Das stimmt nicht. Alle möglichen Menschen sprechen darüber, auch öffentlich.

Die Frage ist jetzt: Können wir uns bei einer Falschinformation auf die Meinungsfreiheit berufen? Und damit kommen wir zu einem entscheidenden Kern dieses Buches.

Für mich ist die Meinungsfreiheit eines der höchsten Rechtsgüter, die wir haben. Wenn der Autor schreibt, wir sollten die Verbrennungsmotoren behalten, dann bitte. Nebenbei bemerkt, sage ich das auch, schließlich lassen sich auch Verbrenner beispielsweise mit synthetischen Kraftstoffen klimafreundlich betreiben. Aber meine Meinung dazu ist ebenso unmaßgeblich wie die Meinung des erwähnten Autors.

Viel wichtiger finde ich seine Falschbehauptungen. Die greife ich an. Wenn er behauptet, niemand interessiere sich für den Elektroautostrom, ist das schlicht falsch. Er behauptet hier etwas, was Menschen glauben können. In der Folge wähnen sie möglicherweise, dass eine große Verschwörung die offene Debatte unterdrückt, und radikalisieren sich. Dabei findet die Debatte statt, wie alle sehen, die sich nicht völlig aus der Realität verabschiedet haben.

Die Unwahrheit kann nicht zur Meinungsbildung in einer Demokratie beitragen. Darum schützt Art. 5 GG keine Falschbehauptungen.

Zum Unterschied zwischen Tatsachenbehauptung und Meinungsäußerung erklärte übrigens das Bundesverfassungsgericht am 22. Juni 1982: »Konstitutiv für die Bestimmung dessen, was als Äußerung einer ›Meinung‹ vom Schutz des Grundrechts umfaßt wird, ist mithin das Element der Stellungnahme, des Dafürhaltens, des Meinens im Rahmen einer geistigen Auseinandersetzung;

auf den Wert, die Richtigkeit, die Vernünftigkeit der Äußerung kommt es nicht an. Die Mitteilung einer Tatsache ist im strengen Sinne keine Äußerung einer ›Meinung‹, weil ihr jenes Element fehlt.« Und das Gericht erklärt: »Was dagegen nicht zur verfassungsmäßig vorausgesetzten Meinungsbildung beitragen kann, ist nicht geschützt, insbesondere die erwiesen oder bewußt unwahre Tatsachenbehauptung.«[33] In einem früheren Urteil wird der Grund noch deutlicher: »Unrichtige Information ist unter dem Blickwinkel der Meinungsfreiheit kein schützenswertes Gut, weil sie der verfassungsrechtlich vorausgesetzten Aufgabe zutreffender Meinungsbildung nicht dienen kann.«[34] Anhand von Lügen können wir uns eben keine fundierte Meinung bilden.

Das bringt es auf den Punkt: Tatsachenbehauptungen und Meinungsäußerungen sind verschiedene Dinge – und falsche Behauptungen sind nicht von der Meinungsfreiheit gedeckt. Denn damit wir uns in einer Demokratie eine Meinung und einen politischen Willen bilden können, müssen wir uns auf Informationen verlassen können. Genau deswegen heißt es immer wieder, dass Desinformation die Demokratie gefährdet. Die Absender der Desinformation wollen, dass wir uns unsere Meinungen anhand von Lügen bilden.

Also: Etwas Objektives können Sie prüfen und verifizieren, etwas Subjektives nicht. Wir können keine Meinungen beweisen oder widerlegen. Noch stärker heruntergebrochen: Eine Tatsache ist objektiv, während eine Meinung subjektiv ist. Wer eine Tatsache behauptet, bezeichnet etwas als Teil der objektiven Wirklichkeit. Wer eine Meinung äußert, stellt dagegen keine Sachlage fest, sondern formuliert, was er über eine Sachlage denkt.

Behauptungen beweisen, Meinungen verargumentieren

Nun sollten wir wissen, dass das Medienrecht hier etwas anders vorgeht als die Wissenschaft oder die Publizistik. Das Medienrecht hält sich meistens sehr streng an die Beweisbarkeit. Es wertet daher oft auch Tatsachenbehauptungen als Meinungsäußerungen, wenn sie aus banalsten Gründen nicht prüfbar sind. So dürfte es sich bei der Äußerung, es gebe Außerirdische, für Juristen um eine Meinungsäußerung handeln. Auch Russells Teekanne – für Wissen-

Behauptungen können wir prüfen, Meinungen nicht. Für Meinungen können wir argumentieren.

schaftler und Journalisten eine Behauptung – dürfte wegen ihrer konkreten Nicht-Beweisbarkeit für Juristen als Meinungsäußerung durchgehen.

Für Wissenschaftler und Journalisten aber bleiben Behauptungen auch dann Behauptungen, wenn sie sich in der Praxis weder beweisen noch widerlegen lassen.

Dass der wissenschaftliche und der journalistische Ansatz hier dem Medienrecht widersprechen, liegt an den unterschiedlichen Werten, die der jeweiligen Arbeit zugrunde liegen:

- Gerichte werten manche Behauptungen als Meinung, um im Zweifel das Grundrecht auf freie Meinungsäußerung nicht zu verletzen. Wer also die Existenz von Außerirdischen behauptet, äußert medienrechtlich eine Meinung. Für die Justiz ist das Rechtsgut der Meinungsfreiheit der entscheidende Wert.
- Wissenschaftlern und Journalisten dagegen ist die Frage wichtiger, ob stimmt, was jemand behauptet. Daher ist die Äußerung, es gebe Außerirdische, in ihren Augen eine Behauptung. Es ist eine Vermutung, die auf ihren Beweis wartet. Der entscheidende Wert ist hier die Erkenntnis in der Sache.

Diese Schieflage bewirkt zwangsläufig, dass manche Behauptung juristisch als Meinungsäußerung durchkommt, die inhaltlich untragbar ist. Auch viele Fake News bleiben entsprechend stehen.

Mir ist bewusst, dass das alles ein wenig kompliziert ist. In der öffentlichen Kommunikation sollten wir in jedem Fall den wissenschaftlich-publizistischen Standard anwenden. Während das Bundesverfassungsgericht eine allgemeine Äußerung wie »Soldaten sind Mörder« nach Kurt Tucholsky (1890–1935) als zulässige Meinungsäußerung ansieht,[35] gilt der Satz für die meisten Kommunikationsprofis wohl als Behauptung – einmal unabhängig von der Frage, ob sie sinnvoll ist.

Um die Unterscheidung einfach zu halten, schlage ich eine einfache Faustregel zur Unterscheidung von Tatsachenbehauptungen und Meinungsäußerungen vor: Behauptungen lassen sich *beweisen*, Meinungen *verargumentieren*. Fakten untermauern wir mit Belegen, Meinungen mit Pro-Argumenten, wobei es möglicherweise auch

Kontra-Argumente gibt. Umgekehrt funktioniert es jeweils nicht: Wir können für Fakten keine Argumente sammeln und eine Meinung nicht beweisen:

- Sie können beweisen, dass die Sonne scheint – denn das ist die Sachlage. Argumentieren können Sie hier nicht, denn es ist so. Für eine Sachlage gibt es keine Argumente pro und kontra, sondern Indizien und Beweise.
- Sie können nicht beweisen, dass das Wetter schön ist – denn das ist eine Meinung. In diesem Fall können Sie bestenfalls argumentieren.

Wenn wir nun jemanden von unserer Meinung überzeugen wollen, belästigen wir ihn wie gesagt nicht andauernd mit unserer Meinung (»Es ist ein schöner Tag, jetzt glaub mir das doch endlich«), sondern wir liefern ihm Behauptungen, anhand deren er zu unserer Meinung kommt (»Die Sonne scheint, es ist warm«).

Wir dürfen werten

»Du wertest ja!«, warf mir eine Dame an unserem Sechsertisch in einer Eventlocation vor. Sie hatte recht: Ich hatte gewertet. Ich hatte gesagt, ein bestimmter Vortrag, den wir soeben gehört hatten, sei Blödsinn. Ich antwortete ihr: »Ja, ich werte.« Und ich wiederholte: »Dieser Vortrag war völliger Quatsch.«

Zu werten ist in manchen sozialen Milieus verpönt. Nur weshalb? Das Werten ist nichts anderes als eine Meinungsäußerung. Das Recht dazu ist durch Art. 5 GG verbrieft. Juristen bezeichnen Meinungen auch als »Werturteile«.

Wir hatten bei einer Veranstaltung Kurzvorträge von angehenden Speakern gehört. In ihrem Vortrag hatte eine Frau behauptet, das unbewusste Betätigen von Gaspedal und Kupplung beim Autofahren sei »Intuition«. Und das ist natürlich Unfug. Dass wir beim Autofahren nicht mehr übers Schalten nachdenken, hat seinen Grund in der Übung und Automatisierung, während der Begriff »Intuition« eher unbewusst entstehende Erkenntnisse bezeichnet.

Der Tatsachenkern meiner Meinungsäußerung war also, dass die Vortragende etwas erzählt hatte, was nicht stimmt. Meine Meinung dazu war und ist, dass sie Unsinn von sich gegeben hat. Mein Urteil klingt unangemessen? Weiß ich nicht. Rein rechtlich sind solche Werturteile hinzunehmen – auch wenn sie dem Kritisierten nicht schmecken. Hat Kritik einen sachlichen Kern, darf sie dem Bundesverfassungsgericht zufolge auch polemisch und zugespitzt sein.[36] Das Gericht stellt das immer wieder klar.

Und nein, bei einer öffentlichen Veranstaltung müssen wir auch nicht aus pädagogischen Gründen alles gelten lassen, was jemand sagt. Gerade in der öffentlichen Kommunikation sollten wir eher darauf achten, dass sich kein Unsinn im Menschheitsgedächtnis einnistet, der am Schluss in irgendeinem Archiv nachlesbar ist. In Archiven – und das sind auch YouTube-Videos – sollte dann doch möglichst die Wahrheit zu finden sein.

Also: Natürlich dürfen wir werten. Wer öffentlich Unsinn redet, hat es zu dulden, wenn andere das beim Namen nennen.

Wie langweilig wäre das Leben auch ohne Werturteile! Legendär waren die Äußerungen des Literaturkritikers Marcel Reich-Ranicki (1920–2013) in der ZDF-Sendung »Das literarische Quartett«:

- »Für mich war die Lektüre vor allem der ganzen zweiten Hälfte schon unerträglich langweilig.«[37]
- »Es ist ein absolut erbärmliches Buch.«[38]
- »Um Gottes willen! Warum bin ich verurteilt, diese Art von Literatur zu lesen? Ich will das nicht lesen! Es ist ein lächerliches Niveau. Es ist ein Geschwätz sondergleichen.«[39]

Was Reich-Ranicki hier sagt, ist nicht freundlich. Aber es ist freie Meinungsäußerung eines Menschen, der von den Nazis verfolgt wurde, das Warschauer Getto überlebte und der in der Öffentlichkeit der Bundesrepublik Deutschland zu dem Bewusstsein beitrug, dass es nie mehr totalitäre Redeverbote geben darf.

Weshalb wollen uns Menschen dieses Grundrecht nehmen und sagen, wir dürften nicht werten? Was das Missverständnis vielleicht erklärt, ist der spirituelle Begriff der Akzeptanz. Die Dinge anzunehmen, statt mit allem zu hadern, ist sicher klug. Ich verstehe, dass wir möglicherweise nicht sofort werten sollten. Wir sollten überlegen, ob uns alle relevanten Informationen vorliegen, bevor wir uns ein Urteil bilden.

Werturteile gehören zur Demokratie

Aber heißt das, generell nicht zu werten? Sicher nicht. Schon der »edle achtfache Pfad« in der buddhistischen Lehre wertet. So empfiehlt er als »rechte Gesinnung« Entsagung. Beim »rechten Lebenswandel« sollen wir keine Fleischverkäufer werden. Das sind alles Wertungen. Schon von einem »rechten«, also »richtigen« Lebenswandel zu sprechen, ist wertend, denn dann gibt es offenbar auch einen falschen Lebenswandel. Und was falsch und richtig ist, können wir nicht objektiv prüfen, es sind Werturteile.

Auch die Dame, die mir das Werten vorwarf, wertete damit: Dass ich meine Meinung sagte, empfand sie als schlecht. Sie warf es mir vor. Warum hat sie es nicht einfach im Sinne der spirituellen Akzeptanz angenommen?

Zu werten ist in der öffentlichen Debatte normal. Das Nichtwerten im Sinne der Spiritualität hat wenig damit zu tun.

Wichtig ist, glaube ich, dass wir uns nicht verwirren lassen von Menschen, die den spirituellen Gedanken der Akzeptanz missverstehen. Kein Demokrat wird uns das Werten verbieten. Gerade in der Demokratie gehören Werturteile zur Meinungs- und Willensbildung. Damit wir einander überzeugen können, muss der Meinungsstreit erlaubt sein. Auch deswegen legt das Bundesverfassungsgericht die Meinungsfreiheit immer wieder so weit aus. Ein öffentlicher Diskurs, in dem wir nicht werten dürfen, wirkt auf mich eher totalitär. Womit wir wieder bei Umberto Eco sind: Die Demokratie lebt vom Dissens, nicht vom Konsens.

Wenn wir unsere Meinung äußern, müssen wir übrigens nicht einmal »meiner Meinung nach« sagen – unsere Äußerung ist nicht prüfbar und damit eine Meinung, das genügt. Zusätze wie »in meinen Augen« oder »für meine Begriffe« kennzeichnen eine Meinung, aber erforderlich sind sie nicht. Anders als bei Vermutungen, die nicht automatisch als solche erkennbar sind. Wenn Reich-Ranicki ein Buch »erbärmlich« nennt, ist das erkennbar eine Meinungsäußerung.

Es ist nicht intolerant, jemandem zu widersprechen

Ebenfalls zur Demokratie gehört die Fähigkeit, die Meinungen Andersdenkender zu ertragen – jedenfalls dann, wenn sie sich im Rahmen des Grundgesetzes bewegen.

Wobei manche fragen: Verstoße ich nicht selbst mit meinem Werturteil »Quatsch« gegen das Gebot, die Meinung der Rednerin zu ertragen, das Schalten im Auto habe mit Intuition zu tun? Genau hier zeigt sich, wie wichtig die Trennung zwischen Behauptungen und Meinungen ist: Die Äußerung, das Schalten habe mit Intuition zu tun, ist keine Meinung. Es ist eine Behauptung. Und die ist genauso unsinnig und falsch wie der Satz: »Vegetarier essen Hühnchen.« Unsinn müssen wir nicht gelten lassen. Falsches dürfen – und sollten – wir korrigieren. Wir dürfen Quatsch als solchen bezeichnen. Meiner Meinung nach sollten wir das auch.

Und auch einer Meinung dürfen wir widersprechen. Anderen das Recht zur freien Meinungsäußerung zuzugestehen, bedeutet nicht, dass wir ihnen nicht widersprechen dürfen.

Anderen zu widersprechen ist kein Angriff auf die Meinungsfreiheit, sondern Teil der Meinungsfreiheit.

Es ist nichts intolerant daran, wenn wir jemandem widersprechen. Teilt uns jemand eine Meinung mit, die wir nicht teilen, dann hören wir uns seine Meinung zunächst an und gestehen sie ihm zu. Sosehr sie uns auch widerstrebt. Und dann äußern wir unsere Gegenposition: »Das sehe ich anders«, »Dem widerspreche ich deutlich«. Natürlich sollten wir begründen, weshalb wir anderer Meinung sind. Kommt dann der Vorwurf, wir würden die Meinung des anderen nicht tolerieren, antworten wir: »Doch, ich toleriere deine Meinung. Allerdings bin ich anderer Meinung und bitte dich, das deinerseits zu tolerieren.«

Kommen Sie damit nicht durch, formulieren Sie es deutlicher: »Ich toleriere deine Meinung. Ich widerspreche dir nur.« Spätestens dann müsste es Ihr Gegenüber begreifen. Wobei sich in dieser Situation oft die wahre Intoleranz zeigt, die in vielen Menschen schlummert: Intolerante Menschen ertragen unsere Position nicht und stricken uns den Vorwurf, wir würden ihnen ihre Meinungsfreiheit absprechen.

Wir müssen niemandes Meinung übernehmen

Ebenso hat niemand einen Anspruch darauf, dass wir seine Meinung übernehmen. Und auch das wollen uns immer wieder Menschen unterjubeln: Sie insistieren in der Erwartung, dass wir zustimmen. Sie wollen uns ihre Meinung oder ihren Willen aufzwingen.

Nur sind und bleiben die Gedanken eben frei, wie das alte Volkslied sagt. Niemand hat einen Anspruch darauf, dass wir seinetwegen unsere Meinung ändern. Er oder sie darf gerne versuchen, uns zu überzeugen, aber was wir dann meinen, ist unsere Sache. Auch wenn unser Gegenüber die Mehrheitsmeinung vertritt, müssen wir uns ihr nicht anschließen. Die Demokratie schützt ausdrücklich auch Minderheitsmeinungen. Wir müssen die Mehrheit bei demokratischen Entscheidungen nur als bestimmend akzeptieren.

Zur Meinungsfreiheit gehört sogar, dass wir unmaßgeblich finden dürfen, was jemand sagt. Wir müssen niemandem zuhören, wir müssen nicht alles lesen, wir müssen uns mit den Positionen anderer nicht einmal auseinandersetzen.

Zugleich schützt das Grundgesetz das Gemeinwesen vor einem Missbrauch der Grundrechte. Intoleranz müssen wir nicht tolerieren. Nach Art. 18 GG dürfen wir unsere Meinungsfreiheit nicht dazu missbrauchen, die freiheitlich-demokratische Grundordnung zu bekämpfen. Wer das mit seinen Äußerungen und Veröffentlichungen bewirken will, kann sich nicht auf die Meinungsfreiheit berufen. Sie wird ihm möglicherweise sogar explizit aberkannt. Ein Fall, den es in der Geschichte der Bundesrepublik Deutschland noch nicht gab.

Der Philosoph Karl Popper schreibt in Band 1 seines Buches »Die offene Gesellschaft und ihre Feinde«, dass grenzenlose Toleranz am Ende der Intoleranz zum Sieg verhilft: »Uneingeschränkte Toleranz führt mit Notwendigkeit zum Verschwinden der Toleranz. Denn wenn wir die uneingeschränkte Toleranz sogar auf die Intoleranten ausdehnen, wenn wir nicht bereit sind, eine tolerante Gesellschaftsordnung gegen die Angriffe der Intoleranz zu verteidigen, dann werden die Toleranten vernichtet werden und die Toleranz mit ihnen.«[40]

Die Grenzen der Meinungsfreiheit

Die Grenzen von Grundrechten wie der Meinungsfreiheit liegen also im Kern da, wo sie bereits die Erklärung der Menschenrechte von 1789 in Art. 4 sah, in der es hieß: »Die Freiheit besteht darin, alles tun zu können, was einem anderen nicht schadet. So hat die Ausübung der natürlichen Rechte eines jeden Menschen nur die Grenzen, die den anderen Gliedern der Gesellschaft den Genuss der gleichen Rechte sichern.« Und sie liegen da, wo jemand die Rechtsordnung angreift und beispielsweise zu einem »Systemumsturz« aufruft.

Entsprechend müssen wir nicht alle Meinungen tolerieren. Schon wenn jemand den russischen Angriff auf die Ukraine billigt, ist das rechtswidrig, weil es hier um die Billigung eines Kriegsverbrechens geht (§ 140 StGB in Verbindung mit § 13 Völkerstrafgesetzbuches [VStGB]). Gerade dazu hat der Gesetzgeber jüngst den Volksverhetzungsparagrafen (§ 130 StGB) novelliert und einen neuen Absatz 5 eingefügt, wonach bis zu drei Jahre Haft drohen, wenn jemand eines der Kriegsverbrechen nach den §§ 6 bis 12 des VStGB »öffentlich oder in einer Versammlung in einer Weise billigt, leugnet oder gröblich verharmlost, die geeignet ist, zu Hass oder Gewalt (...) aufzustacheln und den öffentlichen Frieden zu stören«.

Begrenzte Meinungsfreiheit – »Meinungsdiktatur«?

Aber macht das Deutschland zu einer »Meinungsdiktatur«? Weil auch bei uns manche Meinungsäußerungen unzulässig sind, hören wir das hin und wieder. Worin also besteht der Unterschied zwischen einer tatsächlichen »Meinungsdiktatur« wie der DDR oder dem heutigen Nordkorea einerseits und dem rechtlichen Umgang mit Äußerungen in einem freiheitlich-demokratischen Rechtsstaat andererseits? Ein Vorschlag:

- In liberalen Staaten ist die Meinungsfreiheit eingeschränkt, wenn Äußerungen die Rechte anderer verletzen oder die freiheitlich-demokratische Grundordnung gefährden, also den Staat oder die Demokratie.
- In Diktaturen ist die Meinungsfreiheit eingeschränkt, wenn Äußerungen dem Regime widersprechen oder seine Machterhaltung

gefährden. Es geht dabei nicht um den Schutz eines menschenfreundlichen Gemeinwesens. Maßstab ist allein das Regime.

Wer behauptet, auch westliche Länder verfolgten Andersdenkende rein wegen ihrer Meinung, relativiert und bagatellisiert Menschenrechtsverletzungen in Diktaturen und belügt die Menschen über den Grundgedanken der freiheitlichen Demokratie. Natürlich wehrt sich eine Demokratie gegen Angriffe.

Gegner der Demokratie nutzen die Meinungsfreiheit, um die Demokratie zu zerstören.

Denn gerade die Toleranz der westlichen Gesellschaften erweist sich als Einfallstor für Demokratiegefährdung. Die freien Gesellschaften geben ihren Gegnern die Freiheit, sie zu attackieren, beispielsweise durch Desinformation, also Falschbehauptungen, die vor Gericht als zulässige Meinungen durchgehen würden, geschützt von der Meinungsfreiheit. Darin besteht die Gefahr und davor schützt sich natürlich auch ein demokratischer Staat.

Wir dürfen also werten. Auch dürfen wir anderen widersprechen. Die Demokratie lebt vom Gedanken- und Meinungsaustausch. Wobei der Rechtsstaat menschenverachtende und verfassungsfeindliche Äußerungen verständlicherweise nicht duldet. Und einige andere Äußerungen auch nicht, wie wir gleich sehen werden.

Medienrechtliche Faustregeln

Die Trennung zwischen Fakten und Meinungen ist ein Wesenselement des westlichen Denkens, das historisch auf den Ideen der Aufklärung beruht. Auf dieser Basis differenziert der Gesetzgeber sämtliche denkbaren Äußerungen und etabliert im Äußerungsrecht eine etwas unübersichtliche Systematik. Unübersichtlich deshalb, weil beispielsweise die Verunglimpfung des Andenkens Verstorbener (§ 189 StGB) eine Tatsachenbehauptung sein kann (der Verstorbene habe sich totgesoffen), aber eben auch eine Meinungsäußerung (der Tote sei ein Idiot gewesen).

Sowohl Tatsachenbehauptungen als auch Meinungsäußerungen können zulässig oder unzulässig sein. Auch eine wahre Tatsachenbehauptung kann unzulässig sein, wenn sie etwa die Intimsphäre eines Menschen verletzt. Öffentlich zu behaupten, jemand habe eine bestimmte Krankheit, kann auch dann unzulässig sein, wenn es stimmt.

Das gilt zunehmend auch, wenn es sich um eine Person des öffentlichen Lebens handelt: Seit den »Caroline-Urteilen« – erstritten von Rechtsanwalt Matthias Prinz für Caroline von Monaco (heute Caroline von Hannover) – unterliegt das Interesse der Öffentlichkeit vor Gericht immer öfter dem allgemeinen Persönlichkeitsrecht des Betroffenen.

Doch was bedeutet »unzulässig«? Was geschieht, wenn wir eine unzulässige Äußerung tätigen? Um manche Fälle kümmern sich Polizei und Staatsanwaltschaft, in anderen bekommen wir Post von einem Anwalt. Im ersten Fall haben wir es mit Strafrecht zu tun (Staat gegen Bürger), im zweiten üblicherweise mit Zivilrecht (Bürger gegen Bürger).

Nur in manchen Fällen interessiert sich die Staatsanwaltschaft für unzulässige Äußerungen. Oft verweist die Staatsanwaltschaft einen Anzeigeerstatter auf den Privatklageweg oder den zivilrechtlichen Weg, weil sie kein öffentliches Interesse sieht. Um Beleidigungen in einem Nachbarschaftsstreit wollen sich Staatsanwaltschaften selten kümmern, sie verweisen uns dann oft auf den Privatklageweg. Bei einer Verunglimpfung des Bundespräsidenten (§ 90 StGB), einer »gegen Personen des politischen Lebens gerichteten Beleidigung, üblen Nachrede oder Verleumdung« (§ 188 StGB) oder einer Volksverhetzung (§ 130 StGB) dürfte die Staatsanwaltschaft das öffentliche Interesse dagegen erkennen.

Ich will hier gar nicht so tief ins Medienrecht eintauchen. Daher stelle ich das Thema mal so vereinfacht dar, wie es für Redaktionen anwendbar ist. Die folgenden Faustregeln sind meiner Meinung nach auch für Blogbeiträge, Postings und Kommentare praktikabel:

- Informationen, die bereits an anderer Stelle veröffentlicht und verifiziert sind und keine Rechte verletzen, können wir in aller Regel ebenfalls bringen, nötigenfalls unter Bezug auf die Quelle. Möglicherweise sollten wir nicht allzu ausufernd zitieren, weil der Wortlaut (anders als die Idee dahinter) urheberrechtlich geschützt sein kann.

- Eine Behauptung dürfen wir in aller Regel aufstellen, wenn sie wahr ist und keine Rechte verletzt. Daher sollten wir Behauptungen vor der Veröffentlichung verifizieren. Und wir sollten prüfen (lassen), ob wir damit beispielsweise Rechte verletzen, etwa die Privat- oder Intimsphäre.
- Keinesfalls sollten wir Behauptungen veröffentlichen, die Rechte verletzen, auch dann nicht, wenn sie wahr sind. Wenn wir öffentlich kommunizieren, welche Krankheit jemand hat, bekommen wir möglicherweise Ärger, selbst wenn es stimmt.
- Nicht von der Meinungsfreiheit geschützt sind Falschbehauptungen, wobei banale Falschbehauptungen (»Äpfel sind Fische«) selten rechtliche Folgen haben. Richtig Ärger kann es geben, wenn wir über andere Unwahres behaupten. Die wichtigsten Verstöße hier sind die üble Nachrede (§ 186 StGB) und die Verleumdung (§ 187 StGB). Unterschied: Bei der üblen Nachrede behaupten wir einfach etwas Ungeprüftes, bei der Verleumdung wissen wir, dass wir lügen.
- Das gilt auch für Verstorbene: Wer postet, an welcher Krankheit eine Person gestorben ist (oder gestorben sein könnte), kann in Konflikt mit den Hinterbliebenen kommen. Auch sollten wir über Verstorbene keine üble Nachrede oder Verleumdung äußern und uns mit unserem Werturteilen zurückhalten.
- Meinungsäußerungen sind dann zulässig, wenn wir eine sachliche und begründete Kritik formulieren. Dabei dürfen wir auch polemisch und zugespitzt formulieren, solange wir nicht die Grenze zur Schmähkritik überschreiten (Beleidigung, § 185 StGB). Bei einer Schmähkritik kritisieren wir nicht mehr die Sache, sondern würdigen die Person herab.
- Wir sollten keine Verbrechen billigen oder verharmlosen, wozu ausdrücklich auch Kriegsverbrechen wie beispielsweise Angriffskriege gehören.
- Versuche, die Geschichte zu verfälschen, können strafbar sein, vor allem wenn wir Völkermorde und Kriegsverbrechen der Vergangenheit leugnen. Insbesondere Falschbehauptungen über Verbrechen der Nationalsozialisten sowie die Billigung, Verherrlichung und Rechtfertigung sind justiziabel (§ 130 Abs. 4 StGB).

- Der Rechtsstaat duldet es nicht, wenn jemand Bevölkerungsgruppen oder Einzelne wegen ihrer Gruppenangehörigkeit böswillig verächtlich macht oder verleumdet (Volksverhetzung, § 130 StGB).
- Ebenso sollten wir keine Umsturzfantasien veröffentlichen, wobei es nicht um Regierungswechsel geht, sondern um einen Umsturz der Rechtsordnung. Die Regierung zu kritisieren, ist legitim, die freiheitlich-demokratische Grundordnung zu bekämpfen, ist es nicht. Vor diesem Hintergrund existiert seit 2021 beim Bundesamt für Verfassungsschutz der Phänomenbereich der »verfassungsschutzrelevanten Delegitimierung des Staates«.[41]

Bitte verstehen Sie diese Liste wirklich nur als grobe Richtlinie. Sie ist in keiner Weise erschöpfend und juristisch sicher nicht ausreichend präzise. Allein urheberrechtliche Aspekte könnten weitere Seiten füllen, und Fotos und Fotorechte kamen gar nicht zur Sprache.

Was die meisten verbalen Äußerungen angeht, umfasst die Liste etwa das, was Redakteurinnen und Redakteure im Kopf haben. Für die Anwendung in der Praxis genügt das, um eigene und auch fremde Äußerungen zumindest ungefähr einschätzen zu können. Nur in wenigen Zweifelsfällen ist erfahrungsgemäß das Justiziariat gefragt.

Lügen sind keine Meinungen

Auf Demonstrationen sehen wir immer wieder Transparente mit der Parole: »Hass ist keine Meinung«. Was soll ein intoleranter Mensch damit anfangen? Hass kann durchaus einer Meinung entspringen, wenn wir beispielsweise jemanden nicht mögen. Natürlich transportiert nach außen getragener Hass die Meinungsäußerung, jemand sei verabscheuungswürdig.

Treffender wäre möglicherweise eher die Parole »Lügen sind keine Meinung«. Darum geht es in meinen Augen. Denn die Lügen sind das Problem heute – Lügen, die uns jemand als Wahrheit auftischt oder auf manipulative Weise als Meinung verkauft.

Wie bereits gesagt, ist Unwahres laut Bundesverfassungsgericht nicht von der Meinungsfreiheit gedeckt. Daran will ich noch mal anknüpfen und betonen: Lügen sind niemals Meinungen. Sie können es nicht sein, weil Lügen Behauptungen sind.

Das bekannteste Beispiel für eine unzulässige Lüge dürfte die Holocaustleugnung sein: Zu behaupten, die Konzentrations- und Vernichtungslager hätten nicht existiert oder hätten keine Morde in diesem Ausmaß möglich gemacht, ist keine Meinungsäußerung. Es ist eine falsche Tatsachenbehauptung. Und falsche Tatsachenbehauptungen deckt Art. 5 GG nicht. Diese bestimmte falsche Behauptung ist sogar strafbar.

Das Bundesverfassungsgericht erklärt, weshalb es sich bei der Holocaustleugnung nicht um eine Meinung handelt, und zwar im Unterschied zu der Meinungsäußerung, das Deutsche Reich hätte den Zweiten Weltkrieg nicht verschuldet:

> *»Bei der untersagten Äußerung, daß es im Dritten Reich keine Judenverfolgung gegeben habe, handelt es sich um eine Tatsachenbehauptung, die nach ungezählten Augenzeugenberichten und Dokumenten, den Feststellungen der Gerichte in zahlreichen Strafverfahren und den Erkenntnissen der Geschichtswissenschaft erwiesen unwahr ist. Für sich genommen genießt eine Behauptung dieses Inhalts daher nicht den Schutz der Meinungsfreiheit. Darin liegt ein wesentlicher Unterschied zwischen der Leugnung der Judenverfolgung im Dritten Reich und der Leugnung der deutschen Schuld am Ausbruch des Zweiten Weltkriegs (…). Bei Aussagen zur Schuld und Verantwortlichkeit für historische Ereignisse handelt es sich stets um komplexe Beurteilungen, die nicht auf eine Tatsachenbehauptung reduziert werden können, während die Leugnung eines Ereignisses selbst regelmäßig den Charakter einer Tatsachenbehauptung haben wird.«*[42]

Eine Aussage darüber, wer einen Krieg *begonnen hat*, ist eine Tatsachenbehauptung, weil historisch belegbar. Aber wer daran *Schuld trägt*, ist für Medienrechtler nicht beweisbar und daher eine Meinung.

Die Leugnung historischer Tatsachen steht deswegen in vielen Ländern unter Strafe, weil Propaganda das Geschichtsbild ändern und die Schuld umkehren kann. Beispielsweise drohen in Bosnien-Herzegowina für das Leugnen des Massakers von Srebrenica im Juli 1995 bis zu drei Jahre Haft,[43] gerade weil Vertreter der serbischen Seite das Geschehen immer wieder als »Mythos« darstellen.[44]

Wir können uns also, wenn wir etwas Unwahres behaupten oder verbreiten – etwa durch das Teilen bei Facebook –, nicht auf unser Grundrecht auf freie Meinungsäußerung berufen. Das können wir nur bei äußerungsrechtlich zulässigen Meinungen und bei manchen wahren Tatsachenbehauptungen. Aber nicht, wenn wir lügen. Will also beispielsweise eine Kommune einen demagogischen Vortrag voller Unwahrheiten in der Stadthalle verhindern, könnte sie möglicherweise anführen, dass die zu erwartenden unwahren Behauptungen nicht unter den Schutz der Meinungsfreiheit fallen und eine Kommune dieser Form der Demokratiegefährdung keine Bühne geben darf.

Müssen wir auch »die andere Seite« hören?

Vermutlich erinnern Sie sich an das Prinzip »audiatur et altera pars« (»Zu hören ist auch die andere Seite«). Schon damit wir keine relevanten Informationen übersehen, sollten wir auch andere Perspektiven berücksichtigen, vor allem die andere Seite, wenn wir über sie schreiben. Sofern nicht alles, was diese Seite sagt, ohnehin bereits veröffentlicht ist.

Lügen sind niemals die andere Seite, die zu hören ist.

Nun schleichen sich unter dem Vorwand, auch die andere Seite hören zu müssen, immer wieder Unwahrheiten in die Debatte. Oft erweisen sie sich erst im Nachhinein als falsch. Was ist damit? Müssen wir auch dann die andere Seite hören, wenn die andere Seite lügt? Hier sind wir an einer entscheidenden Stelle. Zahlreiche Lügner und Demagogen kapern die öffentliche Debatte, indem sie ihre Lügen als »die andere Seite« ausgeben. Es sind sozusagen trojanische Pferde, die unter dem Vorwand der Ausgewogenheit Unwahrheiten verbreiten und damit den Diskurs zerstören. Am Ende sind es Angriffe auf das westlich-aufgeklärte Denken.

Während viele der Ansicht sind, wir müssten alle Beiträge stehen lassen, betrachte ich solche Beiträge als unqualifiziert und lasse sie beispielsweise als Kommentare im Blog nicht zu. Das ist mein gutes Recht, so wie eine Redaktion eben frei entscheiden darf, wen sie zur Debatte zulässt. Verbreitet jemand immer wieder Unwahrheiten, lädt ihn die Redaktion irgendwann nicht mehr ein. Dabei geht es weniger um Zensur als vielmehr um Qualitätssicherung: So, wie wir unbelegte und zugleich unprüfbare Behauptungen ablehnen dürfen, dürfen wir die Unwahrheit ablehnen.

Wir kommen gleich zu der Frage, woran wir qualifizierte Informationen erkennen, aber lassen Sie mich vorher noch den Gedanken zu Ende führen, warum ich empfehle, Falschbehauptungen und auch Ablenkungsmanöver nicht zu dulden. Diese Grundlage brauchen wir dazu noch. Eine Lüge kann niemals die Basis für eine fundierte Meinung sein. Andersherum gesagt: Wer sich seine Meinungen anhand von Unwahrheiten bildet, vertritt keine fundierte Position. Und damit ist der Ansatz unbrauchbar und sogar schädlich für die Meinungs- und Willensbildung in einer Demokratie. Die Lüge mag in Diktaturen den Ton angeben, aber aus dem demokratischen Diskurs in freien Ländern sollten wir sie verbannen.

Im Unterkapitel »Fakt oder Meinung?« (siehe oben das erste Unterkapitel von Kapitel 3) habe ich die Entscheidung des Bundesverfassungsgerichtes vom 22. Juni 1982 erwähnt, wonach einer Tatsachenbehauptung das Element der Stellungnahme fehlt. Das Gericht sagt weiter: »Was dagegen nicht zur verfassungsmäßig vorausgesetzten Meinungsbildung beitragen kann, ist nicht geschützt, insbesondere die erwiesen oder bewußt unwahre Tatsachenbehauptung.«[45]

Für alle, die sich fragen, ob sie Lügner zur Debatte zulassen sollen, ist das vielleicht eine brauchbare Argumentation. Aus meiner Sicht müssen wir Lügner sogar von der Debatte ausschließen, weil sie die Wahrheitsfindung erschweren, die Meinungsbildung sabotieren und damit den Diskurs zerstören und die gesellschaftliche Diskussionskultur destabilisieren.

Dazu gehören übrigens auch Gerüchte. Auch Gerüchte sind keine Meinungen. Sie sind unbelegte Behauptungen. Wir können uns nicht auf das Grundrecht auf Meinungsfreiheit berufen, wenn wir ein Gerücht weitertragen. Und wer das ständig tut, in welcher Diskussion auch immer, den dürfen wir mit gutem Gewissen blocken. Es ist keine Zensur, sondern ein Dienst an der Diskussionsqualität.

Auf einen Blick

- Behauptungen untermauern wir durch Belege, Meinungen durch Argumente. Andersherum geht es nicht: Wir können nicht im Sinne einer Behauptung argumentieren und auch eine Meinung nicht beweisen. Behauptungen sind objektivierbar, Meinungen dagegen rein subjektiv.
- Laut Bundesverfassungsgericht ist eine Meinungsäußerung vom Element »der Stellungnahme, des Dafürhaltens, des Meinens im Rahmen einer geistigen Auseinandersetzung« geprägt, wobei es auf den Wert oder die Vernunft einer Meinung nicht ankommt. Eine Behauptung ist keine Meinung, weil ihr dieses Element fehlt.
- Gerichte werten Behauptungen oft als Meinungsäußerungen, um im Zweifelsfall das Recht auf freie Meinungsäußerung nicht zu verletzen. Wissenschaft und Publizistik trennen das genauer.
- Wir dürfen werten. Wer uns das Werten verbieten will, spricht uns das Recht auf Meinungsfreiheit ab. Werturteile sind elementar für die öffentliche Debatte.
- Die Meinungsfreiheit endet, sobald wir Rechte anderer verletzen oder die freiheitlich-demokratische Grundordnung bekämpfen.
- Wer die Unwahrheit behauptet, kann sich nicht auf die Meinungsfreiheit berufen.
- Lügner sind keine qualifizierten Diskussionsteilnehmer.

Auflösung Quiz 5
Welche der folgenden Äußerungen beinhalten Meinungen?

a. *Studien zeigen, dass dieses Medikament das effektivste ist.* – Keine Meinung: Dieser Satz beinhaltet zwei Tatsachenbehauptungen: Das Medikament sei das effektivste, und Studien würden das zeigen.
b. *Kernkraft ist (un)sicher.* – Eine Meinung, weil wir es hier mit einem kontroversen Thema zu tun haben. Es ist unbeweisbar.
c. *Die Beatles waren eine der berühmtesten Bands der Welt.* – Keine Meinung: Eine Tatsachenbehauptung, die zudem bewiesen sein dürfte.
d. *Die Beatles waren wichtiger als die Rolling Stones.* – Eindeutig eine Wertung, also eine Meinung.
e. *Meiner Meinung nach war der Nachbar der Täter.* – Eine Pseudomeinung, denn hier wird eine Vermutung (die in den Bereich der Tatsachenbehauptungen gehört) als Meinung ausgegeben. Wir können nicht der Meinung sein, etwas sei Fakt. Wir können es höchstens annehmen.

Welche Äußerungen sind seriös, welche nicht?

Quiz 6
Mit welchen Äußerungen versucht jemand, uns eine Behauptung unterzujubeln?

a. Warum sollen die USA nicht ihre Finger im Spiel haben?
b. Ich glaube, dass die Rothschilds dahinterstecken.
c. Könnte es nicht sein, dass die anderen recht haben?
d. Warum hat Israel so lange gezögert, bis es auf den Hamas-Angriff reagiert hat?
e. Warum hat der Zweite Weltkrieg begonnen?

Auflösung am Ende des Kapitels.

Auch wenn das grundlegende äußerungsrechtliche Verständnis wichtig ist: In der Praxis spielt die Zulässigkeit von Äußerungen eher eine untergeordnete Rolle. Gerade in der öffentlichen Kommunikation ist das Problem eher die Flut an unqualifizierten Äußerungen. Deshalb stellt sich die Frage: Woran erkennen wir unqualifizierte Informationen? Und was macht eine Information qualifiziert?

Merkmale qualifizierter Informationen

Wenn Ihnen jemand sagt, in einem bestimmten Supermarkt gäbe es Ihr Lieblingsprodukt mit Rabatt, und Sie erkennen dort, dass das Produkt so teuer ist wie immer – dann war die Information falsch und damit auch unqualifiziert.

Auch wenn Sie bei Facebook über Äpfel schreiben und in einem Kommentar erhebt ein Troll[46] gegen Sie den aus der Luft gegriffenen Vorwurf, Sie hätten wohl etwas gegen Birnen, dann erkennen Sie den Kommentar vermutlich als unqualifiziert und löschen ihn.

Klingelt es an der Tür und irgendein Fremder quatscht Sie mit irgendwelchem Zeug voll, machen Sie die Tür vermutlich wieder zu.

Unser ganzes Leben hindurch bewerten wir Informationen und wägen sie für uns ab. Wir beurteilen die ganze Zeit, ob das, was wir hören, qualifiziert ist. Immer wieder bezeichnen wir Äußerungen als Unsinn oder irrelevant, oder wir nennen den Sender einen Wirrkopf. Und lügt jemand immer wieder oder dreht uns ständig die Worte im Mund herum, distanzieren wir uns irgendwann von ihm.

So vorzugehen ist völlig normal. Wir bewerten Informationen automatisch. Viele lehnen wir ab. Auch das hat nichts mit Zensur zu tun, sondern mit Ordnung im Kopf und in der Debatte. Damit wir uns auf hochwertige und relevante Gedanken konzentrieren können, blenden wir Unsinn möglichst aus und beziehen unqualifizierte Bemerkungen nicht in unsere Überlegungen ein. Schon allein um die Menge an Informationen übersichtlich zu halten.

Doch welche Merkmale für qualifizierte Informationen gibt es? Hier finden Sie einige Vorschläge – die Liste ist vermutlich nicht erschöpfend.

Im Alltag erkennen wir alle ständig Informationen als wahr oder falsch.

Zehn Kriterien für qualifizierte Informationen

- **Wahr** zu sein, ist das erste Merkmal einer qualifizierten Information. Es gibt einen Beleg. Wir müssen bei vielen wahren Behauptungen den Beweis nicht mehr führen, weil er erbracht ist. Das Kriterium ist so stark, dass eine qualifizierte Information nicht unwahr sein kann. Zu behaupten, »die Amerikaner« hätten die Anschläge am 11. September 2001 selbst verübt, gilt in Wissenschaft und Publizistik als unwahr und damit unqualifiziert, denn qualifizierte Informationen sind niemals unbelegt und unprüfbar. Sie transportieren kein Hörensagen und verstoßen nicht gegen das Verbot der Beweislastumkehr. Das bedeutet auch: Fake News sind Lügen und damit niemals qualifizierte Diskussionsbeiträge. Ebenso dürfen haltlose Unterstellungen in den Papierkorb wandern.
- Eine qualifizierte Information ist zudem **relevant**, hat also eine Bedeutung. Es geht nicht um Belanglosigkeiten, sondern wir sprechen über etwas, was eine Bedeutung für uns hat. Damit ist

nicht unbedingt Nähe gemeint, wir müssen nicht direkt betroffen sein, sondern etwas wirkt sich irgendwie auf unsere Realität aus. So ist das Thema Klimapolitik schon deswegen relevant, weil es sich auf unsere Mobilität auswirkt.

- Besonders wichtig ist zudem, dass eine Information für unsere Adressaten überhaupt **interessant** ist. Es kommt vor, dass Menschen sich nicht für Relevantes interessieren oder an Irrelevantem interessiert sind – so etwas zeigt sich oft an falsch gesetzten Prioritäten. »Interessant« ist dabei das Gegenteil von »banal« oder »langweilig«: Banales und Langweiliges enttäuscht uns, wir wollen etwas Ansprechendes hören und lesen. Hören wir bei einem Vortrag über Lebensglück als Hauptbotschaft, wir sollten »den Moment leben«, dann ist das etwas dünn und daher uninteressant. Vor allem, wenn wir öffentlich kommunizieren, sollten wir schon etwas zu sagen haben.
- In der öffentlichen Kommunikation freuen wir uns auch darüber, wenn Gedankengänge **durchdacht** sind, also wenn sie nicht an der Oberfläche bleiben. Wer wie die erwähnte Rednerin behauptet, ein Automatismus wie das Schalten beim Autofahren beruhe auf Intuition, muss sich eine gewisse Oberflächlichkeit vorwerfen lassen. Dass wir Leuten zuhören, die sich nicht auskennen oder Inhalte voller Fehlschlüsse präsentieren, kann niemand von uns verlangen.
- Zudem sind qualifizierte Informationen **aktuell**. Überholte und damit längst nicht mehr gültige Erkenntnisse oder auch seit Langem allseits bekannte Selbstverständlichkeiten will wohl niemand hören. Es geht darum, Dinge zu kommunizieren, die dem Stand des Wissens entsprechen. »Schnee von gestern« eignet sich kaum für eine professionelle öffentliche Kommunikation.
- Auch **strukturiert** zu sein, ist ein Wesensmerkmal qualifizierter Informationen. Die Aufgabe in der Kommunikation ist es, Gedanken in eine geordnete lineare Abfolge zu bringen – und zwar nachvollziehbar aus Empfängersicht, nicht aus Sendersicht. Zuvor muss klar sein, worum es überhaupt geht. Holt uns eine Information nicht ab oder sind die Gedanken darin sprunghaft oder auch wild assoziativ, haben wir es mit einiger Wahrscheinlichkeit mit einer unqualifizierten Information zu tun.

- Zudem sind qualifizierte Informationen **inhaltlich angemessen**, wobei sich die Angemessenheit im Laufe der Zeit verändert. So hat sich das »Fräulein« aus einem kultivierten Miteinander ebenso zurückgezogen wie Sprüche à la »Du siehst aber gut aus für dein Alter«. Selbstverständlich ist Diskriminierendes nicht angemessen. Hintergrund sind das zunehmende Verständnis für Wertschätzung und eine Besinnung auf westliche Werte, wonach Menschen gleichwertig sind. Wer ständig ungerechtfertigte Vorwürfe erhebt, sich als vulgär outet oder auch seine Probleme ausbreitet, erntet für diese Grenzüberschreitungen auf Dauer Nichtbeachtung. Denn niemand will sich fremdschämen.
- Qualifizierte Informationen sind zudem **sprachlich angemessen**. Profis wollen keine Fäkalsprache und keine Beschimpfungen und Beleidigungen hören oder lesen. Profis unterscheiden: Was wir uns denken, ist die eine Sache. Was wir veröffentlichen, ist die andere Sache. Wir mögen der Meinung sein, dass jemand ein Idiot ist, aber in dieser Wortwahl behalten wir das für uns. Nicht nur, weil solche Äußerungen unzulässig und damit justiziabel sind, sondern vor allem weil ständiges Schimpfen aus Sicht eines aufgeklärten Publikums mehr über den Sender sagt als über den Beschimpften.
- Weiterhin sind qualifizierte Informationen **konsistent** und **halten sich ans Thema**. Qualifizierte Beiträge in einer Diskussion beispielsweise lenken nicht vom Thema ab. Jegliche Formen von Whataboutism und andere unlautere rhetorische Manipulationsarten dürfen als unqualifiziert gelten.
- Der letzte Punkt schließlich: Was wir multiplizieren, muss **rechtlich zulässig** sein. Weder dürfen wir unzulässige Tatsachenbehauptungen in den Raum stellen noch dürfen wir mit Meinungsäußerungen um uns werfen, die andere beleidigen.

An diese Merkmale halten sich Wissenschaftler und auch Journalisten, wenn auch oft nicht bewusst. Viele Menschen halten sich zudem mehr oder weniger intuitiv an diese Grundsätze. Bei der Frage nach der inhaltlichen Angemessenheit wundern sie sich, warum manche Sender einfach nicht verstehen wollen, dass sie unkultiviert kommunizieren, aber sie finden dafür oft keine Worte.

Wenn jemand in kurzer Hose mit weißen Socken in Sandalen eine Moschee besuchen will, wissen wir alle, dass ihm die gute Kinderstube fehlt. Aber wenn jemand mit dem gleichen Mangel an Kultiviertheit spricht oder schreibt, fällt auch Profis nicht so schnell ein, was genau sie daran kritisieren.

An diesen Kriterien zeigt sich auch noch einmal: Der letzte Punkt, die Zulässigkeit, ist gar nicht so sehr das Problem – in aller Regel verzweifeln Redaktionen bereits daran, dass Äußerungen schlicht unsinnig sind oder auch einfach gedankliches Chaos. Sie nennen es dann zum Beispiel »Geschwurbel«.

Geschwurbel: Andeutungen, Scheinfragen, getarnte Meinungen

Schauen wir uns den Begriff »Geschwurbel« genauer an. Bei uns in der Journalistenschule Anfang der Nullerjahre bezeichnete der Begriff »Geschwurbel« eine unnötig ausschweifende Ausdrucksweise, also zum Beispiel bürokratisches Deutsch in Behördenbriefen. »Geschwollen« hieß diese Ausdrucksweise damals auch. Geschwurbel war für uns, wenn jemand viel redet oder schreibt und dabei wenig oder gar nichts sagt. Für uns in der Redaktion war damit völlig klar: Niemals quälen wir uns durch seitenlange Ergüsse hindurch, bei denen wir uns Seite um Seite fragen, worauf der Autor hinauswill.

Stattdessen galt: Wer eine Botschaft hat, bringt sie einfach und deutlich zum Ausdruck. Umkehrschluss: Wenn wir beim Drüberfliegen keine Substanz finden, ist das Ganze vermutlich heiße Luft. Wie bei dem erwähnten Hinweisgeber, der die Redaktion besucht hat. Es ist völlig normal, Geschwurbel abzulehnen.

Wie sich der Begriff »Geschwurbel« gewandelt hat

Mit dem Aufkommen der »Querdenker«-Bewegung und der zunehmenden Verbreitung von Verschwörungsinhalten hat sich die Bedeutung des Begriffs »Geschwurbel« dann verändert: Hinter den Worten der Urheber steckt oft noch übertriebene Kompliziertheit, aber zusätzlich auch noch etwas Obskures – meist die Idee einer großen Verschwörung oder eines empörenden Skandals.

Früher haben Schwurbler nur ihrer Empörung über die angeblich gemeine Behördenentscheidung freien Lauf gelassen. Heute behaupten sie, dunkle Mächte wollten uns alle gefügig machen. Was heutige Schwurbler von sich geben, kreist meist um scheinbare Erkenntnisse, die die Schwurbler selbst für wahr halten, mit denen sie aber nur bei Menschen mit wenig Ambiguitätstoleranz auf offene Ohren stoßen. Bei den meisten anderen hinterlassen die Sender eher einen bizarren Eindruck, weil es oft unbelegte Behauptungen sind, die sich nicht prüfen lassen – Russells Teekanne.

Und das entlarvt die Sender natürlich schnell, frei nach dem »Selbstoffenbarungsohr« im Sinne des Psychologen Friedemann Schulz von Thun: Selbst ohne inhaltlich auf etwas Konkretes hinauszuwollen, teilt uns der Absender mit, dass er sich von zahlreichen Irrtümern, Denkfehlern und Fehlinterpretationen leiten lässt.

In dem Handbuch »Reichsbürger« von Dirk Wilking – eine Handreichung vor allem für Behördenmitarbeiter – listet der Kriminalpsychologe Jan-Gerrit Keil zur Phänomenologie des Reichsbürgertums einige Charakteristika auf. So weisen das »Erstellen und Vertreiben von Fantasiedokumenten« sowie die »Übernahme von Fantasieämtern und Vortäuschung hoheitlicher Befugnisse« schon einmal darauf hin, dass die Betroffenen ihre Zeit mit der Inszenierung und der Pflege einer Scheinwelt zubringen, statt etwas Sinnvolles zu tun, was die Menschheit weiterbringt. Die Betroffenen sind in einem Rollenspiel gefangen, aus dem sie nicht mehr entkommen. Es ist wie ein endloser Drogentrip.

»Vielschreiberei« heißt nicht, dass jemand viel schreibt. Gemeint sind zusammenhanglose Texthalden.

Entscheidend ist für mich der Punkt »Vielschreiberei«: »Mit ausnahmslos sehr langen Textdokumenten – fünf bis zehn Seiten sind hier keine Ausnahme, sondern die Regel – werden Behörden und Amtsträger oder Zivilpersonen, hier zumeist herausgehobene und bekannte Individuen, mit Beleidigungen, Belehrungen, Beschimpfungen bis hin zur Erpressung und Nötigung überzogen.« Oft würden »verquere Ideen vom weiter bestehenden Deutschen Reich« mit einem »fragmentarischen Zitat-Teppich« sowie »rechtspopulistischen, fremdenfeindlichen und antisemitischen Einstellungen verknüpft«. Hauptproblem der Vielschreiberei bleibe »die generelle Unsinnigkeit des Anliegens, die prinzipielle Unerfüllbarkeit der aufgestellten Forderungen und die damit verbundene Zeit- und Ressourcenverschwendung, die zur Blockierung der Behörden führt«.[47]

Ist es arrogant, wenn Medien und Wissenschaftler Anwürfe aus dieser Ecke als irrelevant ablehnen, ohne sie vorher in Gänze durchzulesen? Nein. Ihnen genügen schon ein paar unbelegte und zugleich unprüfbare Behauptungen im Text, um eine Zuschrift als Unsinn zu erkennen und nicht weiter darüber nachzudenken. Auch Signale im Schriftbild kennzeichnen Geschwurbel – ob es dabei um diffamierende Schreibweisen geht (»ReGIERung«) oder auch um Unterstellungen (»Plandemie«).

Nur: Warum schwurbeln Menschen? Einmal gibt es sicher intellektuelle und auch psychische Determinanten. Zahlreiche Menschen mit Strukturproblemen im Denken brauchen möglicherweise schlicht Hilfe – wobei Redaktionen und Institute und vermutlich auch Sie und ich dafür die falschen Ansprechpartner sind. Darüber hinaus gibt es nach meinen Beobachtungen vor allem zwei Arten von Schwurblern:

- Das sind einmal diejenigen, die absichtlich schwurbeln. Sie arbeiten bewusst mit verqueren und falschen Informationen, um die Menschen zu verwirren.
- Und dann gibt es deren ahnungslose Helfer, die nicht merken, dass sie schwurbeln. Sie halten Unbelegtes und Unprüfbares für wahr und tragen es weiter, um die vielen »Schlafschafe« in ihrem Umfeld mit langen E-Mails über »die Eliten« und die »Lügen des ›Mainstreams‹« aufzuwecken und zu bekehren.

Ich sehe hier also Täter und unwissende Handlanger beziehungsweise Opfer. Entweder weiß jemand, dass er Lügen erzählt, und bekommt dafür möglicherweise Geld oder betreibt ein Geschäft als Scharlatan – oder jemand weiß es nicht und verfügt nicht über die nötige Informationskompetenz, um zu erkennen, dass man ihn für dumm verkauft.

Auf ihre Mitmenschen wirken Schwurbler mit der Zeit immer schrulliger: Sie spinnen sich in eine Welt falscher Vorstellungen ein und reagieren mit Emotionen und Entscheidungen auf Dinge, die nicht da sind. Der »Aluhut« ist das beste Beispiel: Damit wollen sich Menschen vor Strahlungen schützen, die nur in ihrer Fantasie existieren, dort aber sehr hartnäckig.

Vor allem für manipulative Rhetorik sind die ahnungslosen Helfer und die Opfer sehr empfänglich. Ein typisches Element ist der immer wieder auftauchende Gedanke, wir sollten »kritisch sein«, »selber denken« und uns »ein eigenes Bild machen«. Das ist geschickt, weil uns die Täter so von wissenschaftlichen Erkenntnissen des Establishments fernhalten und uns in jene autodidaktische Ecke schieben, in der wir uns vom Anschein leiten lassen und in der klassisches Expertentum reines Teufelszeug »der Eliten« ist.

Der forensische Psychiater Hans-Ludwig Kröber, bis zu seiner Emeritierung 2016 an der Berliner Charité, schrieb mir in unserer E-Mail-Korrespondenz zur später behandelten Frage nach einer Psychopathologie von Schwurblern übrigens einen spannenden Gedanken: »Selber denken« sei »eine dreiste Verspottung des Postulats der Aufklärung« und der Forderung Immanuel Kants (1724–1804), jeder solle sich seines Verstandes bedienen. »Tatsächlich verlangen die Verschwörungstheoretiker ja, man solle nicht mehr selber denken«, schreibt mir Kröber, »sondern den von ihnen vorgegebenen abwegigen Geistesmüll in sich hineinschlingen.«

Um ihre Behauptungen zu verbreiten, bringen Schwurbler zudem immer wieder das manipulative und scheinheilige Argument an, wir müssten »immer auch die andere Seite hören«, um es für ihre unbelegten und unprüfbaren Behauptungen zu missbrauchen.

Geschwurbel ist ein Angriff auf das klare Denken der Neuzeit und auf die wissenschaftlichen Methoden.

Womit arbeiten Schwurbler im Einzelnen?

Andeutungen

Werden oder wurden Ungeimpfte in der Bundesrepublik Deutschland ebenso bestialisch verfolgt wie die Juden im »Dritten Reich«? Sind die Corona-Impfungen ein »Genozid«? Wer solches behauptet, zeigt nicht nur Unkenntnis beim Thema Impfungen, sondern bagatellisiert vor allem auch den Holocaust und andere Völkermorde.

Möglicherweise ist dieser Revisionismus auch das Ziel solcher Äußerungen – viele scheinen uns sagen zu wollen, dass der Nationalsozialismus gar nicht so schlimm gewesen sei. Sie wollen uns einreden, wir würden vielmehr heute in einer Diktatur leben.

Andeutungen sind Behauptungen: Wer etwas nur andeutet, kann sich nicht darauf berufen, es nicht zu sagen.

Wie gesagt duldet der Gesetzgeber derlei Umdeutungen der Geschichte nicht. Wie also lässt sich der Holocaust ungestraft leugnen oder verharmlosen? Die Akteure denken sich: durch Andeutungen. Denn dann sagen sie ja nur indirekt, was sie sagen wollen.

Ein Beispiel ist der auf einigen Demonstrationen aufgetauchte gelbe Stern mit der Aufschrift »Ungeimpft«. Dieser gelbe Stern stellt insofern eine Andeutung dar, es fällt also keine explizite Äußerung wie »Die Ungeimpften sind die Holocaust-Opfer von heute«. Der Stern wirkt implizit: Betrachter könnten zu der Deutung gelangen, die Coronamaßnahmen der Bundesregierung hätten den Stellenwert einer Deportation durch die SS. Doch auch als Andeutung bleibt die Aussage klar.

Die Strafbarkeit des Sterns sehen Gerichte in Deutschland unterschiedlich.[48] Zugleich sind sich die Gerichte weitgehend einig, das Versteckspiel der Andeutungen nicht mitzuspielen und Andeutungen als das zu nehmen, was sie sind: unbelegte Behauptungen, die sich nicht prüfen lassen – nur eben kaschiert. Doch manch einer hegt keinerlei Argwohn, wenn er mit Andeutungen konfrontiert wird: Viele denken, sie müssten sich damit ernsthaft auseinandersetzen, und kommen nicht auf die Idee, vom Sender klare Worte zu fordern.

Wenn der Konjunktiv Behauptungen tarnt

Eine besondere Bedeutung hat bei Andeutungen der Konjunktiv. »Aber es könnte doch sein«, sagte eine Bekannte zu mir, »dass die Regierung mit der Pharmaindustrie unter einer Decke steckt.« Ja, es könnte sein. Vieles könnte sein. Denn vieles ist grundsätzlich möglich.

Aber soll ich es deswegen glauben? Nein, natürlich nicht. Nur weil etwas sein könnte, lohnt es sich noch lange nicht, darüber nachzudenken. Auch Russells Teekanne könnte sein. Sollen wir unsere Zeit mit einer Andeutung ohne konkrete Anhaltspunkte verschwenden? Sicher nicht – das wäre Stammtischniveau, bei dem wir Gerüchte weitertratschen. Da verhalte ich mich wie das erwähnte Publikum beim Wissenschaftskongress und füge an: »›...‹, sagt sie«.

Wir sollten allerdings verstehen, dass wir es mit einem Manipulationsversuch zu tun haben. Die Bekannte will uns in ihre Schwurbler-Ecke ziehen und dazu beitragen, dass immer mehr Menschen den westlichen Institutionen misstrauen. Sie verfolgt eine Agenda, genauer: Sie will die freiheitlich-demokratische Grundordnung untergraben. Das kann ihr auch gelingen, wenn die Leute nicht immun gegen Unsinn sind und keine Informationskompetenz besitzen. Der Konjunktiv ist dazu ein elementares Instrument, gerade, weil er so harmlos daherkommt.

Doch ist jemand kompetent, nur weil er uns zu einer Meinungsänderung bringen will? Wohl kaum. Erst recht nicht, wenn die Belege fehlen und alles im Konjunktiv steht. Auch der Konjunktiv täuscht den Profi nicht darüber hinweg, dass wir es mit einer Behauptung zu tun haben. Die Bekannte sagt zwar, »es könnte doch sein«, aber schon da zeigt sich das Manipulative. Sie meint etwas anderes. Tatsächlich will sie sagen: »Die Regierung steckt mit der Pharmaindustrie unter einer Decke.« Nur will sie es eben so formulieren, dass sie niemand nach einem Beleg fragt. Denn sie kann es nicht belegen, weil die Behauptung in ihrer Pauschalität unsinnig ist. Das heißt: Sie geht manipulativ vor. Sie raunt. Sie schwurbelt.

Doch hält die These, die Pharmaindustrie stecke mit der Regierung unter einer Decke, einem nüchternen Blick auf die Realität stand? Eher nicht: Das Bundesinstitut für Arzneimittel und Medizinprodukte (BfArM) ist keine korrupte Rumpelbude, sondern ein durchaus ernst zu nehmender Türsteher, wenn es darum geht, mit einem neuen Präparat auf den Markt gehen zu dürfen. Allein die Hinweise zur Einreichung machen einem Laien schon deutlich, dass es hier um wissenschaftlich hieb- und stichfeste Nachweise wissenschaftlicher Evidenz geht.[49]

Wenn diese bei Pharmaunternehmen beschäftigten Wissenschaftler hören, sie würden mit der Regierung unter einer Decke stecken, sagen die meisten dieser pragmatischen Realisten wohl: »Schön wär's.« Und auch dass das BfArM immer wieder aus den gleichen Abteilungen Zulassungsanträge bekommt, ist noch lange kein Filz.

Der Konjunktiv dient oft dazu, gefährliche Falschbehauptungen harmlos erscheinen zu lassen.

Also: Im Konjunktiv Geäußertes transportiert oft gefährliche Behauptungen. Gemeint sind natürlich keine harmlosen Konjunktive wie: »Es könnte sein, dass Manuel im Stau steht«, wenn wir uns fragen, wo Manuel bleibt. Gemeint sind Konjunktive, die als Andeutungen übler Behauptungen fungieren, die uns empören sollen, damit wir uns für eine Agenda gegen die westlichen Demokratien einspannen lassen. In diesem Moment hat der Konjunktiv mehrere Funktionen:

- Der Konjunktiv dient zur Tarnung, ist also eine Täuschung: Die grammatische Form macht deutlich, dass wir die implizierte Behauptung gar nicht vertreten, sondern nur für möglich halten. Dadurch regen wir in unserem Gegenüber die Idee an, sie für möglich zu halten.
- Der Konjunktiv dient als Feigenblatt, ist also scheinheilig: Da wir keine absolute Behauptung aufstellen, sind andere eher geneigt, sich unseren Gedanken zu öffnen. Der Konjunktiv wirkt abschwächend und bringt andere zur Überlegung: »Wenn der Sender sich schon so vorsichtig ausdrückt, wird er mich nicht manipulieren wollen.«
- Der Konjunktiv gaukelt Absenderkompetenz vor: Der Sender erscheint durch den Konjunktiv als reflektiert und fähig, subjektive Vorstellungen von Behauptungen zu trennen, was ihn wiederum seriös wirken lässt.

Alle diese Funktionen sorgen dafür, dass andere die angedeuteten Behauptungen übernehmen, ohne kritische Fragen zu stellen. Andeutungen, vor allem im Konjunktiv, sind insofern ein leicht zu erkennendes Mittel der Manipulation, sobald wir uns des Prinzips einmal bewusst sind. Gerade wenn das Angedeutete unbewiesen und nicht prüfbar ist, wissen wir rasch, dass wir es mit Geschwurbel zu tun haben.

Wehren können wir uns gegen derartige Angriffe, indem wir klare Statements fordern. Deutet jemand etwas an, so halten wir genau diesen Umstand fest: »Du deutest an, dass ...« oder »Willst du andeuten, dass ...?«. Auf Halbgares muss niemand eingehen. Entsprechend sollten wir bei einer Andeutung wie: »Da muss man nur der Spur des Geldes folgen«, fragen: »Wer genau bekommt wodurch genau von wem genau welches Geld?«, um die Rauner festzunageln.

Scheinfragen

Auch Fragen transportieren oft Andeutungen, und auch hier sollten wir das Geraune stoppen. Vor allem, wenn jemand betont: »Ich stelle nur Fragen!«, ist Vorsicht geboten. Da herrscht größter Manipulationsalarm.

Die Klarstellung: »Ich stelle nur Fragen!« kenne ich im Grunde nur von Leuten, die durch Falschinformationen die Meinungsbildung manipulieren wollen. Sie nutzen das Werkzeug der Frage auf hinterhältige Weise. Das mag jetzt infam klingen, aber es lässt sich herleiten.

Fragen zu stellen ist zunächst ein Wesensmerkmal der Aufklärung und des wissenschaftlichen Denkens. Beim Fragenstellen gibt es keine Tabus. Wer Fragen stellt, ist geistig offen. »Es gibt keine dummen Fragen«, sagt der Volksmund. »Wer fragt, der führt«, lautet ein Sprichwort. Fragen sind der wichtigste Weg zur Erkenntnis; wir sollten neugierig sein. Und: Wir sollten die Dinge hinterfragen, also hinter die Kulissen blicken, was uns beim tiefgründigen Begreifen der Dinge hilft. Was sollte dagegensprechen? Nichts natürlich.

Solche Gedanken schwingen mit, wenn jemand sagt, er stelle »nur Fragen«. Das Wörtchen »nur« soll uns weismachen, der Sender stelle keinerlei Behauptungen auf, sondern weise lediglich auf völlig legitime Weise auf Widersprüche hin, die angeblich niemand erklärt.

Doch in den Fragen derer, die »nur« Fragen stellen, stecken meist Behauptungen. Wir haben es mit rhetorischen Fragen oder auch »Scheinfragen« zu tun. Ziel ist keine Antwort, die dem Erkenntnisgewinn dient, sondern das Gegenüber soll die in der Frage versteckte Behauptung als Überzeugung übernehmen. Einem Manipulator geht es darum, »immer nur Fragen zu stellen, obwohl er dabei das Gegen-Narrativ schon insinuiert«, wie es Michael Butter von der Universität Tübingen erklärt.[50]

Auch wenn jemand im Konjunktiv fragt: »Könnte es nicht sein, dass die Rothschilds dahinterstecken?«, macht das Fragezeichen nichts besser. Die Scheinfrage transportiert am Ende klassischen Antisemitismus – die alte Legende, habgierige Juden zögen im Hintergrund die Fäden, vermutlich die älteste Verschwörungstheorie der Welt.

Eine typische Scheinfrage wie »Warum lesen wir das im ›Mainstream‹ nicht?« unterstellt etwas, in diesem Fall, das Establishment würde etwas Wichtiges verschweigen. Meist ist die Behauptung unwahr, denn entweder berichten auch etablierte Institutionen über das Phänomen (etwa über Impfnebenwirkungen[51]) oder die jeweiligen Informationen sind in irgendeiner Weise nicht qualifiziert. Das Konzept der Scheinfragen hat sich als sehr effektiv erwiesen: In Scharen lassen sich Menschen davon beeindrucken. Regt sich Protest gegen die angedeuteten Behauptungen, kommt der Einwand: »Es kann doch nicht sein, dass wir keine kritischen Fragen stellen dürfen.«

Wer etwas wissen will, stellt ehrliche Fragen. Wer uns mit einer Frage manipulieren will, handelt unehrlich und hinterlistig.

Und auch diese Äußerung ist verlogen, denn wir dürfen durchaus kritische Fragen stellen. Allerdings können auch Fragen qualifiziert oder unqualifiziert sein. Wenn wir in einer Frage eine Beleidigung oder Volksverhetzung verstecken, ist sie nicht mehr qualifiziert – und damit müssen wir sie uns in einer Debatte nicht mehr gefallen lassen. Ohne dass das »Zensur« wäre, was die scheinheiligen Frager dann empört behaupten.

Vor diesem Hintergrund müssen sich auch die Absender von geschwurbelten Leserbriefen nicht über die Ablehnung wundern: Eine seriöse Veröffentlichung scheitert meistens nicht daran, dass die Fragen der Fragensteller »zu kritisch« wären, wie sie von sich selbst gerne behaupten, sondern dass sie im Subtext Unwahrheiten, Gerüchte oder auch Beleidigungen transportieren.

Und exakt das sollten wir derart scheinheiligen Manipulatoren an den Kopf werfen: »Du stellst keine Fragen, um Antworten zu bekommen. Du missbrauchst die Frageform, um Behauptungen und Gewaltfantasien zu verstecken. Sag einfach und ohne Subtext, was du sagen willst, aber hör mit diesen Manipulationsversuchen auf.«

Wer Scheinfragen stellt, pokert darauf, dass das Gegenüber die Funktion rhetorischer Fragen nicht kennt und dass es die suggerierten Unterstellungen als Gewissheiten akzeptiert und sich auf dieser Basis seine Meinung bildet.

Besonders spannend wird es, wenn sich in einer Scheinfrage das Merkmal von Russells Teekanne findet, also wenn sich die Behauptung, die die Scheinfrage insinuiert, nicht prüfen lässt. Fragen wie »Wer weiß, ob die Nachbarin nicht anschaffen geht?« oder auch »Wer sagt denn, dass die Amerikaner nicht ihre Finger im Spiel haben?« haben diese Eigenschaft: Um zu beweisen, dass die Nachbarin nicht anschaffen geht, müssten wir sie über lange Zeit rund um die Uhr beschatten, und ob »die Amerikaner« irgendwo ihre Finger im Spiel haben, lässt sich wohl ebenso wenig überprüfen wie Russells Teekanne. Hier handelt es sich mithin um haltlose Spekulationen.

Wer eine Aussage als Frage tarnt, kann sich nicht darauf berufen, nur Fragen zu stellen.

Besonders perfide sind Scheinfragen, wenn sie eine Verneinung enthalten und damit ein »Doch!« provozieren. Wir werden also nach etwas gefragt, was nicht der Fall ist (»Dürfen wir denn unsere Meinung nicht mehr sagen?«), tappen in die Falle und sagen treuherzig: »Doch, natürlich!« Damit geben wir der in der Scheinfrage versteckten Behauptung recht, dass Menschen nicht mehr frei sprechen dürften und Widerspruch so etwas wie Zensur sei. Wie so oft, empfiehlt es sich hier, unbeirrt auf die Sachlage zu verweisen und Ablenkungsmanöver zu ignorieren oder zu benennen:

- »Doch, nur hast du keine Meinung geäußert, sondern eine Unwahrheit.«
- »Doch, natürlich, und du hast deine Meinung auch gesagt. Nur habe ich eben widersprochen.«

Übrigens erkennt auch der Bundesgerichtshof Scheinfragen als Behauptungen: »Die Auslegung eines Fragesatzes hat den Kontext und die Umstände der Äußerung zu berücksichtigen. Sie kann ergeben, daß der Fragesatz keine ›echte Frage‹, sondern die unwahre Behauptung einer Tatsache enthält.«[52]

Pseudomeinungen und Pseudotatsachen

Noch komplizierter wird die Sache, wenn jemand Meinungen als Behauptungen ausgibt oder umgekehrt – und zwar in manipulativer Absicht. Wie bereits gesehen, ist es Unsinn, wenn wir sagen: »Meiner Meinung nach scheint die Sonne.« Wir können es annehmen oder wissen, nicht aber meinen. Das »meiner Meinung nach« ist in dem Sonnenbeispiel allerdings nur ein Fehler, keine Manipulation.

Umgekehrt wäre es auch falsch zu sagen: »Dass die Steuern zu hoch / zu niedrig sind, ist unbestritten.« Es ist eben nicht unbestritten, sondern eine Meinung – hier gibt jemand eine Meinung als Tatsache aus. Der Sender hält seine politische Position für »richtig« – so wie vermutlich zahllose Menschen ihre Meinungen für »richtig« halten. Je nach politischer Position halten wir Steuererhöhungen oder eben auch Steuersenkungen für den »richtigen« Weg.

Doch das sind harmlose Denkfehler. Dass jemand politische Positionen als »richtige« Meinung ausgibt, dürfte in jeder Parlamentsdebatte geschehen. Interessant wird es, wenn jemand gefährliche Äußerungen als Meinungen oder Tatsachen kaschiert und dabei darauf setzt, die Qualität der Äußerung erkenne niemand. Die Sender wissen, dass die Freiheit der Meinungsäußerung als Grundrecht geschützt ist, und versuchen durch die Tarnung als Meinung, ihren Behauptungen den Anspruch auf Unantastbarkeit zu verleihen. Beispiele für Pseudomeinungen sind:

- »Meiner Meinung nach wären Deutsche zu solchen Verbrechen niemals fähig gewesen.« Mit der Formulierung »Meiner Meinung nach« reklamiert hier jemand für eine Holocaustleugnung – eine unwahre Tatsachenbehauptung – den Schutz als Meinung. Wahr ist: Viele Deutsche waren zu solchen Verbrechen fähig. Das ist keine Frage einer Meinung, sondern historischer Fakt.
- »Ich bin der Meinung, die Bundesregierung bekommt ihre Befehle aus den USA.« Auch hier beansprucht jemand den Schutz der Meinungsfreiheit für eine unbewiesene Behauptung, die unprüfbar und so nach Russell und Popper gegenstandslos ist.

Oder jemand geht andersherum vor und gibt seine Meinung als Tatsache aus, um sie anderen als objektiv unterzujubeln. Beispiele für Pseudotatsachen sind:

- »Dass Russland die Ukraine angreifen musste, ist ja klar.« Die Äußerung, Russland habe die Ukraine angreifen müssen, transportiert eine Meinung. Dass etwas klar ist, ist dagegen eine Tatsachenbehauptung.
- »Dass Fußball Spaß macht, ist unbestritten.« Tatsächlich ist dies nicht unbestritten, sondern eine Meinung.

Wie Schwurbler Angriffe abwehren

Schließlich gehören zum Geschwurbel auch Methoden, um Kritik abzuwehren. Wenn wir Lügner entlarven, werden diese Lügner sich verteidigen. Wer Lügnern ihre Lügen vorwirft, bekommt Wind ins Gesicht. Die üblichen Waffen sind folgende:

- Zuerst **leugnet** der Lügner oder Demagoge, dass er die Unwahrheit gesagt hat. Ebenso leugnet er Untaten seiner Gesinnungsgenossen oder der politischen Regime, für die er sich einsetzt.
- Lässt sich der Fakt nicht mehr leugnen, **bagatellisiert** der Lügner oder Demagoge die Sachlage – er macht sie kleiner, als sie ist.
- Verfängt auch das nicht, **relativieren** Lügner und Demagogen die Sachlage – sie setzen sie ins Verhältnis zu anderen Untaten, was den erwähnten Whataboutism bedeutet.
- Bleiben wir konsequent und lassen wir uns von diesen rhetorischen Ausweichmanövern nicht beeindrucken und erheben wir nach wie vor unseren Vorwurf, wird uns der Lügner irgendwann **persönlich angreifen** und uns beispielsweise öffentlich lächerlich machen.

Ungefähr in dieser Reihenfolge – manchmal kommt das Relativieren vor dem Bagatellisieren – verteidigen sich Lügner und Schwurbler immer wieder. Wir können darauf wetten, dass irgendwann der persönliche Angriff kommt.

Mein persönlicher Tipp dazu lautet: Lassen Sie sich davon nicht beeindrucken. Solche Menschen arbeiten insgesamt nicht fair und nach westlich-aufgeklärten Methoden, sondern verlogen und manipulativ. Es ist wenig maßgeblich, was diese Leute über Sie denken.

Was sind die »Grenzen des Sagbaren«?

Wie wir gesehen haben, ist die Zulässigkeit nur eines von mehreren Kriterien, wenn es um Äußerungen geht – und um die Zulässigkeit geht es oft gar nicht. Gerade bei der Frage, was »sagbar« ist, zählt eher die Angemessenheit. Meiner Beobachtung zufolge verstoßen Äußerungen, die als »unsagbar« gelten, gegen Werte oder ein bestimmtes Verständnis von Angemessenheit.

Schauen wir uns ein paar Beispiele an:

- Jemand tadelt uns, weil wir »Zigeunerschnitzel« sagen.
- Aktivisten setzen sich gegen das Wort »Flüchtling« ein, weil die Endung »-ling« ihrer Meinung nach etwas Abschätziges transportiert wie bei »Feigling« oder »Schädling«. Sie bevorzugen die Wendung »Geflüchtete/-r«.
- Ein Paar startet eine Petition zur Umbenennung sämtlicher »Mohren-Apotheken« in Deutschland.[53]

Einmal abgesehen von möglichen Rechtsverstößen geht es hier um die Frage nach der Angemessenheit. Und damit bewegen wir uns auf einem Terrain, das nur sehr schwer objektivierbar ist. Entsprechend kritisieren Gegner der »Cancel-Culture« den »Gesinnungsterror«, durch den in der gesellschaftlichen Debatte nur noch bestimmte Positionen geduldet würden. Warum dürfen wir nicht mehr »Zigeunerschnitzel« sagen?

Nun ist meine Meinung nicht ausschlaggebend. Aber ich persönlich beispielsweise finde am Wort »Flüchtling« durch die Endung »-ling« nichts abschätzig. Dabei denke ich allerdings auch nicht an den »Feigling«, sondern an den »Frühling«, den »Sperling« und den »Maronenröhrling«. Dass sich Menschen dagegen an dem Wort »Zigeunerschnitzel« stören, verstehe ich.

Eine »Mohrenapotheke« umzubenennen ist mit einem Aufwand verbunden, den Menschen ohne Erfahrung als Selbstständige kaum überblicken – Stand heute fände ich einen Zwang zur Umbenennung übertrieben. Die Begriffe »Mohrenkopf« und »Negerkuss«, die in meiner Kindheit normal waren, will ich allerdings nicht mehr verwenden. Für mich widersprechen diese Vokabeln dem Gebot der Angemessenheit, und ich erkenne darin keine Kultiviertheit beim Sender.

Es ist immer wieder eine Abwägungsfrage: Was »sagbar« ist und was nicht, beurteilen verschiedene Menschen verschieden. Es scheint also »weichere« Fälle zu geben, bei denen auch unter sprachlich sensiblen Zeitgenossen Uneinigkeit herrscht. Je »härter« die Fälle werden, desto eindeutiger wird allerdings die Ablehnung.

Nicht Sagbares: Toxische Formulierungen

Dinge sind unsagbar, wenn sie das freie Denken und die Menschlichkeit vergiften.

Wer zum Beispiel Begriffe wie »Umvolkung« verwendet, dürfte auf deutlichen Widerspruch stoßen. Denn damit verbreitet er die rassistische Legende einer gewollten und systematischen Ausrottung der Weißen durch die ebenfalls gewollte und systematische Ansiedlung anderer Ethnien. Nutzen wir derartige Formulierungen, katapultieren wir uns in einer kultivierten Gesellschaft ziemlich zwangsläufig aus der öffentlichen Debatte. Nun ist es juristisch sicher nicht unzulässig, »Umvolkung« zu sagen. Aber es verstößt gegen die Werte der westlichen Welt, wonach wir Politik nicht mehr nach rassistischen Kriterien wie in den Jahren 1933 bis 1945 gestalten. Insofern gilt dieses Wort als »nicht sagbar«. Der »Volksgenosse« ist nicht weit.

Kennern der Materie zeigt das Wort »Umvolkung« zudem, dass hier jemand auf einen uralten Mythos hereinfällt: In der Stern-Ausgabe vom 28. April 1983, bekannt durch die Veröffentlichung der »Hitler-Tagebücher«, kommt in einem anderen Zusammenhang ein inhaftierter Neonazi zu Wort. Er erklärt, »daß die Juden die totale Weltherrschaft dadurch anstreben, daß sie die ihnen verhaßten, nichtjüdischen, weißen Rassen durch Vermischung mit Farbigen und Negern zersetzen und vernichten wollen«[54]. Es ist fast O-Ton Hitler, der in seinem Buch »Mein Kampf« beklagt, »wie die rassische Zersetzung die letzten arischen Werte unseres deutschen Volkes herunterzieht, ja oft vernichtet«[55].

Der Neonazi im Stern verwendet in einer Tour NS-Vokabular, das uns auch heute wieder sehr laut begegnet: Er spricht von »Lizenzparteien«,[56] womit er die Bundesrepublik Deutschland als US-Marionette darstellt, und in dem Begriff der »Systemgeschädigten«[57] bemüht er mit »System« einen alten Code von Demokratiefeinden.

Die Veröffentlichung dieser »braunen Soße« im Stern ist jetzt mehr als 40 Jahre her. Doch auch heute noch halten diese Legenden beim Kampf gegen »die Eliten« her, hinter denen am Ende wieder einmal »die Juden« stecken. Der Neonazi im Stern spricht von den »Agenten des internationalen Zionismus, die einen geheimen Weltkolonialismus betreiben«[58], und vom »Kampf gegen ein Establishment«[59]. Er bemüht die gleichen rechtsextremen Floskeln, wie wir sie heute von einer Vielzahl von Menschen hören, nur dass das »Establishment« heute »Mainstream« heißt. Das Wort »System« hat sich gehalten.

Aus Sicht der meisten Vertreter von Politik, Wissenschaft und Publizistik sind solche Dinge »unsagbar«, und zwar aus mehreren Gründen:

- Die Behauptung, »die Juden« wollten die »weißen Rassen« vernichten, ist rein wissenschaftlich betrachtet eine unbelegte Unterstellung, die sich nicht prüfen lässt – eben eine Verschwörungstheorie.
- Diese Verschwörungstheorie transportiert unverhohlenen Antisemitismus, der erneut auf die Vernichtung des Judentums hinausläuft. Wenn das Judentum als böse und gefährliche Macht erscheint, ist es offenbar zu bekämpfen. Die Äußerungen sind also zutiefst menschenfeindlich.
- Formulierungen wie »die Eliten« oder auch »das System« sind altgediente antisemitische Codes, was aber in aller Regel nur die Täter einerseits und die Sprachwissenschaft andererseits durchschauen. Zahlreichen Menschen in der breiten Öffentlichkeit ist nicht klar, was an dem Ausdruck »Eliten« antisemitisch sein soll.
- Die Begriffe »Farbige« und »Neger« waren in einem solchen Kontext schon 1983 herabwürdigend gemeint, wir haben es also mit Rassismus zu tun.

▶ Mit hoher Wahrscheinlichkeit sind die Äußerungen dieses Neonazis rechtlich unzulässig – zahlreiche Medienrechtler dürften hier eine Volksverhetzung erkennen. Schätzungsweise haben wir es mit einer Herabwürdigung durch eine Verleumdung zu tun (§ 130 Abs. 1 Nummer 2 StGB).

Wichtig ist hier der Gedanke, dass beim »Unsagbaren« nicht nur die äußerungsrechtliche Sicht zählt. Selbst wenn eine Äußerung juristisch zulässig ist wie der Begriff »Umvolkung« für sich allein genommen, kann sie unsagbar sein, etwa wenn sie, wissenschaftlich betrachtet, ohne jeden Beweis eine Unterstellung formuliert. Und das tut der Begriff »Umvolkung«.

Der Ausdruck »unsagbar« ist dabei etwas verwirrend, da wir solche Dinge natürlich durchaus sagen *können*. Eher geht es darum, was wir nicht sagen *sollten*. Es entlarvt uns, und zwar als Gegner einer aufgeklärten Gesellschaft, die grundsätzlich die Menschenrechte aller Menschen anerkennt. Nun ist es sicher gut, wenn sich Neonazis outen – aber zugleich pflanzen sich menschenfeindliche Gedanken eben dadurch fort, dass sie jemand artikuliert und sie auf offene Ohren stoßen.

Wer nun kein Gespür für die Bedeutung von Worten hat, wird auch hier von »Zensur« sprechen und von einem Eingriff in die Meinungsfreiheit. Aber auch das ist eben wiederum eine Eigenart derjenigen, die letztlich das Ende der freiheitlich-demokratischen Grundordnung und ein totalitäres Regime anstreben. Oder – harmlosere Variante – die unsere Rechtsordnung nicht verstehen.

Das Institut für Germanistische Sprachwissenschaft an der Philipps-Universität Marburg veröffentlicht seit 1991 jährlich das »Unwort des Jahres«. Gemeint sind damit »Wörter und Formulierungen in allen Feldern der öffentlichen Kommunikation, die gegen sachliche Angemessenheit oder Humanität verstoßen«. So diene beispielsweise das Wort »alternativlos« dazu, sich »der Argumentationspflicht zu entziehen«[60]. Das Wort »Umvolkung« wurde Unwort des Jahres 2019.

Immer wieder erinnern Unwörter an die Sprache des Nationalsozialismus wie beispielsweise die »durchrasste Gesellschaft« (1991) oder die »national befreite Zone« (2000). Der Autor und Journalist Matthias Heine stellt zahlreiche »verbrannte Wörter« in seinem gleichnamigen Buch vor – ob »asozial«, »Bombenwetter«, »entartet«, »Ermächtigung«, »Feind hört mit«, »Gleichschaltung«, »liquidieren«, »Mädel«, »niedermachen«, »Sippenhaft«, »Überfremdung«, »verbrannte Erde« oder »zersetzen«.

Schleichend wirkendes Gift

Für den bereits erwähnten Philologen Victor Klemperer sind derartige Nazibegriffe ein schleichend wirkendes Gift. In »LTI« schreibt er: »Worte können sein wie winzige Arsendosen: Sie werden unbemerkt verschluckt, sie scheinen keine Wirkung zu tun, und nach einiger Zeit ist die Giftwirkung doch da. Wenn einer lange genug für heldisch und tugendhaft: fanatisch sagt, glaubt er schließlich wirklich, ein Fanatiker sei ein tugendhafter Held, und ohne Fanatismus könne man kein Held sein.«[61]

Und die Nazis haben die deutsche Sprache sehr nachhaltig vergiftet. Die Toxizität wirkt immer noch, gerade wenn wir uns das Gedankengut heutiger »Reichsbürger« oder auch der russisch-völkischen »Anastasia«-Bewegung in Deutschland anschauen, bei der sich das Völkische mit dem Esoterischen paart.[62] Die Verfassungsschutzbehörden interessieren sich für diese Gruppen vor allem wegen ihres Hasses auf die Demokratie, wegen der Blut-und-Boden-Ideologie und des Antisemitismus. Über völkische Esoterik gibt es ganze Bücher.[63]

An dieser Stelle können wir einen Bogen zum autodidaktischen Denken schlagen. Heutige Sprüche über »die Eliten« oder »die Rothschilds« dokumentieren letztlich den Nachhall der pseudowissenschaftlichen Werke von Antisemiten wie Arthur de Gobineau (1816–1882; »Essai sur l'inégalité des races humaines«[64]), Alfred Rosenberg (1893–1946; »Der Mythus des 20. Jahrhunderts«) und Houston Stewart Chamberlain (1855–1927; »Grundlagen des XIX. Jahrhunderts«)[65].

Die meisten »unsagbaren« Dinge transportieren totalitäres Gedankengut und sind antidemokratisch.

Ich habe ein antiquarisches Exemplar von Chamberlains Buch hier. Ein Vorbesitzer hat mit Lineal und Bleistift immer wieder säuberlich Passagen unterstrichen, beispielsweise: »Fast alle Menschen sind von Natur ›Heldenverehrer‹«[66] oder »Rasse hebt eben einen Menschen über sich selbst hinaus«.[67] Und das sind noch die harmloseren Beispiele für »braune Soße«. Mit dem expliziten antisemitischen Hass verschone ich Sie hier.

Hitler ließ sich von diesen Pseudointellektuellen umfangreich inspirieren. In seinem Buch »Mein Kampf« schreibt Hitler zu Chamberlain im Kapitel »Versagen des Vorkriegs-Parlamentarismus«[68]: »(...) die offiziellen Stellen der Regierung gingen an den Erkenntnissen eines Houston Stewart Chamberlain genau so gleichgültig vorüber, wie es heute noch geschieht.«[69] Heißt: Längst hätte auch Kaiser Wilhelm II. gegen das Judentum vorgehen müssen.

Und was hat das mit dem autodidaktischen Denken zu tun? Sein Vorwort beginnt Chamberlain 1922 mit dem Statement: »Den Charakter dieses Buches bedingt der Umstand, daß sein Verfasser ein ungelehrter Mann ist.« Wir erkennen ein Armutszeugnis, aber das biegt sich Chamberlain sofort zurecht, über sich selbst in der dritten Person fabulierend: »Gerade in seiner Ungelehrtheit schöpfte er den Mut zu einem Unternehmen, vor welchem mancher bessere Mann erschrocken hätte zurückweichen müssen.« Und dann räumt er ein: »Nicht einen Augenblick bildete er sich ein, seinem Buche komme wissenschaftlicher Wert zu.«[70]

Es ist genau die autodidaktische Ablehnung des wissenschaftlichen Denkens, letztlich der Aufklärung und der freiheitlichen Demokratie, von der bereits die Rede war. Und es ist die gleiche Logik wie jene von heutigen Manipulatoren, die uns erzählen, wir sollten »uns selbst eine Meinung bilden« und nicht mehr auf das hören, was der »Mainstream« sagt. Diese Ablehnung des »Mainstreams« gelingt sehr gut durch das Mystische, weil es den Gegenpol des rationalen Denkens darstellt. Das Völkische ist stark esoterisch geprägt: die Runen, die Wewelsburg mit ihrem »Gruppenführersaal« und der »Schwarzen Sonne« am Boden als mystischer Ort, der ständige Bezug aufs Nordische.

Bitte sehen Sie mir diesen historischen Ausflug nach, aber nur so erschließt sich der heute oft gehörte Hinweis, die Geschichte wiederhole sich. Unwissenschaftliches Geschwurbel und Völkisches hängen miteinander zusammen. Der Nationalsozialismus hasste das Intellektuelle, die etablierte Wissenschaft, die etablierte Medizin, die »Lügenpresse« und den ganzen demokratischen

»Mainstream« – ebenso wie heutige Schwurbler. Und ebenso wie heutige Schwurbler setzten auch die Nazis auf unwissenschaftliches autodidaktisches Denken, alternative Heilmethoden und Medien, in denen es nicht um Wahrheit geht, sondern um Ideologie.

Vor diesem Hintergrund sind Sprüche wie »Das wird man doch wohl noch sagen dürfen« eben nicht harmlos. Bei der Frage, ob etwas »nicht sagbar« ist, geht es nicht um Banalitäten. Die betreffenden Formulierungen transportieren fast immer totalitäre oder intolerante Botschaften, mal mehr und mal weniger subtil.

Auf einen Blick

- Es gibt zuverlässige Kriterien dafür, ob eine Äußerung qualifiziert ist oder nicht. Vor allem sollten Äußerungen wahr, durchdacht, angemessen, strukturiert und rechtlich zulässig sein.
- »Geschwurbel« bedeutet, dass jemand mit Andeutungen arbeitet, um seine Vorstellungen zu platzieren, mit Scheinfragen und als Meinung getarnten Behauptungen.
- Als »nicht sagbar« gelten vor allem unangemessene Äußerungen, die Menschen herabwürdigen, sowie alle Vokabeln, durch die völkische und rassistische Überzeugungen zum Ausdruck kommen. So ist das Szenario einer »Umvolkung« ein uraltes rechtsextremes Narrativ.
- Viele antisemitische Ideengeber der Nazis waren Autodidakten, die sich etwas zusammengereimt haben. Dass ihre Ideen aus dem Volk kamen und nicht von den »Eliten«, machte sie für den Nationalsozialismus attraktiv.
- Von der gleichen Qualität ist das Denken heutiger Schwurbler. In der Ablehnung des »Mainstreams«, also der etablierten Wissenschaft und Publizistik, wiederholt sich Geschichte.
- Es ist nicht trivial, welche Worte wir verwenden, da unsere Wortwahl immer auch unsere Einstellung offenbart.

Auflösung Quiz 6
Mit welchen Äußerungen versucht jemand, uns eine Behauptung unterzujubeln?

a. ***Warum sollen die USA nicht ihre Finger im Spiel haben?* – Hier deutet der Sprecher an, die USA hätten ihre Finger im Spiel – eine sogenannte Scheinfrage.**
b. ***Ich glaube, dass die Rothschilds dahinterstecken.* – Auch hier insinuiert der Sender einen Vorwurf, geschickt getarnt als persönliche Vermutung.**
c. *Könnte es nicht sein, dass die anderen recht haben?* – Das können wir als ehrliche Frage verstehen. Es muss keine Scheinfrage sein.
d. *Warum hat Israel so lange gezögert, bis es auf den Hamas-Angriff reagiert hat?* – Das ist eine Frage, die sich viele gestellt haben – nicht nur die, die darin die Behauptung implizieren, Israel habe absichtlich verspätet eingegriffen.
e. *Warum hat der Zweite Weltkrieg begonnen?* – Das ist eine sachliche historische Frage.

Kapitel 4

»Flood the zone with shit« Wie wir uns vor Propaganda schützen

Das Mystische zieht viele Menschen in seinen Bann. Um zu verstehen, warum immer mehr Menschen auf Falschinformationen hereinfallen – vor allem in Gestalt von Desinformation und Fake News –, sollten wir uns anschauen, wie Verschwörungsmythen und Desinformation zusammenhängen und welche Aufgabe sie erfüllen: Sie dienen der Verunsicherung und entziehen den Menschen die Grundlagen ihres Denkens. Wissenschaftlich gesicherte Erkenntnisse gelten plötzlich als inszenierte Lügen dunkler Mächte. Besonders empfänglich für derlei Geschichten ist, wer die VUCA-Welt nicht erträgt, in der es auf viele Fragen keine klaren Antworten gibt: Betroffene glauben lieber an eine obskure Erklärung, die plausibel erscheint, als sich mit der Ungewissheit abzufinden. Wie machen wir uns immun gegen die Geschichten von Verschwörungsideologen?

Die Rolle von Verschwörungstheorien bei der Desinformation

Quiz 7
Was macht eine Verschwörungstheorie aus?

a. Da wir nicht wissen, ob diese Verschwörungen existieren, sollten wir besser davon ausgehen.
b. Verschwörungstheorien beruhen auf vagen Hinweisen und Andeutungen. Gäbe es handfeste Belege, hätte es Sinn, sich damit zu befassen, aber so nicht.
c. Verschwörungstheorien sind keine Theorien, sondern bewiesene Zusammenhänge. Wer will, findet im Internet genügend Belege.
d. Alle Behauptungen, es gebe Verschwörungen, sind Unsinn. Es gibt keine Verschwörungen.
e. Die Urheber von Verschwörungstheorien bilden selbst eine Verschwörung – sie wollen uns verunsichern und die Gesellschaft destabilisieren.

Auflösung am Ende des Kapitels.

Erinnern Sie sich an die Glastür im Kaufhaus, die wir durch ein Fingerschnippen öffnen? Die wahre Ursache ist natürlich ein Bewegungsmelder. Wer aber nicht weiß, was ein Bewegungsmelder ist und was er macht, glaubt hier möglicherweise rasch an Zauberei. Oder er oder sie sagt: Ich kenne den Zusammenhang nicht – kein Grund, einen Wahn zu entwickeln.

Wozu würden Sie neigen? Also: Wenn Sie von etwas die Ursache nicht kennen – wie reagieren Sie? Glauben Sie lieber an etwas Mystisches, als gar keine Antwort zu haben? Verfügen Sie über die nötige Ambiguitätstoleranz?

Nichts im Leben ist mysteriös

Stellen Sie sich vor, Sie sind zu Hause und ein Gewitter zieht auf. Wenige Kilometer weiter flackert das Licht am Himmel und es grollt. Haben Sie Angst, weil Sie sich das Geschehen nicht erklären können? Vermuten Sie Gottes Strafe oder einen anderen mystischen Zusammenhang? Vermutlich nicht. Warum nicht? Weil Sie wissen, was ein Gewitter ist. Selbst wenn Sie ein Gewitter nicht erklären können, wissen Sie, dass es eine rationale Erklärung dafür gibt. Kaum jemandem mangelt es da an Ambiguitätstoleranz.

Der voraufklärerische Mensch war da in einer völlig anderen Situation. Natürlich war das Phänomen »Gewitter« auch im Mittelalter nicht mysteriös – lediglich die Erklärung war nicht bekannt. Der Blitz schlug in der Scheune ein, und der Bauer wusste nicht, wie ihm geschah. Die Elektrizität war noch nicht entdeckt.

Nun kommt ein spannendes Phänomen ins Spiel: Wir haben keine klare Orientierung, wir können uns etwas nicht erklären, wir fühlen uns möglicherweise unsicher – und dann glauben wir lieber an etwas Plausibles und Mystisches, als uns einzugestehen, dass wir etwas nicht wissen. So glaubte der Bauer, der Blitzschlag sei Gottes Strafe für die uneheliche Schwängerung der Magd durch den Bauernsohn.

Entsprechend gibt es auch heute Dinge, die wir uns nicht erklären können. Doch weswegen sollten wir uns davon verunsichern lassen?

Es ist eine elementare Erkenntnis, die das Leben zahlreicher Menschen zum Guten verändern könnte: Nichts ist mysteriös. Es gibt auf der Welt keinen einzigen mysteriösen Zusammenhang. Die Welt besteht aus Ursachen und Wirkungen. Wenn Menschen etwas mysteriös finden, fehlt ihnen nur die Erklärung. Andersherum gesagt: Alles ist zumindest theoretisch erklärbar. Alles hat eine oder mehrere Ursachen. Wir Menschen allerdings sind nicht allwissend. Wir wissen vieles, aber manches eben nicht. Es mag *Gründe* geben, aber vielleicht nicht unbedingt *Begründungen.*

»Mehr zwischen Himmel und Erde«

Natürlich können Sie gerne glauben, dass es »mehr Dinge zwischen Himmel und Erde gibt«, als wir uns erklären können, wie es William Shakespeare (1564–1616) den Hamlet im gleichnamigen Stück sinngemäß zu Horatio sagen ließ. Der Originaltext lautet: »There are more things in heaven and earth, Horatio, Than are dreamt of in your philosophy.«[71]

In der in Deutschland gängigen Übersetzung des Romantikers August Wilhelm Schlegel (1767–1845) sprechen wir in dem Shakespeare-Zitat heute allerdings von »Schulweisheit«. Wie jemand »philosophy« mit »Schulweisheit« übersetzen kann? Die Erklärung ist einfach: Schlegel war ein Vertreter der »romantischen Schule«, die eine Gegenbewegung zur Aufklärung darstellte. Die Romantiker liebten das Mystische und tauchten es in ein märchenhaftes Licht. In diesem Sinne deutete Schlegel bei seinen Übersetzungen Shakespeares Originalaussage um, und das Konzept »Schule« mit seinem rationalen Ansatz kam entsprechend schlecht weg.

Auch wenn wir keine Begründungen kennen, gibt es trotzdem Gründe.

Das oft bemühte Shakespeare-Zitat trifft insofern, als unser Wissen begrenzt ist. Für vieles haben wir noch keine Erklärungen. Das heißt aber nicht, dass wir Mystiker oder Esoteriker werden müssen. Das Zitat ist insofern meiner Meinung nach kein Argument dafür, an Unerklärliches zu *glauben*. Nur dient das Zitat heute vielen Esoterikern dazu, das Wissenschaftliche abzulehnen, gerade weil Schlegel »philosophy« mit »Schulweisheit« übersetzt hat. Wer aufgeklärt-modern denkt, müsste im Grunde akzeptieren, dass nichts mysteriös ist.

Oder sind Sie abergläubisch? Für den Aberglauben ist es typisch, Mutmaßungen als Fakten auszugeben. Aberglaube lebt – wie viele Unwahrheiten – von unbewiesenen Behauptungen, die zugleich unprüfbar sind. Der erwähnte Philosoph Karl Popper, der im Jahr 1935 das Prinzip der Falsifizierbarkeit von Theorien aufgestellt hat, schrieb im Jahr 1958, Verschwörungstheorien seien »ein typisches Ergebnis der Verweltlichung eines religiösen Aberglaubens«.[72]

Eine Verschwörungstheorie behauptet nach Popper, dass »alle Ergebnisse, sogar jene, die auf den ersten Blick von niemandem beabsichtigt zu sein scheinen, die beabsichtigten Resultate der

Handlungen von Menschen sind, die an diesen Resultaten interessiert sind«[73].

Dazu passt die Frage »Cui bono?«, die angeblich zu den Drahtziehern sämtlicher Übel dieser Welt führt. Die an sich harmlose und legitime Frage nach den Profiteuren dient hier als unterschwellige Schuldzuweisung: Wer einen Nutzen aus etwas zieht, soll deshalb der Verursacher sein. Diese verzerrende Instrumentalisierung der Frage »Cui bono?« durch einen bewussten Fehlschluss ist typisch für die Absender von Verschwörungsmythen. Da es nun keine Götter mehr gibt, so Popper, nehmen deren Stelle »mächtige Männer oder Verbände ein – unheilvolle Machtgruppen, deren böse Absichten für alle Übel verantwortlich sind, unter denen wir leiden –, wie die Weisen von Zion, die Kapitalisten, die Monopolisten oder die Imperialisten«.

Wenn ich das mal etwas salopp in die Gegenwart übertragen darf: Heute schleudert nicht mehr Zeus seine Blitze und nicht mehr Thor schwingt den Hammer, sondern Bill Gates und Christian Drosten drohen in der wirren Welt des heutigen Aberglaubens mit der Impfspritze.

Hinter den Pseudoerklärungen der voraufklärerischen Welt stehen oft moralische und sakrale Motive. Oft ist es der Teufel, der hinter dem Übel steckt. Oder die Sünde, die jemand begangen hat, möglicherweise besessen vom Teufel, der durch einen Exorzismus auszutreiben sei. Papst Pius XII. (1876–1958) soll übrigens mehrmals versucht haben, per Fernexorzismus Hitler den Teufel auszutreiben.[74] Gebracht hat es nichts: Hitler wurde zeitlebens nicht vom Saulus zum Paulus.

Die katholische Kirche war in den vergangenen Jahrhunderten eine Fundgrube an mystischen Falschinformationen aufgrund von Unwissen. Sie hat bis 1992 gebraucht, um den Rationalisten Galileo Galilei (1564–1642) zu rehabilitieren.

Da niemand mehr an den Teufel glaubt, stellen heute »die Eliten« das neue Böse dar.

Unsicherheit macht Angst

Doch warum hängen wir im Haus eines Verstorbenen die Spiegel ab, damit seine Seele sich nicht darin verfängt, obwohl wir wissen, dass es Unsinn ist? Wieso legen wir uns eine »Spritsparkarte« ins

Handschuhfach, obwohl es Schmu ist? Warum glauben wir, die Mondlandung der USA sei inszeniert gewesen, obwohl es dafür keinen vernünftigen Grund gibt und die Mondlandung bestens dokumentiert ist? Warum glauben wir an solchen Unsinn?

Ich denke, viele Menschen sind schlicht unsicher. Sie sind erstarrt angesichts vieler Unwägbarkeiten. Menschen ohne Ambiguitätstoleranz sind die perfekte Zielgruppe für Scheinwahrheiten. Pseudoantworten und Verschwörungsmythen füllen die Gräben der Ungewissheit perfekt. Sobald jemand denkt: »Und wenn es den Teufel möglicherweise doch gibt?«, gehört er zur Topzielgruppe für Desinformation und Verschwörungsgeschichten.

Stellen Sie sich einfach vor, über Ihnen schwebt immer wieder eine nicht zu greifende, aber übermächtige Größe, der Sie schutzlos ausgeliefert sind. Gott, der Teufel, das Schicksal, das Unglück, Bill Gates, »die Mächtigen« – was auch immer. Angst ist kein schönes Gefühl und sie nagt am Selbstwert. Angst ist das Grundmotiv jedes Untertanen in einem totalitären Staat. Angst ermöglicht, dass Verbrecher an der Regierung bleiben.

Entsprechend leicht sind wir durch Angst zu manipulieren. Denn was können wir gegen den Teufel tun? Wir kommen als Menschen nicht gegen den Teufel oder das Schicksal an. Wir sind ohnmächtig – und gefangen im Glauben an diese Mächte. Also sucht der Mensch Stellvertreter, die das Böse angeblich in sich tragen und die er dann bekämpfen kann: Hexen, Intellektuelle und immer wieder die Juden. Sie waren im klassischen Aberglauben schon immer die Sündenböcke für alles und sollen auch für heutige Verschwörungsgläubige als Ursache allen Übels herhalten, gerade unter den antisemitischen Codewörtern »Globalisten« oder »Eliten«.

Insofern ist es im Grunde gleichgültig, ob jemand erzählt, wir sollten nicht unter einer Leiter hindurchgehen, weil das Unglück bringt, oder ob jemand sagt, hinter den Regierungen stehe ein »deep state«, der konspirativ die Fäden der Welt zieht. Alle diese Legenden bewirken Unsicherheit und Angst. Und alle diese Legenden sind von derselben Qualität: Es sind Andeutungen ohne Belege, jeweils nicht prüfbar. Widerlegen Sie mal den Teufel.

Rationalität und Logik sind deaktiviert

Wenn wir uns der Gedankenwelt der Mystiker öffnen, sprechen wir über eine Illusion, die einen enormen Sog ausübt: Die vielen subjektiven Erklärungen für die vielen unerklärlichen Zusammenhänge sind zwar völlig an den Haaren herbeigezogen und falsch, aber in ihrer Gesamtheit ergeben sie das zusammenhängende Bild einer großen Verschwörung.

Wir müssen unsere Opfer nur von jeglicher seriösen Information von außen abkoppeln – dann bleiben die Legenden unkorrigiert. Es klingt paradox, aber so wiegt sich der abergläubische Mensch oder der Verschwörungsgläubige in Sicherheit und erlebt in seinem Empfinden endlich so etwas wie Sicherheit, zumindest gedanklich. Oft empfinden sich die Betroffenen als Auserwählte, die zu einem kleinen Kreis von Erleuchteten zählen.

Bei beiden mystischen Glaubenssystemen – Aberglaube und Verschwörungsglaube – sind rationale Beweise und Logik deaktiviert. Es geht um persönliche Überzeugungen und Erfahrungen und um eine subjektiv empfundene, trügerische Sicherheit, etwas zu wissen. Deshalb reagieren Anhänger solcher Glaubenssysteme auch so aggressiv auf Kritik: Sie verbitten es sich, dass jemand in Zweifel zieht, was sie denken.

Aberglaube und Verschwörungsglaube basieren zudem auf lückenhaften oder verzerrten Informationen, die Betroffenen lehnen anerkannte Fakten und wissenschaftliche Erklärungen als Lügen und Manipulationsversuche des »Mainstreams« ab. Stattdessen verweisen die Betroffenen auf »alternative« Erklärungen, die in aller Regel auf angeblichen geheimen Absichten oder Machenschaften einer höheren Macht beruhen, gerne kombiniert mit dem erwähnten Shakespeare-Zitat als Totschlagargument.

Abergläubische und Verschwörungstheoretiker halten unbelegte und unprüfbare Dinge für wahr und Andeutungen für Beweise.

Müssten wir heute nicht eigentlich vernünftig denken? In der Zeit nach der Aufklärung und angesichts der Tatsache, dass wir heute dank Internet problemlos sofort an korrekte Informationen kommen? Nach heutigen Maßstäben wissenschaftlichen und journalistischen Denkens müssten doch alle Menschen den Aberglauben abgelegt haben.

Doch dem ist eben nicht so: Die Demagogen dieser Welt, die Lügner, Scharlatane und Gurus, nutzen die riesige Menge möglicher Informationsquellen ebenso wie seriöse Kommunikatoren, nur dass sie damit eben die dafür anfälligen Menschen noch mehr verunsichern und mit noch mehr Desinformation versorgen. So, wie wir übers Internet an vernünftige Informationen kommen, kommen wir eben auch an Unsinn. Sind wir einmal am Haken der Demagogen, überschütten sie uns geradezu mit Falschinformationen und gaukeln uns durch die erwähnten Zitatkartelle vor, noch viel mehr Menschen seien dieser Ansicht und noch viel mehr Quellen würden bestätigen, was wir da hören. Selbstverständlich kommen nie Beweise, sondern immer nur weitere Behauptungen, oft uferlos lang und kaum zu bewältigen.

Zugleich koppeln uns die Demagogen von seriösen Informationsquellen ab wie Sektenführer ihre Opfer: Die »Mainstream-Presse« und Wikipedia würden ohnehin unentwegt lügen, wir sollten »selber denken« und außerdem sollten wir uns viel stärker mit dem »Innen« befassen als mit dem »Außen«, heißt es immer wieder mit esoterischem Einschlag. Entsprechend brauchen wir weder klassische Nachrichten noch Informationen aus dem Wissenschaftsbetrieb.

Mit großen Augen folgen wir den Rattenfängern und glauben irgendwann an ihre Geschichten. Zugleich spinnen wir uns selbst immer weiter in diese Scheinwelt hinein, verbringen Stunden und Tage und Wochen im Internet mit einschlägigen Seiten, die unser Denken immer weiter bestätigen und die Unsinnsspirale immer weiterdrehen.

Das Gefährliche an einer solchen Radikalisierung ist: Viele Betroffene merken es nicht. Nur wenn wir Glück haben, geben uns Freunde und Verwandte von außen den Wink in unsere Blackbox hinein, dass wir uns wie Sektenmitglieder verhalten, dass wir selbst ein »Schlafschaf« sind und uns instrumentalisieren lassen.

Und natürlich spielt auch hier die Emotionalität eine bedeutende Rolle. Die Psychologie stellt fest, dass ambiguitätsintolerante Menschen auf Ambiguitäten mit »psychischem Unwohlsein« reagieren[75] – woraufhin sie natürlich versuchen, dieses Unwohlsein zu vermeiden oder zu lindern. Das wiederum gelingt durch »einfache Wahrheiten«, die letztlich Vermutungen oder auch Unwahrheiten sind. So dient der Glaube an Verschwörungsmythen etwa der »Komplexitätsreduktion«, also der Vereinfachung.[76]

Wie geht es Ihnen dabei? Denken Sie auch manchmal: »Aber vielleicht ist doch etwas dran?« Wenn ich Ihnen zusichere, dass bei der nächsten Lottoziehung die Zahlen 1, 2, 3, 4, 5 und 6 kommen werden, weil Uranus genau im Quadrat zu Saturn steht – probieren Sie es aus? Denken Sie, Sie würden sich ärgern, wenn Sie es nicht probieren und ich am Ende recht habe?[77]

EXKURS: 24 Fragen, mit denen Sie Ihre Manipulierbarkeit testen.

Wie Verschwörungsmythen funktionieren

Wussten Sie das schon? Der geheime Sohn von Angela Merkel will unser Bargeld abschaffen, um damit durch die Hintertür das Tempolimit einzuführen.

Serviere ich Ihnen hier die allerneuste Verschwörungstheorie? Nein, ich habe mir eine Verschwörungstheorie selbst gebastelt. Der Werbetexter Peter Wittkamp und die Journalistin Pia Frey haben ihren eigenen Weg zu demonstrieren, wie Verschwörungsmythen funktionieren: Sie haben ein Flip-Buch mit dem Titel »Der Desinformator« herausgebracht, also ein Ringbuch im Querformat, das Sie vor sich auf den Tisch stellen können und bei dem Sie wie bei einem Karteisystem Karten umklappen können. Nur dass es eben nicht nur eine Karte ist wie bei einem Kalender, sondern es sind drei Kartenstapel nebeneinander, aus denen Sie dann Verschwörungsthesen basteln können. Auf der ersten Karte steht immer ein Subjekt, also meistens eine Person oder Gruppe, auf der zweiten Karte steht das, was diese Person oder Gruppe tut, und auf der dritten Karte steht der obskure Hintergrund des Ganzen oder ein verschwörungstheoretischer Allgemeinplatz, der immer gilt wie eine immer gültige Aussage mit Barnum-Effekt.

Vielleicht ist dieses Flip-Buch ein Weg, um Verschwörungsgläubige zur Vernunft zu bringen – in jedem Fall macht es Spaß. Die Verschwörungsmaschine spuckt grandiose Theorien aus: »Elon Musk fälscht seit Jahren Corona-Statistiken, damit der Goldkurs endgültig durch die Decke geht.« Oder: »Die Antifa hat sich den Klimawandel ausgedacht, natürlich merken das die Schlafschafe nicht.« Oder: »Elon Musk hat eine Impfung gegen die Männergrippe entwickelt, und die da oben verhindern wieder, dass das rauskommt.« Oder: »Die Mafia erfand den Bitcoin, womit sich natürlich auch erklärt, warum der Euro eingeführt wurde.«

Es sind spielerische Scheinplausibilitäten, mit selbstverständlicher Überzeugung formuliert, wie es auch die gängigen Märchen zu QAnon oder den Chemtrails sind. Sie entlarven die Eigenart herkömmlicher Verschwörungsmythen als ebenso platt – es ist beliebig zusammengesetzter Unsinn, an den trotz der Offensichtlichkeit immer wieder Menschen glauben. Das Konzept ist immer das gleiche: Manche Menschen lieben den absurden Grusel und nehmen das Ganze für voll. Und die werden immer mehr.

Hanlons Rasiermesser

Wir sollten keine Verschwörung vermuten, wo einfache Zusammenhänge die Antwort sein dürften.

Um dem entgegenzutreten, sollten wir uns mit dem Konzept von »Hanlons Rasiermesser« befassen. Es besagt, wir sollten keinen Vorsatz oder gar eine Verschwörung vermuten, wo ein Versehen oder auch Dummheit die naheliegende Erklärung ist.[78]

Ich will Hanlons Rasiermesser ein wenig erweitern: Vermuten wir keine Machenschaften, wo simple Zusammenhänge und Zufälle die naheliegende Erklärung sind. Manche Dinge geschehen, ohne dass üble Machenschaften dahinterstehen.

Und in aller Regel hilft der »Ententest«. Ja, ich weiß: Schon wieder so ein Wort. Erst eine Teekanne, dann ein Rasiermesser, jetzt eine Ente. Aber warten Sie, der Ententest wird Ihnen gefallen, so Sie ihn nicht sowieso schon kennen. Der Ententest folgt dem Prinzip: »Sieht es aus wie eine Ente? Schwimmt und fliegt es wie eine

Ente? Quakt es wie eine Ente? Dann ist es wahrscheinlich eine Ente.«[79]

Es ist der erfrischend einfache und klare Gegenentwurf zum obskuren Denken, wie es sich in den drei Prämissen der Verschwörungsmythen zeigt: »Nichts ist so, wie es scheint«, »Es gibt keine Zufälle« und »Alles hängt mit allem zusammen«. Diese drei Behauptungen bilden die Prämissen im Denken der allermeisten Verschwörungsgläubigen.

Sieht es aus wie eine Ente? Schwimmt und fliegt es wie eine Ente? Quakt es wie eine Ente? Dann ist es wahrscheinlich eine Ente.

Warum sind die drei Prämissen der Verschwörungsgläubigen Unsinn?

- »Alles hängt mit allem zusammen.« Diese Erkenntnis Alexander von Humboldts (1769–1859) im Kontext der Biologie wird zur Phrase, indem Demagogen sie generalisieren. In dieser Pauschalität ist die Behauptung falsch – Ihre Augenfarbe hängt nicht mit Ihrem aktuellen Steuerbescheid zusammen. Aber die Aussage lullt Menschen gut ein, die sich gerne als reflektiert sehen, ohne es zu sein.
- »Nichts ist so, wie es scheint.« Auch mit dieser apodiktischen Behauptung bewirken Demagogen, dass sich Menschen gegenüber Verschwörungsnarrativen öffnen. Natürlich sind sehr viele Dinge so, wie sie scheinen: Es scheint, als wolle da jemand die Spur wechseln, ohne zu blinken – und siehe da, es ist tatsächlich so.
- »Es gibt keine Zufälle.« Auch dieser Satz zielt darauf ab, Zusammenhänge zwischen Dingen herzustellen, zwischen denen es keine Zusammenhänge gibt. Der Satz wirkt geradezu paranoid und zeigt mustergültig, was Raunen und Geschwurbel bedeutet. Denn selbstverständlich gibt es Zufälle. Immer wieder geschehen Dinge gleichzeitig, ohne miteinander zu tun zu haben. Naive Charaktere, die an Mysteriöses glauben, wundern sich, wenn sie durch Zufall in einer fremden Stadt einen Bekannten treffen. Dabei ist daran gar nichts mysteriös. Es kommt eben vor.

Verschwörungsmythen: Unbewiesen und unprüfbar

Verschwörungsmythen verbreiten sich derzeit via Internet viral wie niemals zuvor. Sie sind eine zunehmende Gefahr für das aufgeklärte Denken. Deshalb sollten wir uns anschauen, wie Verschwörungsmythen funktionieren und wer ein Interesse daran hat, sie zu verbreiten.

Laut Roland Imhoff, Professor für Sozial- und Rechtspsychologie an der Gutenberg-Universität Mainz, neigen Menschen etwa zu Verschwörungstheorien, wenn sie »zufallsaversiv« seien,[80] also nicht ertragen können, dass viele Dinge schlicht Zufälle sind.

Nicht alles hängt mit allem zusammen. Vieles ist, wie es scheint. Und es gibt Zufälle.

Und Sie wissen ja, was der Kern jeder Verschwörungstheorie ist: Sie ist unbewiesen und unprüfbar zugleich. Exakt.

Nehmen wir die Chemtrails-Theorie, wonach in den Kondensstreifen von Flugzeugen Chemikalien sind, die uns – je nach Theorie – gefügig machen oder töten sollen. Natürlich ist die Theorie nicht bewiesen. Wie auch? Sie ist ja offenkundiger Unsinn. Doch das ist gar nicht so sehr der Punkt. Der Punkt ist: Wie wollen Sie das Ganze widerlegen? Wollen Sie den Kapitän des nächsten Flugzeuges fragen, bei dem Sie an Bord sind? Er wird Ihnen vermutlich sagen, dass an der Theorie nichts dran ist. Aber sagt er die Wahrheit? Demagogen, die über derartige Verschwörungsmythen den leichtgläubigen Teil der Menschheit für ihre Zwecke instrumentalisieren wollen, wenden ein: »Der Pilot gehört selbst zur Verschwörung.«

Das wiederum ist eine weitere unbewiesene Behauptung ohne jeglichen Beweis und ebenfalls unprüfbar. Wie wollen Sie den Gegenbeweis führen? Wollen Sie den Piloten fragen, ob er zu den Verschwörern gehört? Wenn er tatsächlich Teil einer Verschwörung wäre, würde er es Ihnen wohl kaum verraten. Es sei denn, er macht es sich zum Spaß, Sie zu veräppeln.

Und die Vertreter einer solchen Theorie bleiben im Vagen, das heißt: Sie bedienen sich der erwähnten Andeutungen, Konjunktive und Scheinfragen. Nichts ist handfest. Selbst wenn Sie alle Abgase sämtlicher Flugzeuge untersuchen, ist damit nicht gesagt, dass die Verschwörung nicht einfach nur kurz stillhält, um Sie irrezuleiten.

Kurz: Die Behauptung der Chemtrails lässt sich nicht prüfen – und darum eignet sie sich so gut, um Menschen zu verunsichern und zu ängstigen. Weil die Übeltäter nach der Theorie die westlichen Regierungen sind, schürt die Legende das Misstrauen in den Staat und seine Behörden und dient letztlich dazu, die westlichen Gesellschaften zu destabilisieren.

Doch weil diese Theorien eben wissenschaftlich so gegenstandslos sind wie Russells Teekanne, nimmt sie niemand aus dem Establishment ernst. Erst seit allmählich klar ist, wie gefährlich Lügen sind, finden sich Faktenchecks. Angesichts der Masse an Unsinn sind diese Faktenchecks allerdings nahezu aussichtslos. Das Establishment mag die vielen Fake News für gegenstandslos halten, aber sie sind brandgefährlich.

Jedem das passende Maß an Unsinn

Zusätzlich zu dem unstrukturierten Gedankenchaos haben wir es mit einer enormen Infektionsgefahr zu tun: Die unterschiedlichsten Verschwörungsmythen sind miteinander vernetzt – so glauben Anhänger der QAnon-Verschwörungstheorie mit den unterirdisch eingesperrten Kindern, denen das Stoffwechselprodukt Adrenochrom entnommen werden soll, gerne auch an Reptiloiden, und die antiamerikanisch eingestellten Reichsbürger sympathisieren mit der Bill-Gates-Verschwörungstheorie oder mit der Behauptung, die US-Regierung hätte den Terrorangriff am 11. September 2001 selbst initiiert.

Es ist ein undifferenzierter Gedankenbrei, in dem alle Gefährdeten und Betroffenen exakt das richtige Maß an Unsinn finden, das zu ihnen passt. So mancher Anhänger der antiamerikanischen Verschwörungstheorie, wonach die USA hinter allem Übel in der Welt stecken, kritisiert die »Flatearther«, deren Überzeugung so unsinnig sei, dass sie die gesamte Szene in Verruf bringen. Dass auch die Theorie unsinnig ist, die USA seien die Wurzel allen Übels, kommt den Verblendeten nicht in den Sinn.

Manche halten Putin für einen Friedensstifter und sind davon überzeugt, dass Bill Gates im Auftrag einer großen jüdischen Weltverschwörung die WHO lenkt, aber das mit den Chemtrails wirkt auf sie nicht glaubwürdig. Wiederum andere glauben an den kompletten Mix aus Unsinn inklusive der Überlegung, dass die Bundesrepublik Deutschland nicht existiert, nur halten sie die Erde nicht für hohl. Sie denken: Reptiloiden? Unsinn.

Verstehen Sie, was ich meine? Alle, die prinzipiell für diesen Unsinn anfällig sind, finden in dem riesigen Fass an Lügen genau die Menge Desinformation, an die sie gerade noch glauben. Jeder bekommt genau sein individuelles Maß an Blödsinn verabreicht. Der Mix wird zur Prämisse, und den Rest erledigt der Bestätigungsfehler.

»Ich sehe was, was du nicht siehst«: Von der Vorstellung zum Wahn

In aller Regel bestehen Verschwörungstheorien aus Gruselkitsch. Ein bisschen Tod, ein bisschen Nazi, ein bisschen Verbrechen, geheime Symbole, merkwürdige Erscheinungen, unerklärliche Hintergründe – das ist der Stoff. Wären die gängigen Verschwörungstheorien Spielfilme, wären sie Horrorfilme. Darunter sind keine lustigen Kinderfilme und auch keine Komödien. Niemals gibt es ein Happy End.

»Verschwörungsmythen gehen niemals davon aus, dass die mutmaßlichen Verschwörer positive Beweggründe haben könnten«, erklären auch die Autoren Stephan Lewandowsky und John Cook in ihrem online kostenlos verfügbaren und sehr empfehlenswerten »Handbuch über Verschwörungsmythen«.[81] Stattdessen steckt hinter den Schauermärchen nahezu immer eine üble Verschwörung, gegen die wir uns unbedingt erheben müssen, weil wir sonst alle fürchterlich draufgehen. Letztlich sind es Albträume.

Es ist kein Zufall, dass die gängigen Verschwörungsnarrative den Teufel an die Wand malen. Denn es geht darum, die Menschen – Sie und mich – emotional negativ zu manipulieren. Man will die Leute bei der Angst packen, die sie aufgrund ihrer fehlenden Ambiguitätstoleranz und Informationskompetenz haben. Daher gilt laut Lewandowsky und Cook bei Verschwörungsmythen immer auch die Regel: »Etwas stimmt nicht.« Sie schreiben: »Obwohl Verschwörungstheoretiker gelegentlich bestimmte Ideen fallen lassen, wenn sie nicht mehr haltbar sind, ändern diese Neubewertungen nichts an ihrer Gesamtschlussfolgerung, dass ›etwas nicht stimmt‹ und die offizielle Darstellung auf Täuschung beruht.«[82]

Das Ziel des Ganzen ist, dass wir die unterstellte Verschwörung bekämpfen, also die USA, die NATO und insgesamt alles Westliche. Denn stets sind die liberalen Demokratien und ihre Akteure die Drahtzieher hinter den Verschwörungen, die westlichen Wissenschaftler, Politiker und Journalisten, der »Mainstream«. Geht es nach den Urhebern und Profiteuren der Verschwörungstheorien, sollte Deutschland nicht nur sofort aus der NATO austreten, sondern wir sollten auch die freiheitlich-demokratische Grundordnung schleunigst abschaffen.

Damit das Ganze funktioniert, wenden sich die Akteure an eine Zielgruppe, die Unbelegtes und zugleich Unprüfbares als ernsthaft überlegenswert betrachtet.

Es geht also im Grunde darum, reale Albträume zu inszenieren, aus denen sich die Opfer nicht mehr befreien können, weil sie sie für wahr halten. Eine subjektive Wirklichkeit für objektiv zu halten nennen wir im landläufigen Sinne Wahn.

Nun ist der Begriff »Wahn« auch ein psychiatrischer Begriff. Es liegt mir fern, Anhänger von Verschwörungstheorien pauschal psychopathologisch zu betrachten. Doch ich möchte hierzu ein paar Aspekte in die Diskussion einbringen, die der erwähnte Psychiatrie-Professor Kröber im Zusammenhang mit dem Glauben an Verschwörungstheorien anführt.

An Dinge zu glauben, die nicht real sind, nennt sich im landläufigen Sprachgebrauch »Wahn«.

»Von Gegenvorstellungen nicht zu erreichen«

Im Jahr 2020 hat Kröber einen sehr spannenden Aufsatz veröffentlicht – Titel: »Verschwörungstheorien und Wahninhalte«.[83] Es lohnt sich, den Beitrag in Gänze zu lesen, zumal sich der Autor trotz fachlicher Tiefe verständlich ausdrückt.

Kröber will wissen, »woran man festmachen kann, ob eine Person verstiegenen, abseitigen Theorien anhängt und sich im Kreis von Gesinnungsgenossen wohlfühlt, oder ob sie wahnkrank ist«.

In dem Text geht es um die Begutachtung eines Herrn A., der sagt, er werde »mit Mikrowellen gefoltert«. Deswegen hatte er die Bundesregierung angezeigt. A. war arbeitslos, lebte allein, »war sehr viel im Internet unterwegs und traf sich mit Gleichgesinnten. Er schrieb angeblich 11.000 Haushalte sowie verschiedene Ärzte an, um auf die Folter aufmerksam zu machen (...). Weil er, um Polizisten am Eindringen in seine Wohnung zu hindern, reichlich Benzin an seiner Wohnungstür vergossen und angezündet hatte, wurde er begutachtet.«

Kröber schreibt weiter: »Von Gegenvorstellungen war er nicht zu erreichen; er nahm sie gar nicht zur Kenntnis. Der Kollege diagnostizierte eine wahnhafte Störung (ICD-10 F22.0).«

Die Qualität der Störung war interessant: »Anders als ein Schizophrener beweist er seine wahnhaften Überzeugungen nicht aus eigenen Wahnwahrnehmungen, sondern durch den Verweis auf angebliche Experten im Internet. Da sind seine Theorien alle versammelt, und just so, wie er sie propagiert.«

Was die Idee angeht, dass uns jemand Chips einpflanzt, so sieht Kröber einen wichtigen diagnostischen Unterschied in der Frage, »ob man misstrauisch befürchtet, dass mit Impfungen Chips eingeschleust werden, mit denen man fremdgesteuert werden kann, oder ob man diese Fremdsteuerung schizophren unmittelbar erlebt«.

Wird hier also jemand weggesperrt, weil er die Regierung angezeigt hat und mundtot gemacht werden soll? Anhänger von Verschwörungsmythen verbreiten derlei Behauptungen gern. Doch ohne Fremd- oder Eigengefährdung weist die Justiz eines Rechtsstaates niemanden in die Psychiatrie ein. Und hier war der ausschlaggebende Punkt eben die Brandstiftung, also nicht unbedingt eine Bagatelle.

Vier Stufen der Paranoia

Ein spannender Aspekt in Kröbers Text ist sein Hinweis auf die vier Stufen bei einer paranoiden Entwicklung, die einst der Psychiater Hermann Witter beschrieben hat:[84]

(1) Ein **Irrtum** ist ein rein kognitives Phänomen. Wir korrigieren einen Irrtum, wenn wir ihn erkennen.
(2) Ein **Vorurteil** ist bereits emotional unterlegt. Es bleibt lebendig auch angesichts von Gegenbeweisen. Wir wollen es also nicht korrigieren.

(3) Eine **überwertige Idee** ist das Festhalten an einer irrealen Überzeugung. Sie bestimmt das Denken und unser Verhalten inklusive unserer Mediennutzung ist darauf ausgerichtet.
(4) Ein **Wahnsystem** bedeutet, dass mehrere überwertige Ideen einander wechselseitig stützen, der Betroffene fühlt sich verfolgt.

Die Stufe »Irrtum« ist vergleichsweise harmlos – doch bereits ab der Stufe »Vorurteil« bestimmen irrige Annahmen unsere Denkprämissen. Lautet die überwertige Idee beispielsweise, die Pharmaindustrie und die »Schulmedizin« hätten sich mitsamt der Regierung gegen die Menschen verschworen, tauchen Betroffene ins Internet ab und finden dort dank Bestätigungsfehler jede Menge Fake News, die die überwertige Idee bestätigen.

Da diese Fake News umfangreich mit Inhalten der Reichsbürger-Ideologie verknüpft sind, wonach es keine Bundesrepublik Deutschland gibt, steht einer weiteren Radikalisierung nichts mehr im Weg. Ab sofort erhält der Betroffene den erwähnten passenden Mix an Unsinn, um sich individuell darauf einzustellen.

»Überwertige Ideen« sind abstruse Gedanken, die unser Leben bestimmen. Im »Wahn« empfinden wir das Geschehen selbst als real.

Dabei verbringen die Menschen täglich mehrere Stunden im Internet, um weitere angebliche Belege für ihre angebliche Erkenntnis zu finden, und tatsächlich erscheinen ihnen jede Menge weitere Indizien, die zu einem plausiblen, aber unsinnigen Gesamtbild führen. Oft beginnt eine soziale Verelendung: Rechnungen bleiben liegen und der Gerichtsvollzieher erlebt eine Schimpfkanonade aus einer Parallelwelt der Albträume wie in Watzlawicks »Geschichte mit dem Hammer«.

Die Abkapselung nach außen hat dann wunderbar funktioniert, der Betroffene ist von jeglichem vernünftigen Einfluss abgeschnitten und fungiert nur noch als Fake-News-Schleuder und möglicher Soldat bei einem Putsch gegen die freiheitlich-demokratische Grundordnung. Angehörige haben den Zugang zu diesem Menschen dann längst verloren: Gerade wenn sich irrige Vorstellungen gegenseitig stützen, haben wir es mit dem berühmten »gefestigten Weltbild« zu tun, das sich jeder vernünftigen Überprüfung von außen verschließt.

Wobei vor dieser Entwicklung auch kein hoher Intelligenzquotient (IQ) schützt. Weil ich mich schon lange gefragt habe, warum auch Menschen mit Doktor- und Professorentitel Verschwörungsmythen verbreiten, habe ich Professor Kröber angemailt und erfahren: Bei der Diagnostik von Persönlichkeitsstörungen – wie etwa der paranoiden Persönlichkeitsstörung – spielt der IQ keine Rolle. »Nur bei sehr stark intelligenzgeminderten Menschen« stelle sich die Frage, »ob ihre Schwierigkeiten in der Realitätswahrnehmung nicht allein dem Intelligenzmangel geschuldet sind (wenn sie zum Beispiel nicht lesen können oder ihr Textverständnis minimal ist)«.

Nach ICD-10, dem Verzeichnis der Krankheiten der WHO, geht es bei der paranoiden Persönlichkeitsstörung um Groll, Misstrauen, das Verdrehen von Erlebtem, Selbstbezogenheit und unbegründete Gedanken an Verschwörungen als Erklärungen für Unerklärliches – aber ein hoher IQ schützt davor nicht.

Das mag erklären, warum auch hochgebildete Menschen in den Sumpf des Desinformationsglaubens abrutschen. Das Potenzial der Verführbaren liegt der Konrad-Adenauer-Stiftung zufolge insgesamt bei 41 Prozent: 30 Prozent halten Verschwörungstheorien für wahrscheinlich richtig oder sicher richtig, 11 Prozent für sicher richtig.[85] Scheitert die eine oder andere Partei an der 5-Prozent-Hürde, lässt sich mit 41 Prozent eine Regierung bilden.

Und was sagt der »Mainstream« dazu? Er nimmt das alles nicht ernst. Wir Journalisten winken ab mit dem Hinweis aufs »Geschwurbel«. Viele Politiker, mit denen ich zu tun habe, nennen die Betroffenen einfach »lost« (»verloren«). Wissenschaftler lehnen den Themenkomplex ab, weil sie darin ständig nur mit Russells Teekanne zu tun haben. Das Establishment sagt konsequent: »Diese Menschen werden wir nicht mehr erreichen. Sie verstehen nichts vom wissenschaftlichen Denken.«

Ich halte das für einen Fehler.

Auf einen Blick

- Da alle Phänomene Ursachen haben, ist nichts mysteriös. Uns fehlen lediglich die Erklärungen. Kein Problem, solange wir ambiguitätstolerant sind.
- Menschen ohne Ambiguitätstoleranz geraten in die Mühlen der Verschwörungsideologen und werden verunsichert und verängstigt. So sollen sich die Betroffenen zunehmend nach einer Befreiung aus einer angeblichen Unterdrückung sehnen.
- Aberglaube und der Glaube an Verschwörungstheorien sind einander sehr ähnlich: Wir glauben jeweils an unbelegte und zugleich unprüfbare Behauptungen.
- Die Aufforderung, wir sollten »selber denken« und uns »ein eigenes Bild machen«, zielt darauf, dass wir der Wissenschaft und westlichen Institutionen insgesamt misstrauen sollen. Vertreter von Wissenschaft und Publizistik nehmen derlei nicht ernst, weil sie ohnehin selbst denken und kritisch sind.
- Verschwörungsmythen haben den Zweck, Menschen in einer Scheinwelt zu fangen und sie von vernünftigem Einfluss abzuschneiden. Für jeden gibt es das individuelle Maß an Unsinn, an den er glauben kann.
- Üblicherweise korrigieren wir Irrtümer, wenn wir sie erkennen. Eine paranoide Entwicklung führt über das Vorurteil und die überwertige Idee bis zum Wahn.

Auflösung Quiz 7
Was macht eine Verschwörungstheorie aus?

a. *Da wir nicht wissen, ob diese Verschwörungen existieren, sollten wir besser davon ausgehen.* – Falsch. Damit würden wir etwas zugrunde legen, wofür es keine konkreten Hinweise gibt. Das wäre unklug.

b. *Verschwörungstheorien beruhen auf vagen Hinweisen und Andeutungen. Gäbe es handfeste Belege, hätte es Sinn, sich damit zu befassen, aber so nicht.* – Richtig. Wir haben es meist mit unbelegten und unprüfbaren Behauptungen zu tun, die nach wissenschaftlichen Maßstäben gegenstandslos sind.

c. *Verschwörungstheorien sind keine Theorien, sondern bewiesene Zusammenhänge. Wer will, findet im Internet genügend Belege.* – Falsch. Für die üblichen Verschwörungstheorien finden sich keine Beweise, weil es keine Beweise gibt. Die Urheber servieren uns stets nur weitere unbelegte Behauptungen und zitieren die Behauptungen Gleichgesinnter.

d. *Alle Behauptungen, es gebe Verschwörungen, sind Unsinn. Es gibt keine Verschwörungen.* – Auch das ist falsch. Beispielsweise war das Komplott gegen Julius Cäsar eine Verschwörung. Die Geschichtsschreibung dazu formuliert keine Verschwörungstheorie, sondern beschreibt die reale Verschwörung.

e. *Die Urheber von Verschwörungstheorien bilden selbst eine Verschwörung – sie wollen uns verunsichern und die Gesellschaft destabilisieren.* – Richtig. Wir haben es mit einer konzertierten Aktion zu tun, die das aufgeklärte westliche Denken durch wachsendes Misstrauen gegenüber etablierten Institutionen untergraben soll.

Wie Desinformation funktioniert

Quiz 8
Haben wir es in folgenden Fällen mit Desinformation zu tun?

a. Jemand erweckt durch Verschweigen relevanter Informationen einen falschen Eindruck.
b. Jemand gibt eine falsche Information weiter, die er nicht als falsch erkennt.
c. Jemand inszeniert Geschehnisse, die den Gegner irreführen.
d. Jemand verbreitet andauernd unbelegte und unprüfbare Behauptungen (Russells Teekanne).
e. Jemand verweigert die Antwort auf eine entscheidende Frage.

Auflösung am Ende des Kapitels.

Sicher spielen Desinformation und Fake News nicht erst seit dem Ukrainekrieg eine Rolle. Auch die Coronapandemie war nicht der Anfang – da begannen die Falschbehauptungen lediglich, inflationär zu werden.

Ein eindrückliches historisches Beispiel für Desinformation ist die »Operation Mincemeat« aus dem Zweiten Weltkrieg. Die Deutschen hatten fast ganz Europa besetzt, und es war nicht klar, an welcher Mittelmeerküste die Alliierten landen würden. Mehrere Optionen waren denkbar, etwa Sizilien, Sardinien und Griechenland.

Desinformation geht oft auf Geheimdienste zurück: Sie legen falsche Fährten, um den Gegner in die Irre zu führen.

Nun hatten die Briten bei dieser Operation eine gezielte Falschinformationen lanciert, sodass die Deutschen davon ausgingen, die Alliierten landeten auf dem Peloponnes und auf Sardinien, nicht auf Sizilien. Die Desinformation der Briten wirkte auf die Deutschen so unspektakulär, dass sie umso glaubwürdiger erschien: Scheinbar zufällig wurde vor der spanischen Küste eine Leiche angeschwemmt, augenscheinlich Teil einer abgestürzten Flugzeugbesatzung. Der Tote war ein angeblicher britischer Major namens William Martin. Er hatte fingierte Geheimdokumente bei sich, denen zufolge die Alliierten auf Sardinien und in Griechenland landen sollten.

Spanien unter Francisco Franco war zwar neutral, aber weil Franco und Hitler miteinander sympathisieren, war den Briten klar: Bevor die Spanier den toten britischen Offizier den Briten übergaben, würden sie ihn den Deutschen zeigen.

Aus Sicht der Deutschen war es ein Zufallsfund, der auch an ihnen hätte vorbeigehen können – gerade deswegen wirkte das Ganze so beiläufig. Während die Briten mit einem Trick kontrollierten, ob jemand in die Unterlagen des Toten hineingeschaut hatte: Sie deponierten in einem Briefumschlag eine Wimper, die dort später fehlte.

Nun fanden die Nazis bei der Leiche auch abgerissene Theaterkarten, also harmlose Details aus dem zivilen Leben, und so ließen sie sich vom Anschein leiten und gingen dem Fake auf den Leim.

Diese falsche Information zu lancieren war ein logistisches Meisterwerk. Die Briten mussten dazu eine Leiche auftreiben, die Symptome wie ein Ertrunkener aufwies und keine Angehörigen hatte. Und sie mussten sie so ins Meer werfen, dass sie angespült wird.

Der Fake hat geklappt – weil die Briten den Deutschen eine falsche Wirklichkeit vorgespielt haben. Sie haben beim Faktenkern angesetzt, und der war hervorragend inszeniert.

Falls Sie sich näher mit der »Operation Mincemeat« befassen wollen, empfehle ich den ausführlichen Wikipedia-Eintrag[86] und den britischen Spielfilm »Die Täuschung« von 2021.

Falsche Wirklichkeiten

Mit welchen Mitteln wir falsche Wirklichkeiten inszenieren, ist im Prinzip egal – die Inszenierung muss nur glaubwürdig erscheinen, also plausibel und vorstellbar. Die Briten haben damals einen enormen Aufwand betrieben, aber immerhin wollten sie ja auch die Nazis hinters Licht führen. Heute genügen oft einfach Videos mit ausgewählten Worten zu ausgewählten Bildern.

Als Meister dieser Desinformation hat sich der ehemalige Fox-News-Journalist Tucker Carlson erwiesen. Nach seinem Interview mit Putin in Moskau im Februar 2024[87] verbrachte Carlson noch einige Tage in der Stadt und schwärmte bei X über die Sauberkeit einer Moskauer U-Bahn-Station.[88] Carlson inszenierte eine Eloge auf die Sauberkeit, übersetzt auf Deutsch: »Die Metrostation wurde vor 70 Jahren von Josef Stalin erbaut, und die Frage ist, wie es ihr jetzt nach 70 Jahren geht. Wir gingen also hinein, um uns das anzusehen, und was wir vorfanden, schockierte uns. Das ist keine Befürwortung Stalins, der natürlich ein schlechter Mensch war, und es ist auch keine Befürwortung des derzeitigen Präsidenten Wladimir Putin. Vielleicht mögen Sie ihn nicht, aber das ändert nichts an der Realität dessen, was wir gesehen haben, oder genauer gesagt, nicht gesehen haben. Es gibt keine Graffiti.«

Ist das nicht wundervoll? Endlich mal ein sauberer U-Bahnhof.

Carlson weiter: »Es gibt keinen Dreck. Es gibt keine üblen Gerüche. Es gibt keine Obdachlosen oder Drogensüchtigen oder Vergewaltiger oder Leute, die darauf warten, dich auf die Gleise zu stoßen und zu töten. Nein, es ist absolut sauber und ordentlich. Und wie ist das zu erklären?«

Und jetzt, wo es spannend wird – wie ist das zu erklären? –, bricht Carlson ab und sagt: »Wir werden nicht einmal raten. Das ist nicht unsere Aufgabe. Wir werden nur die Frage stellen.« Und das, obwohl es natürlich die Aufgabe von Journalisten ist, die Gründe der Dinge zu ermitteln. Carlson behauptet fälschlich, Journalisten müssten nur Fragen stellen.

Carlson schwadroniert weiter: »Und wenn Ihre Antwort darin besteht, uns Slogans zuzurufen, die dümmer sind als die Slogans, die wir früher als sowjetisch bezeichneten und verspotteten, dann ist das nicht wirklich eine Antwort. Wie kann Russland, ein Land, von dem uns gesagt wird, es sei eine Tankstelle mit Atomwaffen, eine U-Bahn-Station haben, mit der normale Menschen jeden Tag zur Arbeit und nach Hause kommen?«

Es ist Desinformation, nur Fragen zu stellen und den Menschen relevante Informationen für ihre Antworten vorzuenthalten.

Tja, Tucker Carlson könnte die Frage beantworten, aber stattdessen lenkt er sein Publikum jetzt zu einer manipulierten Meinungsbildung unter Auslassung relevanter Informationen: »Das ist schöner als alles in unserem Land. Wir werden nicht spekulieren. Wir werden einfach die Frage stellen und darauf warten, dass uns jemand, der dafür verantwortlich ist, eine Antwort gibt.

Und wie lautet die Antwort? Wir unterbrechen also den Vortrag und lassen Sie selbst einen Blick darauf werfen, wie die Metrostation Kiewskaja in Moskau, Russland, heute, im Februar 2024, mitten im Krieg, aussieht. Hier ist sie.«

Das war's in Sachen Text. Carlson bringt nun nur noch Bilder der schönen und sauberen Moskauer Metrostation. Kronleuchter, Gemälde, sowjetischer Barock. Warum auch sollte Moskau keine schönen U-Bahnhöfe haben?

Desinformation hat zum Ziel, dass wir uns vom Anschein leiten lassen

Wenn Sie bisher nicht wussten, wie Demagogie funktioniert, dann wissen Sie es jetzt: sicher zunächst einmal durch Lügen, vor allem aber auch durch Auslassungen, sodass das Publikum unvollständige Informationen erhält. So verschweigt Carlson, dass die Moskauer Metro Zugangsbarrieren hat etwa wie die Metro in Paris – auch dort ist es sauber. Auch da lungert niemand herum. Dank der umfassenden Kameraüberwachung sprüht auch in Paris niemand Parolen an die Wand.

Was Carlson hier treibt, ist Desinformation: Gemeint sind damit keine Irrtümer und Flüchtigkeitsfehler, sondern es geht um gezielte Falschinformation mit dem Ziel, die Menschen zu täuschen. Wer professionell arbeitet wie Tucker Carlson, der übersieht nicht versehentlich entscheidende Informationen, die die Sachlage in einem völlig anderen Bild erscheinen lassen, sondern er unterschlägt sie. Gerade indem Carlson offensiv erklärt, es sei nicht seine Aufgabe, die Antwort zu liefern, verrät er den Journalismus, der natürlich aufklären soll, und er betätigt sich massiv demagogisch als Schwurbler, der uns weismachen will, wir möchten uns doch bitte unter Auslassung wesentlicher Fakten »selbst eine Meinung bilden«. Carlson streut seinem amerikanischen Publikum Sand in die Augen, als gäbe es keine journalistischen Regeln.

Womit wir bei einem spannenden Punkt sind: Zahlreiche Opfer heutiger Desinformation glauben, nichts sei, wie es scheine. Und gleichzeitig lassen sie sich von dem Anschein leiten, den ihnen jemand vorsetzt. Sie fallen auf Fake-Shows herein, die genau für sie gemacht sind. Sie tun also genau das, was sie angeblich nicht tun.

Die Opfer von Desinformation, Verschwörungserzählungen und Fake News stolpern über ihren eigenen Anspruch des Selberdenkens: Sie lassen sich im großen Stil manipulieren und instrumentalisieren und sind damit genau das Gegenteil von »kritisch«.

Selten ist Desinformation beliebig. Meist ist sie geplant und zielgerichtet: Sie soll eine bestimmte Einstellungsänderung bewirken.

Ich finde das kurios, ist doch ein Hauptmotiv von Verschwörungsgläubigen, sich nicht für dumm verkaufen zu lassen. Sie wollen eben keine »Schlafschafe« sein wie die anderen, die sich vom Anschein leiten lassen. Aber das ist eben ein Wesenselement der Desinformation: Sie serviert dieser Zielgruppe Unsinn, den diese dann frisst.

Was sind Framings?

Neben groben Lügen und Auslassungen relevanter Informationen funktioniert Desinformation auch durch sogenanntes Framing. Den Begriff sollten wir uns genauer anschauen.

Im vorigen Kapitel wurde Schlegels romantische Umdeutung des shakespeareschen Begriffes »philosophy« mit »Schulweisheit« angesprochen. Eine solche Umdeutung ist ein Framing oder auch Reframing.

Neben der Lüge und der Auslassung können wir unsere Behauptungen auch verzerren und unserem Publikum manipulativ Wertungen unterjubeln. Wir setzen also beispielsweise eine bestimmte Information in einen bestimmten Rahmen, daher der Begriff »Framing« (»frame« ist Englisch für »Rahmen«). So können wir nach Belieben verschiedene Kontexte herstellen.

Ein bekanntes Beispiel für ein Framing ist die Frage, ob das Glas halb voll oder halb leer ist: Es stimmt beides. Beide Framings implizieren eine Wertung, ohne eine Meinung zu formulieren: »Halb voll« ist positiv geframt, »halb leer« negativ.

Auch bei der Uhrzeit begegnen uns Framings: Es mag 5 Uhr sein (Tatsache), aber ob es »schon« oder »erst« 5 Uhr ist, ist eine Frage der Wertung. Streng genommen sind wir hier schon bei der Meinungsäußerung, aber das merkt kaum jemand. Mit der Äußerung »Es ist schon 5 Uhr« transportieren wir implizit die Meinungsäußerung: »Wir sind spät dran.« Und wer den anderen sagen will, wie kalt es schon wieder ist, wird die Angabe 11,5 Grad Celsius auf 11

Grad Celsius abrunden; wer es lieber warm findet, rundet auf 12 Grad auf. Die einen sehen 10 Prozent Risiko, die anderen 90 Prozent Chance.

Framings sind also Möglichkeiten, in scheinbar harmlosen Behauptungen versteckte Bedeutungen und auch Meinungen zu transportieren und sie unseren Mitmenschen manipulativ unterzujubeln. »Reframing« heißt dabei, den Rahmen zu wechseln.

»Framing« heißt, einen bestimmten Rahmen zu setzen. »Reframing« heißt, den Rahmen zu verschieben und die Dinge umzudeuten.

Framings finden sich nahezu überall: Handelt es sich beispielsweise in einer bestimmten Krisenregion um »Terroristen« oder »Rebellen«? Von der Sachlage her tun beide das Gleiche: Sie fahren in Pick-ups mit Maschinengewehren durch die Gegend und verbreiten Angst und Schrecken. Aber die Wortwahl bestimmt das Framing: Sind es »Terroristen«, sind wir gegen sie – Terrorismus gilt als geächtet. Sind es »Rebellen«, so sind wir für sie – denn Rebellion gegen böse Unterdrücker gilt als etwas Gutes.

Was meinen Sie: War Wilhelm Tell (14. Jahrhundert) ein Aufständischer oder ein Freiheitskämpfer? War Robin Hood (15. Jahrhundert) ein Krimineller oder ein Rebell?

Sagen Sie: »Das Produkt ist teuer, aber gut«, und befürworten damit den Kauf? Oder sagen Sie: »Das Produkt ist gut, aber teuer«, und sprechen sich dagegen aus?

Das sind Framings. Wie wir etwas beurteilen, hängt von dem Kontext ab, in dem wir etwas betrachten. Ob etwas angemessen oder unangemessen ist, hängt vom Rahmen ab. Zu Hause auf der Couch sind Jogginghose und Pullover angemessen, auf einer Trauerfeier eher nicht. Solche Framings zu erkennen ist elementar, wenn es darum geht, dass wir niemandem auf den Leim gehen.

Wichtig fürs Verständnis politischer Berichte ist: Medien genießen infolge der Meinungsfreiheit und Pressefreiheit auch die sogenannte Tendenzfreiheit. Das heißt, sie dürfen ihren Texten einen sogenannten Spin geben. Ein Spin ist beim Tischtennis der Dreh, den ein angeschnittener Ball hat. Und diesen Spin, ob wir eben »Terrorist« sagen oder »Rebell«, dürfen Medien unterbringen. Das gehört zur Pressefreiheit.

Gleichwohl sollten wir als Medienkonsumenten wissen, dass es sich dabei um ein Framing handelt. Und wir sollten uns auch als Sender in der öffentlichen Kommunikation darüber im Klaren sein, wenn wir ein Framing bemühen.

Nehmen wir den Begriff »NATO-Osterweiterung«. Neutral können wir sagen, dass infolge des Endes der Sowjetunion zahlreiche frühere Staaten des Warschauer Paktes der NATO beigetreten sind. Wenn wir also sagen, Polen sei im März 1999 der NATO beigetreten, so handelt es sich um eine sachliche Information, es ist eine Tatsachenbehauptung ohne Spin.

Ob ein Waffenträger in einem instabilen Land Rebell oder Terrorist genannt wird, ist eine Frage des Framings.

Behaupten wir aber, die NATO erweitere sich nach Osten, haben wir einen Spin. Wir implizieren einen Expansionswillen.

Doch die Sache lässt sich auch anders sehen. Geht die Bewegung nicht viel eher von Ost nach West? Zahlreiche Staaten suchen Schutz unter dem westlichen Schirm der NATO – so wurde beispielsweise auch Finnland von Russland bedroht.[89] Wenn Sie es so betrachten, geht es nicht um eine »Osterweiterung«, sondern um eine Hinwendung osteuropäischer Länder nach Westen.

Beides – ob wir von einer Osterweiterung sprechen oder von einer Bewegung nach Westen – sind Framings. Ersteres entspricht eher der putinschen Doktrin, Zweiteres ist die Sicht der NATO. Sehr viele Behauptungen, die auf den ersten Blick sachlich daherkommen, sind tatsächlich aufgeladen durch Meinungen.

Was sind Narrative?

In sogenannten Narrativen werden solche Framings dann oft zu Erzählungen. Im ursprünglichen soziologischen Sinn ist ein Narrativ eine »sinnstiftende Erzählung«, die also beispielsweise ein Werteverständnis transportiert. Klassische Narrative sind beispielsweise Gründungsmythen. Die jungfräuliche Geburt Jesu Christi ist das Narrativ, das das Christentum begründet. Das Narrativ »Vom Tellerwäscher zum Millionär« ist sinnstiftend für den »amerikanischen Traum«.

Daneben gibt es zahlreiche weitere Arten, Narrative zu formulieren. Und dabei spielen Framings eine Schlüsselrolle: Wer beispielsweise ständig negative Aspekte betont, konstruiert letzten

Endes ein Leidensnarrativ. Wer dabei stets auf die Verantwortung anderer verweist sowie aufs eigene Unglück, etabliert ein Opfernarrativ. Wer andere bedroht und angreift und zugleich jammert, die anderen hätten ihn bedroht, betreibt ein Narrativ der Schuldumkehr: Der Täter stilisiert sich als Opfer. Hören wir immer wieder Geschichten von einem Protagonisten, der allen Widerständen trotzt und ein Hindernis nach dem anderen überwindet, so haben wir es mit einem Heldennarrativ zu tun. Und wer seine Zeit mit ständigem Raunen über denkbare Möglichkeiten von geheimen Machenschaften verbringt, installiert ein Verschwörungsnarrativ.

Narrative geben bestimmten Weltsichten ihren Sinn. Oft sind es Mythen, an die Menschen glauben.

Narrative eignen sich, um bestimmte Botschaften zu vermitteln und Meinungen zu beeinflussen: So bekennen sich die meisten kultivierten Menschen solidarisch mit dem Opfer. Ist das vorgebliche Opfer aber in Wahrheit ein Betrüger und Täter, wird dieser Täter alles daransetzen, dass die indoktrinierte Öffentlichkeit das Opferbild beibehält und die Wahrheit möglichst niemals aufdeckt.

Was die Qualität der Äußerungen betrifft, können Narrative Behauptungen und auch Meinungen transportieren. Das Narrativ beispielsweise, bei Impfungen seien langfristige Spätfolgen zu erwarten, ist ein Narrativ mit einer Falschbehauptung. Das Narrativ, alles Alte und Bewährte sei gut, basiert auf einer Meinung, hier dem Konservatismus. Das Narrativ, die Regierung kungele mit der Pharmaindustrie, ist eine Behauptung; das Narrativ, die Regierung sei moralisch abgrundtief verdorben und grundböse, ist eine Meinung.

In der politischen Kommunikation sprechen wir alternativ auch von Deutungsmustern. Die Frage ist: Wer hat die Deutungshoheit? Wessen Narrativ gilt bei der Einordnung der Wirklichkeit? Wie ist die Wirklichkeit zu interpretieren? Wessen Framing kommt bei der Frage zum Zug, was am Ende als Wahrheit gilt?

Umdeutungen verändern die Bedeutung von etwas

Framings und Narrative sind natürlich nichts Neues. So dokumentierte Klemperer natürlich nicht nur die Lügen der Nazis, sondern auch ihre Framings und Narrative. Am 23. Oktober 1933 notierte Klemperer: »Mir ist vom Gehalt eine ›Freiwillige Winterhilfe‹ abgezogen worden; niemand hat mich deswegen vorher gefragt. Es soll sich um eine neue Steuer handeln, von der man sich ebenso wenig ausschließen darf wie von irgendeiner anderen Steuer; die Freiwilligkeit bestehe nur darin, dass man über den festgesetzten Betrag hinaus zahlen dürfe.«[90]

Zudem geht es beim Reframing – also beim Umdeuten von Dingen – oft darum, Verbote zu umgehen: Am Tag nach seiner Notiz zur »freiwilligen Winterhilfe« stellte Klemperer eine Umdeutung fest vom Begriff der »Wehrpflicht« – dem Deutschen Reich durch den Versailler Vertrag verboten – hin zur »Wehrsportübung«, zu der alle Studenten dienstagnachmittags aufgerufen seien, weshalb es keine Vorlesungen geben sollte.[91]

Viele politische Schlagwörter transportieren Framings. So soll der Begriff »Schulmedizin« das wissenschaftliche Denken verteufeln.

Eine sehr gängige, aber bei genauer Betrachtung gefährliche Umdeutung will ich hier kurz anführen, und zwar den Framingbegriff »Schulmedizin«. Der Begriff transportiert das Narrativ, das wissenschaftliche Establishment sei starrsinnig und arbeite am Menschen vorbei. Besser seien »alternative« Heilmethoden. Dabei gibt es im Grunde nur erwiesenermaßen wirksame Medizin oder eben keine Medizin. Als Medizin gilt, was nachweislich wirkt, alles andere ist keine Medizin. Sollte eine valide Studie die Wirkung eines »alternativmedizinischen« Präparates oder einer »alternativmedizinischen« Heilmethode nachweisen, sodass das BfArM eine Zulassung erteilt, hätten wir es schlicht mit »Medizin« zu tun.

Das Wort »Schulmedizin« ist ein Framingbegriff, der wieder einmal das wissenschaftliche Denken untergraben soll. Erneut läuft ein Ansatz aufs Autodidaktische hinaus und auf die Abkehr von der etablierten Wissenschaft.

»PLURV«

Eine schöne Zusammenfassung gängiger Elemente von Desinformation liefern die Macher von klimafakten.de auf einem Plakat. Einige der wichtigsten Punkte:

- **Pseudoexperten**: »Unqualifizierte Personen oder Institutionen als Quelle relevanter Einwände präsentieren« und dabei »mit

Verweis auf eine große Zahl unqualifizierter Personen behaupten, es gäbe in der Forschung zu einer bestimmten Frage noch keine gesicherten Erkenntnisse«.

- **Logikfehler**: zum Beispiel »aus korrekten Informationen falsche Schlüsse ziehen«.
- **Blendgranaten**: Bei Widerspruch »wirft man eine Aussage in den Raum, die alle Aufmerksamkeit auf sich zieht und vom ursprünglichen Punkt ablenkt« (der sogenannte »Rote Hering«[92]).
- **Unerfüllbare Erwartungen**: »von der Wissenschaft Dinge verlangen, die sie gar nicht erfüllen kann – zum Beispiel durch das Fordern eines Grades von Gewissheit, der unerreichbar ist«.
- **Faultier-Induktion**: »die Informationssuche beenden, sobald man zu einem passenden Schluss gekommen ist«.
- **Rosinenpickerei**: »Informationen bewusst lückenhaft auswählen, sodass sie bei isolierter Betrachtung die eigene Position zu stützen scheinen«.
- **Verschwörungsmythen**: »üble Machenschaften und geheime Bünde unterstellen«.

Aus den Anfangsbuchstaben der Elemente »Pseudoexperten«, »Logikfehler«, »Unerfüllbare Erwartungen«, »Rosinenpickerei« und »Verschwörungsmythen« ergab sich die Abkürzung »PLURV« – laden Sie sich das »PLURV«-Plakat einfach herunter.[93]

Auf einen Blick

- Desinformation funktioniert, indem wir unseren Opfern Falschinformationen oder unvollständige Informationen als Wahrheit verkaufen, damit sie sich auf dieser Grundlage ihre Meinung bilden.
- Desinformation ist per Definition niemals ein Fehler, sie ist immer Absicht.
- Selbst grobe Auslassungen und scheinheilige Fragen funktionieren als Desinformation, weil nur wenige Menschen zutreffend einordnen können, was der Demagoge ihnen vorsetzt.
- Die beste Desinformation ist die, die ein plausibles Gesamtbild schafft, an das die Menschen glauben, also eine falsche Wirklichkeit.
- Auch durch Framings können wir desinformieren, indem wir neutralen Sachverhalten einen Spin geben und beispielsweise mit dem Begriff »Schulmedizin« das wissenschaftliche Denken verächtlich machen.
- Bei Framings und Narrativen geht es um die Deutungshoheit über die Wirklichkeit: Wer darf bestimmen, was »wahr« ist?
- Desinformation arbeitet unter anderem mit Pseudoexperten, Faulheit beim Recherchieren und Rosinenpickerei.

Auflösung Quiz 8
Haben wir es in folgenden Fällen mit Desinformation zu tun?

a. ***Jemand erweckt durch Verschweigen relevanter Informationen einen falschen Eindruck.*** **– Richtig. Das Manipulative, also durch falsche oder unvollständige Informationen falsche Gewissheiten zu bewirken, ist Kern jeder Desinformation.**
b. *Jemand gibt eine falsche Information weiter, die er nicht als falsch erkennt.* – Falsch. Es kann sein, dass es sich bei dieser falschen Information um Desinformation handelt, aber wer sie ahnungslos weiterträgt, betreibt selbst keine Desinformation.
c. ***Jemand inszeniert Geschehnisse, die den Gegner irreführen.*** **– Richtig. Das Vorgaukeln von Inszenierungen als Realität zum Zweck der Irreführung ist Desinformation. Ohne diesen Zweck aber, beispielsweise bei fiktionalen Formaten, ist Inszenierung Kunst.**
d. ***Jemand verbreitet andauernd unbelegte und unprüfbare Behauptungen (Russells Teekanne).*** **– Richtig. Gerüchte, Hörensagen und Verschwörungsmythen tragen zur gesellschaftlichen Verunsicherung und damit zur Destabilisierung bei.**
e. *Jemand verweigert die Antwort auf eine entscheidende Frage.* – Falsch. Zwar reagieren auch die Urheber von Desinformation im Zweifel so, aber das Verhalten kann auch zahlreiche weitere Hintergründe haben.

Woran Sie Demagogie erkennen

Quiz 9
Welche Charakteristika machen Demagogen aus?

a. Demagogen informieren die Öffentlichkeit sachlich und zutreffend – aber so permanent, dass es irgendwann nervt.
b. Demagogen emotionalisieren die Öffentlichkeit durch falsche und verzerrte Behauptungen, die empörend wirken.
c. Demagogen treten als Kämpfer für die richtige Sache auf, zielen aber auf totalitäre Verhältnisse. Dadurch folgen ihnen zahlreiche Menschen, die das Spiel nicht durchschauen.
d. Demagogen setzen ihre Interessen mit Gewalt durch.
e. Demagogen sind einfach nur Lehrer des Volkes, so wie Pädagogen Lehrer für Kinder sind.

Auflösung am Ende des Kapitels.

Um die heutige Demagogie zu verstehen, halte ich vor allem zwei Quellen für wichtig: einmal das »Lehrbuch der Demagogik« von Rudolf Bartels aus dem Jahr 1905 und ein entscheidendes Zitat von Steve Bannon, dem früheren Berater von US-Präsident Donald Trump.

»Demagogie« definiert die Volksverführung: Menschen sollen sich emotional geführt und ohne ausreichendes Wissen ihre Meinungen bilden.

Rudolf Bartels: Den Gegner zerstören

Bartels' Buch war lange vergriffen, nun hat es der Verlag Springer Nature neu aufgelegt. Der Verlag hielt sich an die alten Druckfahnen, das Buch ist in Fraktur gedruckt. Lassen Sie uns einige Zitate anschauen. So schreibt Bartels über die Wahrheit, die Demagogen gleichgültig ist:

> *»Die Stellung der Demagogie zur Wahrheit ergibt sich aus dem Zweck, der für sie allein maßgebend ist, die Masse zu überzeugen und zu beherrschen. Was diesen Zweck fördert, ist für sie brauchbar, was ihn nicht fördert oder ihm widerstrebt, ist nicht brauchbar. (...) Gerade die Wahrheit ist vielfach demagogisch nicht brauchbar.«*[94]

So drastisch hören wir das selten: Die Wahrheit spielt schlichtweg keine Rolle, sie hat keinen Wert. Bartels macht hier deutlich, dass die Grundlage des Demagogischen die Lüge ist, idealerweise als Wahrheit getarnt. Es geht darum, im Denken der Menschen Pseudowahrheiten zu verankern. Das wissen die beteiligten Demagogen auch – Demagogie ist ein Handwerk, das totalitäre Regime systematisiert betreiben.

Ähnliches schreibt Bartels über die Wissenschaft:

> *»Auch die Wissenschaft geht an sich den Demagogen so wenig an wie die Wahrheit oder die Moral. Was sie ihm Brauchbares liefert, verwendet er, nicht weil es Wissenschaft ist, sondern weil es seinem Zweck dient, die Masse zu überzeugen.«*[95]

Hübsch, nicht? Es ist völlig egal, ob wir als Demagogen wissen, dass wir die Unwahrheit erzählen – es geht nur darum, dass das Volk unsere Lügen glaubt. Denn, so Bartels:

> *»[Die Masse] hat kein inneres Verhältnis zur Wissenschaft; aber sie hat davon gehört als von etwas Hohem, das für sie deshalb einen gewissen Nimbus annimmt und ihr imponiert. Darum ist es demagogisch wertvoll, sich auf die Wissenschaft zu berufen und der Ausdrucksweise gelegentlich einen wissenschaftlichen Anstrich zu geben, der Masse zu versichern, was sie zu hören oder zu lesen bekomme, ruhe auf dem Boden der Wissenschaft.«*[96]

Hier wiederum stoßen wir auf die Parallele zu den vielen pseudowissenschaftlichen Abhandlungen aus der Ecke der Verschwörungsideologen und -unternehmer: Sie gaukeln ihrem Publikum tatsächlich vor, bei den Vorträgen und Büchern handele es sich um Wissensvermittlung und ein intellektuelles Unterfangen. Dass wahres wissenschaftliches Denken die Volksverdummung eher stört, ist dem Demagogen bewusst, zumindest erklärt es Bartels:

> *»Wirkliche wissenschaftliche Durchbildung schwächt oder vernichtet die Empfänglichkeit für die Kunstgriffe der Demagogie.«*[97]

Zudem muss der Demagoge laut Bartels glaubhaft machen, sich für das Wohl des Volkes einzusetzen:

> *»[Es ist] durchaus notwendig, daß die Masse glaubt, der Demagoge oder seine Partei sorge für das Wohl des Volkes. Es ist ihr also dieser Glaube notwendig beizubringen, denn auf ihm beruht ihre Folgsamkeit. (...) Der Demagoge hat alle andern als Volksfeinde, Volksverräter, Volksverderber usw., als Arbeiterhasser zu bezeichnen« und »jeden, der behauptet, daß etwas was er tue, nicht das Wohl des Volkes bezwecke, als Lügner und Verleumder zu behandeln«.*[98]

Neben ihren Behauptungen setzen Demagogen außerdem auch beim Emotionalen an und transportieren Meinungen, häufig mehr oder weniger hysterisch. Unter der Überschrift »Tadeln, Schimpfen, Beschimpfen« führt Bartels aus:

> *»[Das Schimpfen bezieht sich] auf den Namen, die Gestalt, körperliche Eigentümlichkeiten, Kleidung, Auftreten, Angewohnheiten einer Person, ferner auf ihren Stand, Vermögensverhältnisse, Beschäftigung, Herkunft und Ähnliches.«*

Ich denke dabei an die Äußerungen der russischen Propaganda über den ukrainischen Präsidenten Wolodymyr Selenskyj, dieser sei als Schauspieler oder Komiker unseriös – als wäre ein Geheimdienstler besser.

Aber genau so funktioniert eben das Storytelling der Propaganda: Es geht ein Statement nach dem anderen raus, ungeachtet der Frage, ob es sich entkräften lässt. Ob einzelne Intellektuelle das Ganze durchschauen, spielt für die Sender demagogischer Botschaften keine Rolle. Denn die Masse, um die es geht, hinterfragt diese Narrative nicht. Und die Minderheit, die sie hinterfragt, ist nicht relevant.

Steve Bannon: den öffentlichen Raum mit Unsinn fluten

Das »Lehrbuch der Demagogik« scheint rund 120 Jahre nach seinem erstmaligen Erscheinen hochaktuell zu sein: Was wir derzeit an Desinformation durch Fake News erleben, hält sich nahezu vollständig an Bartels' Rezepte.

Vorbei sind allerdings die Zeiten, da die verschiedenen politischen Konzepte für sich geworben haben, indem sie »Freiheit statt Sozialismus« (CDU) oder »Starker Sozialismus – sicherer Frieden!« (SED) skandiert haben. Heute laufen rhetorische Attacken, unter deren schierer Masse die politische Kommunikation ersäuft. Über TikTok, Facebook und andere »soziale Medien« strömt der pure Hass auf uns ein. Wir erfahren gar nicht so oft, dass Russland gut ist – außer vielleicht von Tucker Carlson –, sondern wir erfahren vor allem, warum der Westen schlecht ist, also korrupt, aggressiv, militant, imperialistisch und überhaupt eine Bedrohung für die ganze Welt und den Weltfrieden.

Statt die eigene Ideologie zu loben, beschimpft und diffamiert heutige Demagogie den Gegner.

Und damit sind wir bei der nächsten Figur, die uns die Demagogie von heute erklärt: Steve Bannon. Der CNN-Journalist Brian Stelter erklärte im November 2021 Bannons Strategie nach dem Prinzip »Flood the zone with shit«.[99] So schreibt er über eine Szene bei Gericht:

> *»Sein Zitat ist wie ein Kompass, an dem man sich in dieser verrückten Ära der amerikanischen Politik orientieren kann. ›Die Demokraten spielen keine Rolle‹, sagte Bannon zu Lewis. ›Die wahre Opposition sind die Medien. Und der Weg, mit ihnen umzugehen, besteht darin, die Zone mit Scheiße zu überfluten.‹ Das ist das Geschäftsmodell von Bannon: Überflutet die Zone. Den Laden vollstinken. Wie Jonathan Rauch einmal sagte, indem er Bannons berüchtigtes Zitat zitierte: ›Hier geht es nicht um Überzeugung: Es geht um Desorientierung.‹«*

Erkennen Sie die Dimension dessen, worum es bei Fake News geht? Wie gesagt: Dass zahlreiche Fake News offensichtlicher Unsinn sind, ist dabei völlig egal. Etwa dass die Berliner wegen des Energiemangels infolge der Sanktionen gegen Russland angeblich den Tiergarten abholzen würden, wie russische Medien Ende 2022 berichteten[100] – dass das Unsinn ist, erkennen alle, die in Deutschland leben. Nur: Die russische Öffentlichkeit geht nicht im Tiergarten spazieren, sie ist von westlichen Medien und historisch sauberen Informationen nahezu abgeschnitten.

Auch bei den Fake News, die hier bei uns im deutschsprachigen Raum erscheinen, geht es nicht um Sinn oder Unsinn. Es geht einzig darum, die Öffentlichkeit mit Behauptungen und Schimpfkanonaden zu überfluten, die das Vertrauen in westliche Institutionen zerstören. Vermittelt werden soll ein Bild, wonach Regierungen, Behörden, Wissenschaftler und Medien vor nichts zurückschrecken, um das Volk zu belügen – die Demagogen werfen dem Establishment also exakt das vor, was sie selbst tun.

Heutige Demagogie flutet die öffentliche Debatte mit Unsinn – so massiv und schnell, dass Faktenchecks nicht hinterherkommen.

Beispiele für das »Debunking« (Entlarven) derartiger »Deepfakes« finden wir bei AFP:

- In den Social Media kursierte im März 2024 ein angeblich vom ZDF verbreitetes Balkendiagramm zu einer Wahlumfrage mit einer viel zu kleinen AfD-Säule – doch das ZDF hatte dieses Diagramm de facto nicht verbreitet.[101]
- Die Bundesregierung wollte ebenfalls Anfang 2024 Whistleblower von der Verschärfung der Strafen für Besitz und Verbreitung von Kinderpornografie ausschließen, damit Straftaten weiter dokumentiert werden können[102] – Demagogen machten daraus die Falschmeldung, Deutschland erlaube künftig Kinderpornografie.[103]
- Angeblich wurden für die Hamburger Demonstration gegen Rechtsextremismus am 19. Januar 2024 Statisten gesucht – das Inserat, das die Lügner dafür als angeblichen Beleg anführen, ist laut AFP alt und bezieht sich auf einen Filmdreh.[104]

Wir sprechen hier über eine Indoktrination, die einer Gehirnwäsche gleicht und die auch im Westen Fake News platziert, die allesamt auf das Ende der westlichen Demokratien hinauslaufen. Am Ende zielen sämtliche Verschwörungstheorien und Fake News auf eine Meinungsbildung dahingehend, dass die westlichen Gesellschaften von Verbrechern unterwandert und daher zu beseitigen sind.

Fake News und Verschwörungsmythen diffamieren den Westen. Das Ziel ist das Ende der freiheitlich-demokratischen Grundordnung.

Übrigens wehren sich seriöse Redaktionen und auch der Rechtsstaat vermehrt gegen verlogene Propaganda. So spielten offenbar Veranstalter bei verschiedenen Demonstrationen gefälschte »Tagesschau«-Beiträge ab, in denen die Sprecher um Entschuldigung für angebliche Lügen baten. Darum ermittelt die Justiz unter anderem wegen des Verdachts der Verleumdung, also der Falschbehauptung wider besseren Wissens.[105]

Wobei wir hier quasi eine Verschärfung aufseiten der Demagogen erkennen: Es geht nicht mehr nur um unbelegte und unprüfbare Behauptungen, sondern mit der Verschärfung des Informationskrieges ist es irgendwann auch egal geworden, ob sich die Falschinformationen prüfen lassen. Gefragt ist einfach nur noch die völlige Abwesenheit von Wahrheit und Wissenschaft. Das hat Bartels begriffen, Bannon hat das Prinzip auf den Punkt gebracht und die Urheber von Fake News wenden es an.

Propaganda funktioniert heute also völlig anders, als sich das viele Menschen vorstellen. Die landläufige Auffassung ist, Propaganda strapaziere die eigenen Standpunkte: Die Linken verbreiten linke Thesen, die Rechten verbreiten rechte Thesen. Solange das so war, war es einfach, die Propaganda zu erkennen und abzulehnen. Heute haben wir es mit einer völlig anderen Dimension von Desinformation und Demagogie zu tun, und das Konzept lautet »Flood the zone with shit«. Der Mist, den die Demagogen über uns auskippen, ist voller Lügen, emotionalisiert stark, vermittelt direkt oder indirekt sehr einfache Lösungen, arbeitet mit Sündenböcken und wiederholt sich ständig.

Auf einen Blick

- Anders als in der herkömmlichen Propaganda geht es der heutigen Demagogie nicht mehr darum, die Vorteile der eigenen Weltanschauung hervorzuheben, sondern darum, den Gegner zu diskreditieren, wo es nur geht.
- Demagogie ist ein Mittel psychologischer Kriegsführung und Gewalt, um Gesellschaften zu destabilisieren.
- Demagogie ist skrupellos und rücksichtslos, es zählt nur der Erfolg. Demagogie arbeitet unfair, unlauter und aggressiv, wogegen zurückhaltendere Regierungen und Gesellschaften kaum eine Chance haben.
- Die Prinzipien der Demagogie sind sehr alt, aber kaum bekannt.
- Nach Steve Bannon geht es darum, die Öffentlichkeit mit so viel Desinformation zu überfluten, dass niemand mehr mit den Klarstellungen hinterherkommt.

Auflösung Quiz 9
Welche Charakteristika machen Demagogen aus?

a. *Demagogen informieren die Öffentlichkeit sachlich und zutreffend – aber so permanent, dass es irgendwann nervt.* – Das stimmt nur, was die Permanenz betrifft. Sachlich und zutreffend zu informieren ist dagegen kein typisches Anzeichen für Demagogen.

b. *Demagogen emotionalisieren die Öffentlichkeit durch falsche und verzerrte Behauptungen, die empörend wirken.* – Richtig. Das ist ein Hauptmerkmal: die starke Emotionalisierung durch falsche Tatsachenbehauptungen, ob explizit oder als Andeutung oder Frage.

c. *Demagogen treten als Kämpfer für die richtige Sache auf, zielen aber auf totalitäre Verhältnisse. Dadurch folgen ihnen zahlreiche Menschen, die das Spiel nicht durchschauen.* – Auch das trifft zu: Demagogen arbeiten insofern manipulativ, als sie für sich einen moralisch hehren Anspruch erheben. Da sie aber lügen, sind sie moralisch eher verkommen.

d. *Demagogen setzen ihre Interessen mit Gewalt durch.* – Falsch. Das macht Demagogen nicht aus, denn den groben Kampf überlassen Demagogen meist ihrem Fußvolk.

e. *Demagogen sind einfach nur Lehrer des Volkes, so wie Pädagogen Lehrer für Kinder sind.* – Falsch. Demagogie ist gefährliche Manipulation durch Desinformation. Pädagogen erziehen Kinder von ihrem Wesen her nicht manipulativ.

Kapitel 5

»Nach eingehender Analyse …« Vom Wissen zur Meinung

Aus den Merkmalen und der Dynamik von Fake News, Desinformation und Propaganda lässt sich im Umkehrschluss ableiten, wie qualifizierter Erkenntnisgewinn funktioniert. Da die Desinformation sämtliche Regeln seriöser Informationen auf den Kopf stellt, drehen wir die Logik einfach um, um andere seriös informieren zu können. Zudem gibt es handfeste Kriterien, um zu erkennen, ob Medien seriös sind oder nicht. Und: Wie bilden wir uns eine fundierte Meinung?

Informationen sichern

Quiz 10
Welche Ansätze helfen dabei, Informationen zu verifizieren?

a. Wenn ich im Internet Bestätigungen finde, dann wird die Information schon stimmen.
b. Ich prüfe die Struktur und die Konsistenz des Gedankens.
c. Ich frage Fachleute auf dem jeweiligen Gebiet.
d. Ich prüfe, ob seriöse Quellen die Vermutung stützen.
e. Es genügt, Freunde nach ihrer Einschätzung zu fragen.

Auflösung am Ende des Kapitels.

Denken wir noch einmal an die Geschichte vom Anfang dieses Buches: Wenn wir Zeuge waren und gesehen haben, dass unser Nachbar unseren Autoreifen aufgestochen hat, wissen wir das zwar *sicher*, aber zugleich haben wir diese Information leider nicht *gesichert*. Insofern gibt es einen Unterschied zwischen sicheren und gesicherten Informationen.

Der Unterschied ist filigran und so ähnlich wie der zwischen »klar« und »geklärt«: Immer wieder hören wir, eine Situation sei unklar, dabei ist sie lediglich ungeklärt. Die Sachlage selbst ist klar, wir wissen nur nicht Bescheid. Was unklar ist, ist die Informationslage.

Eine gesicherte Information ist auch dann noch sicher, wenn wir sie weitergeben.

Salopp formuliert: Eine gesicherte Information bleibt auch dann gesichert, wenn sie »wandert«. Wir können sie also weitergeben. »Sicher« ist sozusagen subjektiv, »gesichert« ist objektiv, also übertragbar und unabhängig von unserem Erleben gültig.

Und das gehört zum wissenschaftlichen Denken. Keine Studie hat einen Sinn, wenn wir die Ergebnisse nicht sichern und allgemein nachvollziehbar veröffentlichen. Wissenschaftler arbeiten da sehr viel detaillierter und penibler als Journalisten, aber das Prinzip ist das gleiche: Keine Recherche hat einen Sinn, wenn wir sie nicht dokumentieren.

Der Goldstandard ist, wenn alle Informationen aufgezeichnet sind, alle Zusammenhänge dokumentiert, alle Beweise übersichtlich gebündelt und leicht nachvollziehbar. Eine umfassende Dokumentation gesicherter Fakten ist die Grundlage für jede professionelle Arbeit mit Informationen.

Als legendär gilt die Dokumentationsabteilung beim Spiegel, in der Redakteure jede einzelne Tatsachenbehauptung in jedem einzelnen Text verifizieren.

Warum das System bei Claas Relotius nicht funktionierte, hat die Spiegel-Redaktion umfangreich dargestellt.[106] In dem Beitrag beschreibt die Redaktion beispielhaft, wie sie Fakten prüft: über Wetterdaten, über Google Earth und Google Street View, sie schaut nach inneren Widersprüchen und verifiziert Zitate, sofern sie vorher schon irgendwo veröffentlicht waren.

Machtlos sind Faktenchecker, wenn es um unmittelbare Recherchen geht, wenn also jemand beispielsweise einem Reporter etwas sagt und der Reporter das notiert. Wie sollen wir das verifizieren? Im Falle Relotius kam manches ans Licht, weil Relotius' Kollege Juan Moreno einige Gesprächspartner ausfindig gemacht und nachbefragt hat.

Und auch wenn die Spiegel-Dokumentation im Fall Relotius an ihre Grenzen stieß: Der Ansatz, jede Behauptung durchzugehen, ist genial. Und Sie können das trainieren. Ich empfehle dazu, Texte in Word zu kopieren und einzelne Passagen farbig zu markieren, gerne auch auf Papier mit klassischen Farbstiften. Wählen Sie die Farben bitte so aus, dass die Zuordnung für Sie am leichtesten zu merken ist:

- Markieren Sie mit der ersten Farbe alle neuen Tatsachenbehauptungen – also alle Informationen, die noch nicht gesichert sind.
- Markieren Sie mit der zweiten Farbe alle bereits bekannten Informationen – also alle Informationen, die bereits gesichert sind.
- Markieren Sie mit der dritten Farbe alle Meinungsäußerungen.
- Markieren Sie mit der vierten Farbe unterschwellige Manipulationsversuche wie Andeutungen und Scheinfragen.

Trainieren Sie die Schnellerkennung von neuen Informationen, bekannten Informationen, Meinungen und Manipulationsversuchen.

Diese Übung trainiert den Geist unglaublich. So werden Sie immer schneller erfassen, was Sie noch nicht wissen und was Sie verifizieren sollten. Bei einer Äußerung wie: »In der Nacht von Montag auf Dienstag hat unser großartiger Nachbar unseren Autoreifen aufgestochen«, kommen Sie dann beispielsweise auf folgende Elemente:

- »... von Montag«: Die Information ist bekannt, da ein Dienstag immer auf einen Montag folgt.
- »Nacht auf Dienstag«: Die Information ist neu. Sie ist verifiziert, wenn der Reifen am Montagabend noch nicht platt war, aber Dienstagfrüh.
- »... hat unser ... Nachbar«: Die Information ist neu. Sie ist verifiziert und gesichert, wenn wir eine Videoaufnahme haben, aus der der Nachbar zweifelsfrei als Täter hervorgeht.
- Das Adjektiv »großartig« erkennen Sie als ironische Andeutung, mit der Ihnen jemand unterjubeln will, die Behauptung stimme – denn wenn der Nachbar schon so unmöglich ist, wird er es wohl gewesen sein.
- »... unseren Autoreifen«: Die Information ist neu und gesichert, wenn es unser Auto ist und es tatsächlich um einen Reifen geht.
- »... aufgestochen«: Die Information ist neu und stimmt, wenn der Platten eindeutig auf einen Messereinsatz zurückgeht.

Machen Sie das mal mit allen möglichen Texten und Informationen, die Ihnen begegnen. Die Übung ist am Anfang anspruchsvoll und wird dann leichter. Schon nach kurzer Zeit entwickeln Sie ein gutes Gespür für bereits Bekanntes oder Banales wie beispielsweise den »Montag« bei der »Nacht auf Dienstag«.

Damit stellen Sie sehr schnell fest, welche Informationen Sie überhaupt verifizieren müssen. Bei einer Äußerung wie: »Ich finde es beschämend, dass Silke schon wieder betrunken nach Hause gekommen ist«, erkennen Sie sofort:

- Der Passus mit »beschämend« formuliert eine Meinung – ihn können Sie übergehen, weil sich Meinungen erstens ohnehin nicht prüfen lassen und weil sie für den Sachverhalt unmaßgeblich sind.

- Dass Silke betrunken nach Hause gekommen ist, ist zu verifizieren, denn das ist die neue Information.
- Die Information »schon wieder«, dass es also nicht das erste Mal war, ist entweder schon bekannt (je nach Ihrem Vorwissen) oder eine weitere zu prüfende Behauptung.

Es sind also drei Elemente, von denen eines irrelevant ist und zwei eine Tatsache behaupten.

Mit etwas Praxis im Erkennen ungesicherter Informationen werden Sie vermutlich kaum noch blind irgendwelchen Behauptungen folgen. Und Sie werden feststellen: Zahlreiche Social-Media-Posts sind voll von unterschwelligen Manipulationsversuchen. Wer dieses Prinzip begriffen hat, klickt nicht mehr im Affekt »Like« unter irgendeinen Beitrag mit einer Behauptung wie jener, Alexej Nawalny hätte ein Hitler-Tattoo getragen.[107] Stattdessen tragen Sie Ihre Kenntnisse über Nawalny zusammen, über seine politische Arbeit und seine Anliegen – und werden sehr schnell herausfinden, dass da irgendwelche Nawalny-Gegner Desinformationen verbreiten. Und dann prüfen Sie die vorliegenden Informationen. Haken Sie gedanklich ab, welche Informationen gesichert sind und welche nicht, und verifizieren Sie, was noch zu sichern ist.

Vermutungsgrade

Das Spiel mit den farblichen Markierungen können Sie immer weiter treiben. So können Sie zum Beispiel auch Vermutungen markieren. Wie gesagt, sind Vermutungen oft nicht von Behauptungen zu unterscheiden, daher sind immer wieder Kennzeichen nötig.

An der Arbeit von Strafverfolgungsbehörden lässt sich der Unterschied zwischen Vermutung und Tatsache gut nachvollziehen. Vermutlich kennen Sie die Begriffe »Anfangsverdacht«, »hinreichender Tatverdacht« und »dringender Tatverdacht«. Keiner dieser Begriffe unterstellt Wissen – es sind alles Annahmen:

- Ein *Anfangsverdacht* beinhaltet keinerlei Beweis. Wir sind bei der Vermutung. Wir nehmen an, dass jemand Täter ist. Das tun wir aufgrund von Indizien oder einem denkbaren Motiv. Die Strafprozessordnung spricht beim Anfangsverdacht von »zureichenden tatsächlichen Anhaltspunkten«.

- Beim *hinreichenden Tatverdacht* verdichten sich die Hinweise. Eine spätere Verurteilung erscheint wahrscheinlich.
- Der *dringende Tatverdacht* dann sagt, dass eine hohe Wahrscheinlichkeit besteht, dass jemand Täter ist und dafür verurteilt wird.

Nur weil wir etwas wissen, können wir es noch lange nicht beweisen. Was wir wissen, ist für andere erst einmal eine Behauptung.

Aber *ist* der Verdächtige, Beschuldigte oder Angeklagte denn Täter? Noch sind wir beim Verdacht.

Ähnlich vorsichtig formulieren Behörden die Wahrscheinlichkeiten von Sachlagen. Dabei haben sich folgende Codes bewährt, die Sie für Ihre Kommunikation übernehmen können:

- Die Polizei **»vermutet«** etwas? Dann liegt ein Gedanke nahe, oft eine Folgerung. Beispielsweise versiegte bei Freiburg ein Bach, und die Polizei »vermutete« eine illegale Wasserentnahme.
- Die Polizei kann etwas **»nicht ausschließen«**? Dann hält sie es für möglich, was aber nicht bedeutet, dass sie davon ausgeht. Es ist lediglich vorstellbar und möglich, und es gibt keine ausreichenden Hinweise dagegen.
- Die Polizei **»geht davon aus«**, dass der Vermisste noch lebt und sich in einer Notlage befindet? Dann weiß sie es nicht, vermutet es aber stark und begründet auf dieser Annahme ihre Handlungen.
- Die Polizei ist **»davon überzeugt«** oder **»sicher«**? Dann ist die Indizienlage erdrückend und alles spricht dafür, doch fehlt ein Beweis. Auch kann sich die Beweislage noch ändern: »Wir sind uns sicher« bedeutet nicht »Es ist sicher«.
- Die Polizei **»rechnet mit«** etwas? Dann versetzt sich die Behörde in die Perspektive der Täter und überlegt, wo sie an deren Stelle als Nächstes zuschlagen würde. Was nicht heißt, dass es tatsächlich passiert.

Signalwörter für Vermutungen lauten beispielsweise:

- »wohl« (eine einfache Kennzeichnung einer persönlichen Vermutung unter dem Vorbehalt des Irrtums);
- »wahrscheinlich« (trotz des sachlichen Verweises auf mehr als 50 Prozent Wahrscheinlichkeit eine deutliche Einschränkung mit Hinweis auf möglichen Irrtum, denn auch Unwahrscheinliches kann eintreten);
- »vermutlich« (eine klare Kennzeichnung einer Vermutung, die über die eigene Wahrnehmung hinausgeht und die auch andere bei näherer Betrachtung teilen dürften);
- »aus meiner Sicht« oder »in meinen Augen« (eine klare Subjektivierung und Kenntlichmachung als persönliche Einschätzung);
- »anscheinend« (ein deutlicher Hinweis auf Indizien, die für die Behauptung sprechen)[108];
- »offenbar«, »offensichtlich« (ein deutlicher Hinweis auf für jeden sichtbare Indizien);
- »klar«, »ersichtlich«, »unverkennbar« (Kennzeichnungen einer Überzeugung, die Anspruch auf Objektivität erhebt).

Wie erkennen wir, ob wir uns irren?

Zu erkennen, dass wir uns irren, ist dabei keine unlösbare Aufgabe. Dass wir nicht merken können, dass wir uns irren, weil wir uns auch in der Annahme irren können, wir würden uns irren – solche Gedankengirlanden breche ich in aller Regel ab. In der Praxis lassen sich Wissenslücken tatsächlich annähernd ausschließen, indem wir beispielsweise folgende Sicherheitsschleifen einbauen:

In vielen Fällen können wir gut ausschließen, dass wir uns irren.

- Ganz grundlegend sammeln Kommunikationsprofis alle naheliegenden Fragen, die ihnen zu einem Thema einfallen, und zwar aus Empfängersicht. Es geht oft gar nicht so sehr um das, was wir sagen wollen, sondern darum, was wir bei unseren Empfängern erreichen wollen. Wonach also würden verständige und einigermaßen gebildete Menschen fragen? Wenn wir die Antworten nachverfolgen, vertiefen wir unsere Recherche und stöbern so manchen blinden Fleck auf.
- Dann berühren die allermeisten Themen und Thesen irgendein Fachgebiet, in dem es Expertinnen und Experten gibt. Kommu-

nikationsprofis befragen diese Experten: Haben wir etwas übersehen? Fehlt ein Aspekt? Bei der Suche nach Experten suchen Profis übrigens im »Mainstream«, nicht bei Akteuren, die dem wissenschaftlichen Denken den Rücken gekehrt haben. Wie sagen es Holm Gero Hümmler und Ulrike Schiesser in ihrem Buch »Fakt und Vorurteil« treffend? »Dass jemand Naturwissenschaftler ist, schließt eben nicht aus, dass er gleichzeitig seine privaten Fantasien veröffentlicht, die möglicherweise einem breiten Konsens in der Wissenschaft krass widersprechen.«[109]

- Kommunikationsprofis halten sich an den Grundsatz »audiatur et altera pars«. So geben sie Menschen, über die sie berichten, Gelegenheit zur Stellungnahme – oft erhalten sie dadurch Informationen, ohne die sie die Sachlage verzerrt oder auch falsch dargestellt hätten. Einzig wenn alles, was Sie thematisieren, bereits veröffentlicht ist, müssen Sie den Urheber nicht noch einmal um eine Stellungnahme bitten.
- Kommunikationsprofis versuchen stets, Informationen durch weitere Quellen zu belegen. Sind diese Quellen unabhängig voneinander – und Vorsicht, oft sind sie das nicht, denken wir an die erwähnten Zitatkartelle –, können wir mit einiger Gewissheit davon ausgehen, dass die Information stimmt.
- Kommunikationsprofis verfügen außerdem über Metakognition, also über die Fähigkeit, die eigenen Denkprozesse zu hinterfragen, und finden heraus, ob sie selbst beispielsweise einem Bestätigungsfehler unterliegen.

Auf diese Weise können wir das Risiko, Unsinn zu kommunizieren, zumindest einigermaßen reduzieren. In manchen diffizilen Fällen bleibt ein Restrisiko, aber bei den allermeisten Recherchen sind wir sicher, wenn wir die Botschaft, die wir öffentlich kommunizieren wollen, anhand dieser Aspekte geprüft haben.

Wobei wir bei drei weiteren Punkten noch einmal ins Detail gehen sollten: Damit wir zu gesicherten Erkenntnissen gelangen, sollten wir über eine gute Lebenserfahrung verfügen, strukturiert denken und die Seriosität von Medien beurteilen können.

Wie ausgeprägt ist Ihre »allgemeine Lebenserfahrung«?

Wenn die Polizei bei einem Verdächtigen eine Tankquittung aus Heilbronn mit dem Datum vom 14. August 2024 und der Uhrzeit 20.34 Uhr über 62 Liter Diesel findet, dann *scheint es so*, als sei er zu dieser Zeit in Heilbronn gewesen und habe getankt. Sicher ist es nicht, gesichert schon gar nicht. Wir wissen zunächst einmal nur, dass er im Besitz dieser Tankquittung ist. Sie ist ein *Indiz* dafür, dass er in Heilbronn getankt haben *könnte*, aber noch lange kein *Beweis*.

Sicher und gesichert ist nur – wenn die Tankquittung nicht gefälscht ist –, dass da jemand getankt hat. Aber wer? Das ist erst einmal unklar, jedenfalls sofern wir nicht die Videoaufnahmen der Tankstelle gesichtet haben. Erkennen wir den Verdächtigen auf dem Video und passt die Uhrzeit der Videoaufnahme zum Tanken, dann sind wir *sicher*, dass er getankt hat. Ist dann noch sein Auto auf dem Video, ist die Sache einigermaßen rund.

Aber eben nur »einigermaßen«, weil es natürlich Doppelgänger und Fahrzeugdoubletten gibt. Ein Doppelgänger mit Fahrzeugdoublette, im richtigen Moment von einer Videokamera aufgezeichnet, kann durchaus ein Alibi vortäuschen.

Erfahrungssätze

Da diese Inszenierung einigen Aufwand erfordert, wenden Ermittler und Juristen sogenannte Erfahrungssätze an, wozu beispielsweise die sogenannte »allgemeine Lebenserfahrung« gehört, und entscheiden dann, ob eine solche Inszenierung wahrscheinlich ist. Haben wir es nicht mit Terrorismus oder Geheimdienstaktionen zu tun, sagt die allgemeine Lebenserfahrung, dass dieser Mensch am 14. August 2024 um 20.34 Uhr in Heilbronn getankt hat. Fertig. Da zählt einfach der Ententest. Erfahrungssätze verhindern also, dass wir uns in endlosen Eventualitäten und sophistischen Diskussionen verstricken.

Mit der allgemeinen Lebenserfahrung befassen sich Gerichte immer wieder. So stellt ein Beschluss des Bundesverwaltungsgerichtes von 2018 klar: Besucher eines Badeplatzes gehen oder fahren üblicherweise über den für sie kürzesten geeigneten Weg. Das ist für das Bundes-

Zur Informationskompetenz gehören eine gesunde Skepsis und detektivischer Spürsinn. Beides sollten Sie trainieren.

verwaltungsgericht eine »Offenkundigkeit«; »die allgemeine Lebenserfahrung ist mit dem typischen Geschehensablauf identisch«. Das Bundesverwaltungsgericht schreibt: »Der Topos der allgemeinen Lebenserfahrung beschreibt die Wahrscheinlichkeit bestimmter Tatsachen einschließlich ihrer Ursachen- und Wirkungszusammenhänge. Diese Wahrscheinlichkeit kann sich so stark verdichten, dass Erfahrungssätze (...) zum Maßstab richterlicher Überzeugung werden (...).«[110]

Der Bundesgerichtshof erklärte einige Jahre zuvor: »Erfahrungssätze sind die aufgrund allgemeiner Lebenserfahrung oder wissenschaftlicher Erkenntnisse gewonnenen Regeln, die keine Ausnahme zulassen und eine an Sicherheit grenzende Wahrscheinlichkeit zum Inhalt haben.«[111] Im vorliegenden Fall rügte das Gericht die Vorinstanz und befand: »Ein Erfahrungssatz, daß mit 1 kg Heroin in einschlägigen Kreisen nicht unbewaffnet Handel getrieben wird, besteht nicht.« Laut Bundesgerichtshof lässt sich aus der Beweislage also nicht ableiten, dass der Dealer bewaffnet war. Für den Vorwurf muss ein Beweis her, eine Folgerung aus einem angeblichen Erfahrungssatz genügt nicht.

Tatsächlich also gibt es Erfahrungssätze, die wir als bekannt oder selbstverständlich voraussetzen können, gerade um Unsinn davon abzugrenzen. Wichtig ist dabei: Gemeint ist nicht nur die allgemeine Lebenserfahrung, sondern auch der Erfahrungsschatz von Experten, also der erwähnte »Stand der Forschung«. Und je mehr Erfahrung und Bildung wir haben, desto besser ist unser Urteilsvermögen bei der Feststellung von Erfahrungssätzen. Entscheidend ist, dass wir durch persönliche Erfahrung und auch indirekt, also durch Berichte anderer, möglichst viel Wissen über das Leben auf diesem Planeten angesammelt haben, sodass wir einigermaßen kompetent über das Leben sprechen können.

Denn ob wir Falschinformationen glauben, hängt letzten Endes von zweierlei ab: von der Falschinformation und von uns. Fake News können gut oder schlecht gemacht sein – je besser sie gemacht sind, desto leichter halten Menschen ihren Inhalt für wahr und fallen darauf herein. Je besser unser Urteilsvermögen aber ist, desto weniger wahrscheinlich ist es, dass wir auf Fake News hereinfallen, selbst auf gut gemachte.

Darum ist es zwar sicher ein Ziel jeder Demagogie, Fake News möglichst gut zu gestalten, aber auf der anderen Seite verfängt auch schlecht gemachte Desinformation bei Menschen mit wenig Urteilsvermögen möglicherweise in ausreichendem Maß. Daher setzt Steve Bannons Methode ja auf das Prinzip, die Welt mit Unsinn zu fluten, selbst wenn ihn eine Minderheit durchschaut.

Eine der wichtigsten Schlüsselkompetenzen für den Umgang mit Information ist das Urteilsvermögen.

Urteilsvermögen ist leider nichts, was wir in der Schule lernen, und auch ein Hochschulstudium gibt uns diese Kompetenz nicht unbedingt mit – ebenso wenig wie Informationskompetenz und Ambiguitätstoleranz. Möglicherweise erklärt das, warum wir unter Schwurblern auch Rechtsanwälte und Ärzte finden. Diese Menschen haben irgendwann einmal studiert, aber heute machen sie ihren Job als Anwalt oder Ärztin und sind nicht mehr wissenschaftlich tätig. Wie wir es korrekt interpretieren, dass sich plötzlich das Mindesthaltbarkeitsdatum eines Impfstoffes ändert, wissen wir dann möglicherweise nicht mehr. Trotzdem gelten wir als glaubwürdige Quellen, weil wir ja Anwalt oder Arzt sind.

Wer studiert und belesen ist, weiß vielleicht etwas über den Stand der Forschung, aber insgesamt fehlt uns die Erfahrung, gepaart mit etwas detektivischem Spürsinn bei der Beurteilung von Informationen.

Fake News: »deutsche Regierung« statt »Bundesregierung«

Zu den vielen Fake News des Jahres 2022 gehört beispielsweise die Meldung im Layout von »Bild online«, ein Junge sei wegen angeblich ausgeschalteter Straßenlaternen mit dem Fahrrad gestürzt und gestorben. Es heißt, die »deutsche Regierung« solle sich um die Probleme im eigenen Land kümmern, wobei implizit behauptet wird, infolge der Russlandsanktionen leide Deutschland unter Energiemangel.[112]

In so einem Fall sagt mir ein Erfahrungssatz, dass das kein Text aus dem Hause »Bild« sein kann: Deutsche Medien sprechen nicht von der »deutschen Regierung«, sondern von der »Bundesregierung«. Hier entlarvt schon die Wortwahl die Fälschung. Hinzu kommen Fehler in der Sprache und beim Design.

Erfahrungssätze sind Erkenntnisse, wonach bestimmte Dinge wahrscheinlich so sind, wie sie scheinen.

Nur: Wer das nicht weiß, weiß es eben nicht. Deswegen ist der Gedanke der allgemeinen Lebenserfahrung so wichtig.

Salopp könnten wir sagen: Ein wenig Bildung schadet nie – je mehr wir von der Welt wissen, und zwar in Gestalt gesicherten Wissens und nicht nur scheinbarer Gewissheiten, desto besser können wir mitreden.

Wie strukturiert denken Sie?

Vor einiger Zeit lag ein dicker DIN-C4-Umschlag im Briefkasten. Jemand hatte mir geschrieben. Per Post. Auf Papier. Ohne Absender. Im Umschlag: eine gebundene Broschüre mit dem Titel »Appell an die Deutschen« und jede Menge beigelegtes und eng bedrucktes DIN-A4-Papier, teilweise mit aufgeklebten Post-its voller handschriftlicher Notizen. Auch in der Broschüre lagen Blätter mit irgendwelchen Ergänzungen, die der Absenderin Simone[113] offenbar später noch eingefallen waren. Nutzerfreundlich wäre eine Übersicht über die vielen Anlagen gewesen, aber was ich vorfand, war Kraut und Rüben.

Die Absenderin schrieb mir, sie sei früher »Mainstream-Journalistin« gewesen, aber heute arbeite sie »investigativ, weil der Verstand nichts anderes mehr zugelassen hat«. So schrieb sie das. Dass ihr Verstand der Absenderin Schwierigkeiten machte, glaubte ich ihr nach einem raschen Blick über die Unterlagen sofort.

Simones Anschreiben war ein ausgedrucktes Textdokument, die Seitenzahlen dagegen waren handschriftlich eingetragen. Auf der ersten Seite unten rechts hatte sie »– 2 – bw.« notiert. Die Abkürzung deutete ich als »bitte wenden«. Vermutlich wollte mir die Absenderin verdeutlichen, dass auf die erste Seite die zweite folgt und ich umblättern soll. Es könnte ja sein, dass mich das überfordert.

Zu diesen formalen Schrulligkeiten kamen inhaltliche Schrulligkeiten. Schon das Anschreiben war ein Musterbeispiel für unstrukturiertes Denken. Worum es da alles ging: Im Gehirn vieler Menschen sei etwas passiert, »was sie nicht beeinflussen konnten«

und »was das klare Denken komplett vernebelt hat«. Bei dem, was ich las, war kaum ein Gedankengang geradlinig und abgeschlossen, sodass ich einer Argumentationslinie hätte folgen können. Ständig führten mich Einschübe und Andeutungen auf Nebengleise. So schrieb mir Simone, sie wolle mir »einfach mal ein Video (aus jüngster Zeit) empfehlen, das für intelligente, noch aufnahmefähige Zeitgenossen genug aussagt – natürlich nicht über you tube. Da bekommen Sie so was nicht mehr. Die Masse muss ja ›weiterschlafen‹, bis es zum Aufwachen zu spät ist«.

Ich erkannte: Wir haben es exakt mit der »Vielschreiberei« im Sinne des Handbuchs für den Umgang mit Reichsbürgern zu tun. Und Sie merken dank Ihrer Übung mit den farbigen Markern: Die Texte sind vollgestopft mit Behauptungen zwischen den Zeilen. Statt sachlich über eine Situation zu informieren, bombardierte mich Simone mit Meinungen und Framings. Hätte ich nicht dieses Buch hier geplant, wäre der Packen sofort in der blauen Tonne gelandet. Diagnose: völlig unqualifiziert mangels Struktur.

Ich blätterte die Broschüre auf und stieß auf die Seitenüberschrift »Inhalt«. Was erwarten Sie auf dieser Seite? Genau: ein Inhaltsverzeichnis. Also eine Liste mit Kapiteln, untereinander angeordnet, mit Seitenzahlen rechts. Doch hier fand sich keine Liste mit Kapiteln. Die Seite war mit Fließtext vollgeschrieben.

Verstehen Sie, was ich meine? So etwas geschieht niemandem, der strukturiert denkt. Doch die Macher dieser Broschüre scheiterten sogar an einem Inhaltsverzeichnis. Woran das liegt? Na ja: Ich vermute, die Absender kreisen gedanklich um sich selbst und um ihre assoziativen Einfälle. Dass ihre Gedankensprünge kaum jemand nachvollziehen kann, scheinen sie nicht zu bedenken.

Wirrer Text, wirre Gedanken

Auch in den Texten war keine Struktur zu erkennen; die Seiten schrien mich förmlich mit ihren massenhaften Hervorhebungen an. Fettungen, Schreibweise in Großbuchstaben oder fett und zugleich gesperrt – als würden wir keine Sätze in normaler Darstellung verstehen.

Ein Übermaß an Hervorhebungen wie Fettungen und Kursivsetzungen wirkt auf Profis unsouverän.

Und dann las ich die Überschrift »Noch ein wichtiger Nachtrag zum Thema Klimaveränderung durch ›CO2‹« –

mit »CO2« in Anführungszeichen, als hieße CO_2 nicht CO_2. Worum ging es auf der Seite? Um CO_2? Nein, es ging vor allem um das Hochfrequenzforschungsprojekt HAARP.[114]

Unter der Überschrift »Kanarienvögel« sollte es nicht um Schildkröten gehen. Und aus dem Chaos im Text dürfen wir auf Chaos im Kopf schließen. Der Grundgedanke ist: Wer klar denkt, kommuniziert klar. Umkehrschluss: Wer unklar kommuniziert, denkt nicht klar.

Herrscht Chaos im Text, herrscht vermutlich auch Chaos im Kopf.

Und wir haben es hier nicht mit einem Sonderfall zu tun. Die Urheber solcher Texte hatten nicht ausnahmsweise einen schlechten Tag. Die ständigen Inkonsistenzen in den Behauptungen und Formulierungen sind ebenso wenig Einzelfälle wie das Chaos aus Fettungen und Unterstreichungen. All das ist das bestimmende Muster.

Wobei es nicht schwer wäre, das Thema CO_2 zu erklären. Oder HAARP. Oder irgendwelche Verschwörungstheorien. Das geht alles, wenn wir strukturiert vorgehen und nicht beliebig aus einem Gedankenbrei löffeln. Ich empfehle hierzu beispielsweise Holm Gero Hümmler, der in seinem Buch »Verschwörungsmythen. Wie wir mit verdrehten Fakten für dumm verkauft werden« nicht nur die Verschwörungserzählung übers HAARP erklärt und detailliert zerlegt, sondern auch exakt beschreibt, worin der Verschwörungsglaube der »Truther« zum 11. September 2001 besteht, wonach die USA die Anschläge verübt haben, und welche Sachlage diese Behauptung widerlegt.

Das allererste Merkmal, um Unsinn zu entlarven, sind also Strukturdefizite. Struktur und Inhalt gehören zusammen, denn nur in einer ordentlichen Struktur können wir den Gedanken anderer Menschen folgen. Wenn diese anderen Menschen aber in ständigen Verzweigungen denken und jeder Assoziation folgen, die ihnen gerade einfällt, sind auch ihre Texte nicht gerade linear nachzuvollziehen. Und es ist nicht die Aufgabe des Empfängers, die Gedanken des Senders zu ordnen, sondern das ist die Aufgabe des Senders. Sobald ein Sender weiß, wie sich seine Gedanken dem Empfänger erschließen, kann er sie Schritt für Schritt herleiten, und dann können sich andere diesen Gedanken auch öffnen.

EXKURS: Lesen Sie online eine Analyse zu Struktur und Inhalt des »Appells an die Deutschen«.

Kriterien für die Sofortbeförderung in Ablage P

Für die öffentliche Debatte sind ausschließlich qualifizierte Beiträge maßgeblich. Was muss sich in Texten finden, damit sie sofort in den Papierkorb wandern? Zum Beispiel ...

- das erwähnte unstrukturierte Chaos,
- Informationen, die relevante Kontextinformationen ignorieren,
- Verharmlosungen schwerwiegender Sachverhalte, etwa von Kriegsverbrechen,
- Relativierungen wichtiger Fakten, die zur Ablenkung dienen, beispielsweise der diffuse Verweis auf Kriegsverbrechen anderer Staaten, also der erwähnte Whataboutism,
- übertriebene Dramatisierungen unwichtiger oder falscher Informationen,
- ständige skandalisierende Anreize zur Emotionalisierung und Empörung,
- Belastungseifer, Diffamierungseifer und übertriebene Vorwürfe bei der Beschuldigung anderer,
- Kontrollverlust bei der Wortwahl und andere Hinweise auf emotionale Impulsivität, die das Nachdenken vor dem Absenden unwahrscheinlich machen,
- ständige suggestive Unterstellungen und beiläufige Andeutungen, die uns eine bestimmte Tendenz unterschieben sollen.

Wenn wir solchen Menschen nicht zuhören und ihre Texte ignorieren, so liegt das nicht daran, dass deren *Meinungen* nicht zählen würden. Es liegt daran, dass sie völlig unangemessenen Stress erzeugen und zudem dokumentieren, dass ihren Äußerungen keine rationalen Überlegungen zugrunde liegen.

Wenn Sie so etwas privat erleben, geht es vielleicht gar nicht so sehr um die behaupteten Informationen, sondern mehr um Psychologie. Empfehlen kann ich Ihnen dann das Buch »Einspruch! Verschwörungsmythen und Fake News kontern – in der Familie, im Freundeskreis und online« von Ingrid Brodnig. Ihr Tipp: »Erinnern Sie Menschen daran, wie wichtig ihnen analytisches Denken ist.«[115] Angeblich sind die Verschwörungsgläubigen ja die besser Informierten – also sollten sie ihre Gedanken auch strukturiert anbringen, damit wir ihnen folgen können.

Struktur ist unabdingbar

Strukturiertes Denken ist also unabdingbar, wenn wir an der öffentlichen Kommunikation teilhaben wollen, ob als Sender oder Empfänger. Das Wichtigste an einer Struktur ist, dass sie die einzelnen Elemente von Systemen sauber voneinander trennt und isoliert darstellt. So, wie wir die »7« als Zeichen erkennen, indem sie sich vom Hintergrund abhebt, erkennen wir einzelne Elemente beispielsweise in Argumentationen, indem sie sich von anderen Elementen abgrenzen.

Strukturiertes Denken lässt sich üben: Zerlegen Sie Überlegungen in einzelne Sinneinheiten.

Ähnlich wie bei der Übung mit den farbigen Markern geht es darum, sich vom Gedankenbrei zu lösen und alle Elemente einzeln aufzudröseln, aus denen Informationen bestehen. Manche Menschen stellen in einem Fragesatz durch Nebensatzkonstruktionen drei Fragen. Denken Sie strukturiert, lösen Sie das auf und notieren sich drei Fragen. Insgesamt lässt sich die Gedankenabfolge von strukturierten Denkern als Flussdiagramm visualisieren, wobei manche Elemente Unterpunkte haben. Dieses strukturierte Denken ist die Voraussetzung dafür, Inhalte überhaupt für die Veröffentlichung aufbereiten zu können. Wir müssen sie clustern, priorisieren und ordnen. Eine Kernfrage beim Thema Struktur ist stets: Worum geht es in diesem Punkt? Worüber sprechen wir hier?

Dank der Broschüre »Appell an die Deutschen« erfuhr ich beispielsweise, weshalb die Bundesrepublik Deutschland eine GmbH ist, wie ja viele »Reichsbürger« glauben: weil auf dem Überweisungsträger der Telekom als Zahlungsempfänger »Telekom

Deutschland GmbH« steht. »Noch nicht aufgefallen?«, schreiben die Autoren der Broschüre. »Dann achten Sie mal darauf!«

Okay? So ist die Argumentation. Schauen wir uns die Logik an: Worüber sprechen wir? Über die »Telekom Deutschland GmbH«. Gut, dann sprechen wir über ein Unternehmen und dessen Bezeichnung. Das nächste Element ist: In welchem Rahmen siedelt sich dieses Unternehmen an? Es ist als GmbH im Handelsregister der Bundesrepublik Deutschland eingetragen. Die Bundesrepublik bildet also den Rechtsrahmen für dieses Unternehmen. Dann kann ein Element folgen wie: Welche Bedeutung hat dieser Firmenname für die Bundesrepublik Deutschland, in deren Rahmen er eingetragen ist? Und wir stellen fest: keine.

Im Grunde haben wir es mit dem PLURV-Element der Faultier-Induktion zu tun: Die Sender bezeichnen irgendeine Scheinerklärung als Ursache und denken dann nicht weiter darüber nach, wie Firmierungen funktionieren. Dabei kommt kein strukturiert denkender Mensch auf die Idee, die Firmierung eines Unternehmens bedeute, dass die Bundesrepublik Deutschland eine GmbH sei. Es gibt keinen einzigen logischen Weg, auf dem die einzelnen Elemente unserer Überlegung zu einer solchen Erkenntnis führen würden.

Einzelne Sinneinheiten isoliert voneinander darzustellen zwingt uns zum strukturierten Denken. Wir gehen dabei immer Schritt für Schritt vor, statt uns zu verheddern.

Auf einen Blick

- Informationen sichern wir, indem wir seriöse Bestätigungen finden. Was unseriöse Quellen dazu sagen, ist unmaßgeblich.
- Außerdem befragen wir etablierte Experten. Die westliche Wissenschaftsgemeinde ist seriös, und für so ziemlich jede Frage gibt es Ansprechpartnerinnen und Ansprechpartner.
- Wir sollten Informationen isoliert betrachten, damit uns der Gedankenbrei nicht überfordert. Dazu können wir Informationen, Meinungen und Manipulationsversuche voneinander trennen, aber auch viele weitere Sinneinheiten.
- Um unser Urteilsvermögen zu schulen, brauchen wir Lebenserfahrung, Bildung und detektivischen Spürsinn.
- Wirre Argumentationen müssen wir nicht ernst nehmen – alles, was gesagt werden soll, lässt sich verständlich und geordnet sagen.

Auflösung Quiz 10

Welche Ansätze helfen dabei, Informationen zu verifizieren?

a. *Wenn ich im Internet Bestätigungen finde, dann wird die Information schon stimmen.* – Falsch, das genügt nicht. Zahlreiche Fake News finden sich an unterschiedlichsten Stellen, oft verweisen Zitatkartelle aus Demagogen aufeinander.

b. *Ich prüfe die Struktur und die Konsistenz des Gedankens.* – Das ist in jedem Fall sinnvoll: Sind die Gedanken nicht logisch hergeleitet und sachlich begründet, besteht der Verdacht des Geschwurbels.

c. *Ich frage Fachleute auf dem jeweiligen Gebiet.* – Auch das ist sinnvoll. Es gibt nahezu für jedes Fachgebiet Experten.

d. *Ich prüfe, ob seriöse Quellen die Vermutung stützen.* – Sinnvoll, weil seriöse Quellen Angaben in aller Regel verifizieren.

e. *Es genügt, Freunde nach ihrer Einschätzung zu fragen.* – Falsch, das genügt nicht. Erstens sind Freunde selten Fachleute. Und zweitens greift auch in Gruppen der Bestätigungsfehler, wenn der Freundeskreis beispielsweise eine bestimmte Ansicht teilt.

Seriöse Medien erkennen

Quiz 11
Was trifft zu?

a. »Alternative Medien« verbreiten Verschwörungstheorien.
b. Seriöse Medien machen keine Fehler.
c. »Mainstream-Medien« enthalten uns relevante Informationen vor.
d. »Alternative Medien« halten sich selten an journalistische Standards.
e. Fake News sind reine Irrtümer und Recherchefehler.

Auflösung am Ende des Kapitels.

Fallen Ihnen Medien ein, die Bagatellisierungen, Relativierungen und Zornesausbrüche enthalten? Also: Wo finden wir Beschimpfungen im Sinne von Rudolf Bartels? Und welche Plattformen multiplizieren die Propaganda Tucker Carlsons oder des russischen Agitators Wladimir Solowjow, den »Die Zeit« den »russischen Tucker Carlson« nennt?[116] Die allermeisten Menschen werden hier an die sogenannten »alternativen Medien« denken.

Den Begriff »alternative Medien« sollten wir uns unbedingt näher anschauen. Denn zunächst einmal sind alle neuen Plattformen, die Inhalte thematisieren und kommentieren, schlicht »Medien«. Inwiefern sind diese neuen Angebote »alternativ«?

Wenn wir den »Focus« anstelle des »Spiegels« lesen – ist dann der »Focus« ein »alternatives Medium«? Nein, das ist sicher nicht gemeint. Gemeint ist eher so etwas wie »anders als die anderen«.

Neu ist der Gedanke der »alternativen Medien« nicht. Er ist verknüpft mit dem Gedanken der Gegenöffentlichkeit, was Wikipedia als »eine Form gesellschaftlicher Aktivität« beschreibt, »die sich bewusst in den Gegensatz zur ›herrschenden‹ Öffentlichkeit stellt, um vernachlässigte oder unterdrückt erscheinende Themen, Probleme oder soziale Gruppen der allgemeinen Wahrnehmung zugänglich zu machen«.[117]

»Alternative Medien« sind kein neues Konzept. Schon in den 70er- und 80er-Jahren ging es um eine »Gegenöffentlichkeit«.

Da ich aus Schwäbisch Hall stamme, kenne ich die Publikation »alpha press«, erstmals erschienen 1970, nach Angaben des herausgebenden Club Alpha 60 e.V. eine »kritische Alternative zum ›Haller Tagblatt‹«.[118] Als ich noch in meiner Heimatstadt gelebt habe, also in den 1980er-Jahren, brachte »alpha press« eine Mischung aus Vereinsnachrichten, Veranstaltungshinweisen und Kommentaren zur Politik, Informationen zum Stadtgeschehen und zur »Dritten Welt« sowie jede Menge linke Programmatik inklusive des damals lauten Protests gegen US-Atomwaffen in Deutschland und gegen Kernkraft. Dort erschienen Texte aus linken Sichtweisen, die in herkömmlichen Regionalblättern nicht unbedingt zu finden waren. Viele in der linken Szene empfanden sich damals in den klassischen Medien unterrepräsentiert und so gründeten sie eben ihre eigenen Medien. Die gab und gibt es in Hülle und Fülle: Schauen Sie sich nur einmal den Wikipedia-Eintrag »Freies Radio« an, um zu sehen, wie viele »alternative« Radiosender es allein schon gibt.

Was sind »alternative Medien«?

Das Problem der linken Gruppen damals war: Sie waren eine Minderheit und wollten zur Mehrheit werden. Nun geben klassische Medien Minderheitspositionen tatsächlich weniger Raum als Mehrheitspositionen, denn sie richten sich ja ans breite Publikum. Und natürlich nutzen auch Verleger die erwähnte Tendenzfreiheit, um eher links oder rechts oder liberal zu schreiben.

Das überwiegend bürgerliche Publikum im Schwäbisch Hall der 1980er-Jahre war stark geprägt von Mittelstand, Landwirtschaft, CDU und FDP. Es hatte nichts gegen die in Schwäbisch Hall stationierten US-Soldaten, nichts gegen die atomare Abschreckung und auch nichts gegen Atomstrom. Sagen wir mal so: Es war ein anderes politisches Setting als etwa in Bremen.

Will eine Minderheit zur Mehrheit werden, muss sie den Diskurs bestimmen und die Themen setzen.

Dieses gesellschaftliche Klima bildet eine Lokalzeitung üblicherweise ab – in den Schwerpunkten ihrer Berichterstattung und in ihren Kommentaren. Und so bleibt die Minderheitsmeinung in der Tat oft unterrepräsentiert, jedenfalls aus Sicht der Minderheit. Die Mehrheit vermisst meist nichts.

Will nun eine Minderheit durch Einfluss auf die öffentliche Meinung zur Mehrheit werden, kommt sie deswegen auf Dauer nicht umhin, ihre eigenen Sprachrohre ins Leben zu rufen. Und das gehört zum demokratischen Prozess der Meinungs- und Willensbildung dazu. Natürlich darf eine Minderheit laut sein, auch um durch Lautstärke als relevant zu erscheinen und so zur tatsächlichen Mehrheit zu werden. Das ist alles legitim, solange sich die Beteiligten an die freiheitlich-demokratischen Prinzipien halten und keinen Umsturz der Rechtsordnung planen, siehe Art. 18 GG. Und solange sie das journalistische Handwerk beherrschen und wahrhaftig berichten, statt zu manipulieren.

Aber inwiefern sind das »Alternativen«? Für mich sind neu gegründete Medien zunächst einmal Ergänzungen, also weitere Medien. Die »Krautreporter« beispielsweise finanzieren sich zwar über Crowdfunding, aber am Ende sind sie nicht »alternativ«, sondern einfach ein weiterer Kanal. Oder ist das »Bildblog«, das über Medien berichtet, alternativ? In meinen Augen nicht, es ist einfach ein »Watchblog«, also eher ein Metamedium, aber insofern auch nichts anderes als das Medienmagazin »ZAPP« vom Norddeutschen Rundfunk. Auch der »Focus« hat sich nie als »alternatives Medium« verstanden. Er wollte einfach dem »Spiegel« mit einem konservativeren Ansatz Konkurrenz machen. Mit anderer Tendenz, aber eben nicht mit dem Anspruch, endlich die alleinige Wahrheit zu verkünden.

Bei der Einordnung des heutigen Begriffs »alternative Medien« sollten wir berücksichtigen, dass es sich um eine Selbstbezeichnung handelt. »Alternativ« meint hier »anstelle der anderen«. Und wir sollten uns die Gründungsmythen heutiger »alternativer Medien« anschauen, weil sie in aller Regel aus einer Abgrenzung bestehen.

»Für alle, die sich noch eigene Gedanken machen«, lautet der Leitspruch der »Nachdenkseiten« um den früheren SPD-Politiker Albrecht Müller. Wenn Sie dieses Buch bis hierher gelesen haben, erkennen Sie den Manipulationsversuch in der subtilen Unterstellung, »Mainstream«-Konsumenten würden sich keine eigenen Gedanken machen. Mottos wie »Wissen, was ist« (»Spiegel«) oder »Die Ursachen der Dinge verstehen« (»Der Tagesspiegel«) kommen ohne derartige suggestive Verurteilungen anderer aus. Selbst wenn die »FAZ« sagt, dahinter stecke »immer ein kluger Kopf«, behauptet die FAZ damit nicht, dass Leser anderer Zeitungen dumm wären.

Der Mythos heutiger »alternativer Medien« ist vor allem, dass sie die Wahrheiten bringen, die der »Mainstream« angeblich unterdrückt. Also sollten wir uns anschauen, welche Informationen das sein könnten und von welcher Qualität diese Informationen sind.

Was verschweigt uns der »Mainstream«?

Im konservativen Klima der 1970er- und 1980er-Jahre erachtete die linke Szene beispielsweise Umweltthemen als unterrepräsentiert, ebenso wie Proteststimmen gegen Atomraketen und Aufrüstung. Zahlreiche »Alternativmedien« wie beispielsweise »alpha press« füllten die gefühlte Lücke. So entstanden aus der Umwelt- und Anti-Atomkraft-Bewegung 1980 die Grünen, die noch lange Zeit stark mit dem Begriff »alternativ« verbunden waren – heute stellen sie Regierungsmitglieder und gehören aus Sicht heutiger »Alternativmedien« zum »Mainstream«.

Und genau diese Entwicklung, dass sich linke und grüne Ideen etabliert haben (»linksgrün«), schmeckt den Machern heutiger »alternativer Medien« gar nicht. Sie wünschen sich den alten Konservatismus zurück oder haben politische Vorstellungen weiter rechts davon.

Allerdings wäre es zu einfach zu sagen, die Akteure hinter den heutigen »alternativen Medien« wollten lediglich zurück zum »Mainstream« der 1980er-Jahre. Damals stand die Mehrheit im Westen für die NATO. Heutige »alternative Medien« lassen interessanterweise kein gutes Haar an der NATO. Sie vertreten eher russische Positionen, die sich gegen den Westen richten, während der »Mainstream« heute vor allem den russischen Angriffskrieg in der Ukraine als völkerrechtswidrig erkennt, was auch dem völkerrechtlichen »Mainstream« entspricht.

Allerdings begegnen uns auch in den »Mainstream-Medien« Forderungen, die Ukraine in ihrem Abwehrkampf gegen Russland sich selbst zu überlassen – denken wir an die Auftritte der Frauenrechtlerin Alice Schwarzer und der früheren Linke-Politikerin und heutigen BSW-Chefin Sahra Wagenknecht in öffentlich-rechtlichen

Formaten.[119] Es ist also keineswegs so, dass im »Mainstream« ausschließlich prowestlich argumentiert würde.

Auch andere typische Positionen der »alternativen Medien« finden sich im politischen und medialen Establishment: Für die Rückkehr zur Atomkraft machen sich die Unionsparteien und die FDP stark, die auch für eine Verkleinerung und Verschlankung des öffentlich-rechtlichen Rundfunks eintreten.[120] In den »Mainstream-Medien« wird darüber berichtet.[121]

Die heutigen »alternativen Medien« wollen öffentlich-rechtliche Formate wie die »Tagesschau« übrigens nicht ergänzen, sondern loswerden, beispielsweise mithilfe des ständigen Schimpfens über den Rundfunkbeitrag mit dem Framingbegriff »Zwangsgebühren« – für seriöse Journalisten wegen der suggestiven Herabwürdigung ein sofortiges Indiz für Geschwurbel. Der Rundfunkbeitrag ist demokratisch legitimiert und durch das Bundesverfassungsgericht mehrmals bestätigt, was die Macher der »alternativen Medien« nicht respektieren.

Dass die »Mainstream-Presse« keine Stimmen zu Wort kommen lässt, die sich gegen Waffenlieferungen an die Ukraine aussprechen, ist eine Lüge.

Ebenso finden sich im »Mainstream« Forderungen nach einer rigideren Asyl- und Einwanderungspolitik, politisch etwa vonseiten der Unionsparteien oder medial in »Bild«, »Bild am Sonntag« und »Bild online«, die auch das Thema »Ausländerkriminalität« groß spielen.[122] Aus zahlreichen Parteien kommt Kritik an der Ökobilanz von Elektroautos inklusive Forderungen, den gesamten Lebenszyklus der Fahrzeuge zu betrachten und nicht nur den Weg der Energie vom Tank zum Antrieb.[123] Es stimmt also nicht, dass der »Mainstream« diese Themen verschweigt. Das zu behaupten ist eine Lüge.

Was der »Mainstream« aus guten Gründen nicht bringt

Wenn nun der Gründungsmythos eines »alternativen Mediums« darin besteht, »unterdrückte Wahrheiten« zu publizieren, obwohl zahlreiche Positionen der »alternativen Medien« auch im »Mainstream« zu finden sind – welche unterdrückten »Wahrheiten« bleiben dann noch?

Dazu sollten wir schauen, welche Themen bei den »alternativen Medien« laufen, im »Mainstream« aber nicht. Meiner Beobachtung nach sind das Themen folgender Qualität:

- Ein gängiges Motiv ist es, dass Impfstoffe angeblich Langzeitfolgen haben – natürlich verbreitet der »Mainstream« diese Behauptung nicht, weil sie nicht stimmt. Zugleich finden die Klagen von Menschen mit kurzfristigen Nebenwirkungen öffentlich Raum.[124]
- Immer wieder stoßen wir auf das Narrativ, die Impfgegner von heute seien ähnlich verfolgt wie die Juden im »Dritten Reich«. Die Justiz wertet solche Äußerungen immer wieder als Bagatellisierung des Holocausts wie in dem Fall des Postings »Impfen macht frei«.[125] Seriöse Medien bringen solche Behauptungen sicher nicht – sie sind nicht nur justiziabel, sondern auch völlig überzogen und unverhältnismäßig in der Beurteilung.
- Unter der Überschrift »Das größte Verbrechen in der Medizingeschichte« thematisiert das »alternative Medium« AUF1 nicht etwa die Menschenversuche der Nazis, sondern die angeblich enormen Impfschäden infolge der COVID-19-Impfungen.[126] Verbreiter des Narrativs ist der Verein »Mediziner und Wissenschaftler für Gesundheit, Freiheit und Demokratie e.V.« (MWGFD), dessen Vorsitzender Sucharit Bhakdi wegen seiner Bemerkung bekannt ist, »die Juden» hätten »das Erzböse von den Nazis gelernt«.[127] Mit derart geschmacklosem Gerede und mit Relativierungen der Nazi-Verbrechen katapultieren sich zahlreiche Akteure aus dem seriösen Diskurs. Selbstverständlich bringt der »Mainstream« diese unzutreffenden Einordnungen nicht, die letztlich nur wissenschaftlichen und historischen Unverstand dokumentieren sowie einen Mangel an Kultiviertheit.
- Auch lesen und hören wir in »alternativen Medien« immer wieder, wie diktatorisch »das System« Andersdenkende wegen ihrer Meinungen unterdrückt. Der »Mainstream« betrachtet derartige Behauptungen als Unsinn: Die Verurteilungen von Anhängern der Coronaleugnerszene beispielsweise gehen ausnahmslos auf Straftaten zurück wie etwa die Ausstellung falscher Atteste.[128]
- Ebenso leugnen die »alternativen Medien« gerne den menschengemachten Klimawandel. Seriöse Medien halten sich nun einmal an den wissenschaftlichen Forschungsstand, und danach geht der Klimawandel weitgehend auf den Menschen zurück.[129] Infolgedessen finden die Lügen der Klimawandelleugner im »Mainstream« keinen Platz.

- Zudem begegnen uns zahlreiche Vermutungen, Andeutungen und Halbwahrheiten, die deswegen ebenfalls nicht im »Mainstream« publiziert werden, beispielsweise zum Anschlag aufs World Trade Center am 11. September 2001, den angeblich die USA verübt haben, oder Weltuntergangslegenden mit dem Ziel, dass leichtgläubige Menschen sich verunsichern lassen und im Prepper-Handel einkaufen.

Worin sich die »alternativen Medien« von den »Mainstream-Medien« unterscheiden, sind also keine verschwiegenen relevanten und zutreffenden Informationen. Es sind vor allem ihre falschen, undurchdachten, unangemessenen und autodidaktisch zusammengereimten Pseudoweisheiten. Viele davon sind rechtlich fragwürdig. Die allermeisten beruhen auf falschen Schlüssen, Fehlinterpretationen oder übertriebenen und schiefen Einordnungen. Wir stoßen auf zahlreiche unbelegte und zugleich unprüfbare Behauptungen nach dem Modell von Russells Teekanne, gepaart mit radikalisierten und gegen die westlichen Demokratien eingestellten Provokationen. Insgesamt erleben wir bei den meisten heutigen »alternativen Medien« ein Dauerfeuer von manipulativen Framings und Schmähungen der demokratischen Prozesse.

Weshalb auch sollten seriöse Medien relevante und sauber recherchierte Informationen oder fundierte Kommentare verschweigen? Wir haben eine Marktwirtschaft, die Akteure stehen im Wettbewerb zueinander. Die von vielen Gegnern der demokratischen Prozesse unterstellte »Gleichschaltung« gibt es im Westen schon systemisch nicht, sie ist eher ein Merkmal von Diktaturen. Informationen finden im »Mainstream« einzig dann nicht statt, wenn sie nicht erwiesen oder auch irrelevant sind. Geraune ist nicht qualifiziert und widerspricht jedem journalistischen Handwerk.

Es lohnt sich, sich die »alternativen Medien« dahingehend einmal intensiv anzuschauen. Achten Sie bei Ihrem Ausflug in dieses Paralleluniversum bitte darauf, wer auf wen verweist und dass Sie statt irgendwelcher Beweise für die vielen kruden Thesen stets nur weitere Behauptungen finden – oder auch auf Verwirrungstechniken stoßen, weil alles einfach viel zu unübersichtlich ist. Das Zitatkartell, in dem sich die einschlägigen Medien gegenseitig nennen, berührt am Ende den gesamten Themenmix, von Umsturzfantasien bis hin zu der Behauptung, die Erde sei eine Scheibe. Wenn es heute Plattformen für Aberglaube und Verschwörungstheorien gibt, dann sind es die »alternativen Medien«, und mit Sicherheit begegnet Ihnen dort auch Obskures und Esoterisches, also wissenschaftsfeindliches Gedankengut.

Und ich darf etwas prophezeien: Früher oder später stoßen Sie auf Reichsbürger-Inhalte, Revanchismus, Verharmlosungen des Nationalsozialismus, antidemokratische Bestrebungen, Behauptungen über eine große Verschwörung Mächtiger gegen das Volk sowie antisemitische Codes wie »die Eliten« oder »die Rothschilds«. Und Sie werden das erwähnte alte rechtsextreme Narrativ der »Umvolkung« finden. Wollen wir wetten? Es ist ein Muster, und es dokumentiert die Gedankenwelt der Macher ähnlich wie bei der Reichsbürgerschrift »Appell an die Deutschen«. Am Ende sollen Sie sich gegen die freiheitlich-demokratische Grundordnung erheben. Das ist die Intention.

Bitte seien Sie sich beim Durchklicken der Suchtgefahr dieses Verschwörungssumpfes bewusst: Zahlreiche Menschen sicherlich auch in Ihrem Umfeld hat dieser perfekt vernetzte Unsinn schon so stark infiziert, dass uns niemand sagen kann, wie sich diese Menschen jemals wieder deradikalisieren könnten. Für die meisten Vertreter des »Mainstreams« dürften sie als verloren gelten.

Arbeitet ein »alternatives« Medium seriös, ist es nicht mehr »alternativ«

Bei genauem Hinsehen zeigt sich: Die klassischen Medien »verschweigen« nur das Geschwurbel der »alternativen Medien«.

Also: Ich schätze, die »Mainstream«-Presse verschweigt uns wenig Relevantes. Die etablierten Medien prüfen Behauptungen nach journalistischen Maßstäben und erkennen die meisten Veröffentlichungen »alternativer Medien« als Unsinn. Wir könnten auch sagen: Die »alternativen Medien« arbeiten nicht nach journalistischen Maßstäben, sonst wären die Inhalte qualifizierter.

Und jetzt lassen Sie mich mal eine Überlegung skizzieren. Denken Sie noch mal an die »Schulmedizin« und die »Alternativmedizin«. Wir hatten gesagt: Gelingt der Wirksamkeitsnachweis eines alternativmedizinischen Präparats, gehört es von diesem Augenblick an zur »Schulmedizin« und ist nicht mehr alternativ. Denn es stellt keine Alternative zur herkömmlichen Medizin mehr dar, deren Wesensmerkmal die Wirksamkeitsnachweise sind.

Genauso ist es bei »Medien« und »alternativen Medien«. Deutlicher würde es, wenn wir nicht von »alternativen Medien« sprächen, sondern von »Alternativjournalismus«. So würde sofort klar: Der Begriff ist Unsinn, denn es gibt keinen alternativen Journalismus. Entweder wir halten uns an die journalistischen Standards und publizieren gesicherte Erkenntnisse, wissenschaftlich zulässige Folgerungen und rechtlich zulässige und nachvollziehbare Meinungen, oder es ist schlicht kein Journalismus, was wir treiben.

Sehen Sie, was ich meine? Ein Geistheiler ist kein Arzt. Er gehört nicht zur »Medizin«. Weil das ein Makel ist, nutzen Quacksalber und Scharlatane den Begriff »Schulmedizin«, um damit die evidenzbasierte Medizin abzuwerten und daneben eine »alternative Medizin« zu etablieren. Doch sobald ein Geistheiler Medizin studiert, sich als Arzt approbieren lässt und sich bei seiner Arbeit an die wissenschaftlichen Methoden hält, gehört er zum »Mainstream«. Er ist dann nicht mehr »alternativ«.

Und wer sich autodidaktisch etwas zusammengereimt und bis gestern alle journalistischen Methoden mit Füßen getreten hat und sich ab heute aufs journalistische Handwerk besinnt und sich daran hält, ist plötzlich ein ganz normaler Journalist, nur eben mit unrühmlicher Vergangenheit. Ein Medium ist von dem Augenblick an nicht mehr »alternativ«, in dem es nach Maßstäben des westlich-aufgeklärten Denkens berichtet und sich ans journalistische Handwerk hält, vor allem an das Gebot der Wahrhaftigkeit. Wer journalistisch arbeitet und das Handwerk der öffentlichen Kommunikation beherzigt, ist keine »Alternative« zum Medienbetrieb, sondern Teil davon. Mit welcher politischen Tendenz auch immer.

Was ist Populismus?

Der Sinn der »alternativen Medien«, wie wir sie heute verstehen, ist also die Desinformation. Die Inhalte: Antiamerikanismus, Revisionismus, die USA und vor allem deren demokratische Partei seien des Teufels, westliche Regierungen dekadent, der Westen an sich sei eine Diktatur. Die Rhetorik: Andeutungen, Halbwahrheiten, Fake News, Reframings, Beleidigungen, Übereifer, extreme Emotionalisierung, Empörung, Schaum vor dem Mund. »Alternative Medien« nutzen den erwähnten Wahrheitsrelativismus sowie die Abwesenheit von Informationskompetenz und von Ambiguitätstoleranz, um diesen Eindruck der Hölle in den westlichen Demokratien zu vermitteln. Sie halten sich an Rudolf Bartels und an Steve Bannon.

Feind ist der »Mainstream«. Der besteht im Grunde aus der Gesamtheit aller demokratischen Akteure, angefangen bei CDU/CSU, SPD, FDP und Grünen über sämtliche Ministerien und Regierungsbehörden in EU, Bund, Ländern und Gemeinden, den öffentlich-rechtlichen Rundfunk, die klassischen privaten Medien und sämtliche etablierten Forschungsinstitute mit ihrer »Schulmedizin« und der »korrupten Wissenschaft« und der »bösen Pharmaindustrie« bis hin zu den verhassten Nichtregierungsorganisationen, die sich beispielsweise für Menschenrechte einsetzen. Sämtliche internationalen Organisationen, die auf westlichen Werten beruhen, sind der Feind: NATO, EU, WHO, UNO. Alles, was westliche Politiker tun, wird skandalisiert. Am Ende ist der Feind das aufgeklärte westliche Denken, bei dem wir sachlich und mit Belegen arbeiten und einander würdigen, statt uns zu beschimpfen.

Ich denke, wir sollten die Bezeichnung »alternative Medien« ebenso grundlegend überdenken wie den Begriff der »Alternativmedizin«. Wie auch immer wir es drehen: Am Ende ist der entscheidende Unterschied das Manipulative. Findet Manipulation als öffentliche Kommunikation statt, sprechen wir von »populistisch«: »Populistisch« bedeutet nicht wie »populär«, im Sinne des Volkes zu handeln, sondern es bedeutet, die Affekte und insgesamt die emotionale Steuerung der Menschen dazu zu missbrauchen, Empörung auf der Basis unwahrer Behauptungen zu erzeugen und die Manipulationsopfer in ihren Vorurteilen und überwertigen Ideen zu bestätigen.

Wie wir die Seriosität von Medien prüfen

Ohne publizistisches Hintergrundwissen ist es nicht leicht, die Seriosität von Medien zu prüfen. In jedem Fall brauchen wir dazu mehr als nur das Gefühl, ob uns etwas plausibel erscheint oder wir es uns vorstellen können. Denn oftmals sind Fake News wirklich gut getarnt. Wer nur noch »alternative Medien« konsumiert, dürfte kaum noch argwöhnisch auf absurde Informationen reagieren, da ja bereits die gesamte Wahrnehmung aus absurden Informationen besteht.

»Covid-Impfung nicht mehr empfohlen: Schweizer Ärzte haften für Nebenwirkungen«, schrieb exxpress.at im April 2023[130] – typische Fake News, die ohne Hintergrundwissen kaum als Lüge erkennbar sind. Tatsächlich empfahl das Schweizerische Bundesamt für Gesundheit (BAG) Impfungen für Frühling und Sommer 2023 nur noch Personen mit Risikofaktoren – oder »wenn die behandelnde Ärztin oder der behandelnde Arzt diese im Individualfall als medizinisch notwendig erachten und wenn dadurch ein vorübergehend erhöhter Schutz vor schwerer Erkrankung zu erwarten ist«[131].

Was das »alternative Medium« exxpress.at seinen Lesern verschweigt, ist die Begründung des BAG: »Für Personen ohne Risikofaktoren besteht kaum noch ein Risiko, schwer zu erkranken. BAG und EKIF sprechen deshalb für diese Personen im Frühling und Sommer 2023 keine Impfempfehlung aus.« Die Impfung wurde also nicht deswegen nicht mehr empfohlen, weil sie sich als schädlich erwiesen hätte, sondern weil sie nicht mehr notwendig war.

Es ist selten der »Mainstream«, der relevante Informationen verschweigt. Dieses Merkmal könnten eher die »alternativen Medien« für sich reklamieren.

Übrigens war exxpress.at hier Teil einer konzertierten Fake-News-Aktion, die beispielsweise die Landesärztekammer Hessen zu einer Richtigstellung motivierte: »Die Behauptung, dass Ärzte persönlich für Impfschäden haftbar gemacht werden können, ist erweislich unwahr.«[132] So hatte laut Hessischer Landesärztekammer unter anderem der erwähnte MWGFD e.V. von Sucharit Bhakdi vorgebliche »Haftungsbescheide« an Ärzte verschickt – Fantasiedokumente, wie wir sie aus der Reichsbürgerszene kennen. Die Macher von »exxpress.at« verdrehen hier also eine Information einer Behörde und gehen insofern manipulativ gegenüber ihren Lesern vor.

Wie entlarven wir Fake News, ohne selbst zu recherchieren und damit die Arbeit einer Redaktion zu erledigen? Zahlreichen Menschen genügen Überschriften, um sich für informiert zu halten – sie lesen oft nicht die Texte und stoßen dort logischerweise auch nicht auf Widersprüche. Schon hier sollten wir ansetzen und einfach nicht sofort glauben, was in einer Überschrift steht.

Inhaltlich können wir nicht alles prüfen, aber wir können uns einen Eindruck verschaffen. Vor allem bleiben uns Stil und Machart und die Rhetorik, mit der uns jemand Informationen als Wahrheiten verkaufen will. Lassen Sie mich darum ein paar Anhaltspunkte in den Raum stellen, die bitte nicht als erschöpfend gelten sollen:

- Arbeitet das Medium transparent oder konspirativ? Steht laut Impressum ein seriöses Unternehmen dahinter? Ist eine natürliche Person als presserechtlich verantwortlich genannt? Sind Anwaltsschreiben zustellbar und Forderungen vollstreckbar? Wenn nicht, zieht sich da jemand aus der Affäre. Der erste Schritt bei einem unbekannten Medium sollte daher die Suche nach dem Impressum sein. Ist keines vorhanden, können wir das Medium im Grunde schon abhaken.
- Hat ein Medium in der etablierten Politik, Wissenschafts- und Medienwelt einen guten Ruf oder gilt es als dubios oder gar als unseriös? Hier zählt die Stimme der seriösen Vertreter der Gesellschaft, also des »Mainstreams«. Es zählt nicht, was Leute sagen, die sich etwas zusammenreimen und sich ihre Meinungen anhand von Denkfehlern bilden. Auch was Gegner der Wissenschaft oder der Rechtsordnung sagen, ist dabei unmaßgeblich.
- Sind die Themen so oder so ähnlich auch in »Mainstream«-Medien präsent? Wenn nicht, ist die Wahrscheinlichkeit hoch, dass wir es mit Desinformation zu tun haben – wobei die Urheber der Desinformation uns weismachen wollen, ihre Meinung werde unterdrückt.
- Sind die Äußerungen in dem Medium nachvollziehbar oder stehen sie als unbelegte Behauptungen im Raum? Führen uns weiterführende Links zu angeblichen Quellen letztlich zu irgendeiner Form von Verwirrung? Dann ist es unwahrscheinlich, dass die Äußerung Hand und Fuß hat.

- Trennt ein Medium sauber zwischen Fakten und Meinungen oder tarnt es immer wieder Falschbehauptungen als Meinungen? Gibt es also Tatsachenbehauptungen als Meinungen aus (»Meiner Meinung nach waren es die Amerikaner«)? Dann versteht der Sender nicht, was eine gesicherte Erkenntnis ist, oder er will uns Lügen unterschieben, die wir als Ansichtssache gelten lassen sollen.
- Sind die Beiträge konsistent und mit redaktioneller Distanz geschrieben oder voller Emotionalität wie ein Flugblatt? Beschreiben die Texte Zustände sachlich oder überdramatisiert? Finden Sie Indizien für schnelle und heftige Empörung? Verliert da jemand seine Impulskontrolle und zieht vom Leder? Stoßen Sie in dem jeweiligen Medium immer wieder auf einen skandalisierenden Stil? Seriöse Publikationen reden sich nicht in Rage.
- Sind Struktur und Argumentationslinien sauber? Oder wirkt ein Text aus verschiedenen Themen zusammengeworfen und verschiedenste Dinge beziehen sich aufeinander wie beim »Appell an die Deutschen«, möglicherweise mit der Ausrede, alles hänge mit allem zusammen? Dann ist Vorsicht geboten: Professionelle Medien behandeln Themen differenziert.
- Ist die Sprache angemessen oder versteigen sich die Autoren schon in der Schreibweise in wirren Assoziationen und abseitigen Andeutungen (»ReGIERung«)? Erleben wir eine Flut von Ausrufezeichen und Hervorhebungen? Dann handelt es sich kaum um eine seriöse Veröffentlichung, denn seriöse Medien überzeugen mit Argumenten, nicht mit Panik.
- Stoßen Sie auf Schwarz-Weiß-Denken und Feindbilder, ohne dazu fundierte Begründungen zu lesen? Finden Sie entsprechende PLURV-Elemente wie Auslassungen relevanter Einwände oder mutwillige Fehlinterpretationen von Informationen? Oder bemüht ein Medium die Faultier-Induktion und begnügt sich mit den erstbesten Erklärungen für die Dinge? Dann haben Sie es mit sehr hoher Wahrscheinlichkeit mit einem Desinformationsmedium zu tun.
- Ordnet ein Medium Informationen zutreffend ein oder betreibt es immer wieder unzutreffende Reframings, etwa indem es eine Sachlage skandalisiert, obwohl die Sachlage das nicht hergibt? Auch das ist ein Alarmzeichen.

Bei allen diesen Fragen zählt wie so oft das Überwiegende, nicht die Perfektion. Mir ist klar, dass auch manche etablierten Medien gerne skandalisieren – aber je mehr der genannten Indizien zusammentreffen, desto mehr Misstrauen ist eben angebracht.

Auf einen Blick

- Seriöse Medien halten sich an das, was journalistisches Handwerk ausmacht, unseriöse nicht.
- Der Begriff der »alternativen Medien« bezeichnet heute keine wohlwollende ergänzende Berichterstattung, sondern Kanäle, die das wissenschaftlich-publizistische Establishment bekämpfen und mit ihm das westliche Denken und am Ende die freiheitlich-demokratische Grundordnung.
- »Alternative Medien« sind Hauptakteure bei der Verbreitung von Fake News, Verschwörungstheorien und Schmähungen. Sie tragen massiv dazu bei, die westlichen Gesellschaften zu destabilisieren.
- Arbeitet ein »alternatives Medium« nach den Maßstäben des journalistischen Handwerks und unterlässt Falschbehauptungen, Desinformation und Beschimpfungen nach Rudolf Bartels, ist es nicht mehr »alternativ«, sondern Teil des Medienbetriebes und damit Wettbewerber.

Auflösung Quiz 11
Was trifft zu?

a. ***»Alternative Medien« verbreiten Verschwörungstheorien.* – Das trifft zu. Die Behauptungen in zahlreichen »alternativen Medien« basieren auf Andeutungen und unbelegten sowie unprüfbaren Behauptungen.**
b. *Seriöse Medien machen keine Fehler.* – Falsch. Auch seriöse Medien machen Fehler. Allerdings ist in ihrer Arbeit die Manipulation nicht als Prinzip angelegt.
c. *»Mainstream-Medien« enthalten uns relevante Informationen vor.* – Falsch. Tatsächlich steht die Presselandschaft in einer freiheitlichen Demokratie im Wettbewerb und kämpft stündlich darum, die wertvollsten relevanten und verifizierten neuen Informationen bereitzustellen. Was »Mainstream-Medien« im Prinzip nicht bringen, sind unqualifizierte Beiträge und Falschinformationen, selbst wenn auch sie Fehler machen.
d. ***»Alternative Medien« halten sich selten an journalistische Standards.* – Auch das stimmt großteils. Würden sich »alternative Medien« an journalistische Standards wie etwa das Wahrhaftigkeitsgebot halten, hätten sie keinen Grund mehr, sich als Alternative zur herkömmlichen Medienlandschaft zu inszenieren.**
e. *Fake News sind reine Irrtümer und Recherchefehler.* – Das ist unzutreffend: Fake News sind beabsichtigte Versuche, die öffentliche Meinung zu manipulieren, meist in die Richtung einer Ablehnung der freiheitlich-demokratischen Grundordnung.

Fundierte Meinungen entwickeln

Quiz 12
Was brauchen wir, um uns eine fundierte Meinung zu bilden?

a. Wir brauchen einen Hochschulabschluss. Wer studiert hat, denkt zwangsläufig exakt.
b. Wir brauchen ein sicheres Urteilsvermögen und möglichst viel solide Lebenserfahrung und gesichertes Wissen über die Zusammenhänge in der Welt.
c. Wir brauchen klassische Bildung und Kenntnis über die wichtigsten Philosophen von der Antike bis heute.
d. Wir brauchen die Fähigkeit, unsere Gedanken einzuordnen und aus der Metaperspektive zu erkennen, ob wir logisch oder unlogisch denken.
e. Wir brauchen möglichst viel Berufserfahrung in möglichst nur einem Fachgebiet.

Auflösung am Ende des Kapitels.

Wenn Sie sich eine fundierte Meinung bilden wollen, können Sie ziemlich systematisch vorgehen. Wenn ich in meinen Seminaren über empfängerorientierte Kommunikation spreche, geht es vor allem darum, was eine bestimmte Sache für unsere Empfänger bedeutet. Die Sache und ihre Bedeutung sind verschiedene Dinge. Und für mich führt der systematische Weg zu einer fundierten Meinung über diese Bedeutung.

Natürlich können Sie sich Ihre Meinungen auch anhand von Bauchentscheidungen bilden: intuitiv und möglicherweise auch impulsiv, wobei eine spontane Reaktion wie gesagt nicht unbedingt etwas mit Intuition zu tun haben muss.

Auch eine fundierte Meinung bilden wir uns mit einer Ist-Analyse zu Beginn unserer Überlegungen.

Der Weg zu einer sinnvollen Meinung ähnelt dem Weg zu einer sinnvollen Entscheidung. Bei Letzterem steht am Anfang die Ist-Analyse, also die Feststellung des Status quo. Dann setzen wir uns ein Ziel, definieren also, was wir mit unserer Entscheidung erreichen wollen. Im nächsten Schritt prüfen wir, welche Möglichkeiten sich bieten. Dann bewerten wir die Möglichkeiten und wählen die für uns beste aus.

Wenn wir diesen Weg auf die Meinungsbildung übertragen und ein wenig adaptieren anhand der Bedeutung der Sachlage, könnte sich folgendes Schema herausbilden:

- **Feststellung der Sachlage**. Wie ist die Situation? Hier klären wir, dass uns alle relevanten Informationen vorliegen, um darüber kompetent sprechen zu können. Wichtig ist dabei, dass wir auch andere fragen, ob wir entscheidende Aspekte übersehen haben. Natürlich sollten wir Menschen fragen, die sich in dem Thema auskennen. Am Ende dieses Schrittes ist die Sachlage geklärt, so gut es geht.
- **Analyse der Sachlage**. Liegen uns alle relevanten Informationen vor, die wir bekommen können? Ist die Sachlage stimmig? Finden sich Widersprüche? Und haben wir die Sachlage treffend gegenüber allem abgegrenzt, was off topic ist? Worum geht es genau und worum geht es nicht? Wenn es um Äpfel geht, halten wir die Birnen draußen?
- **Besinnung auf unser Wertesystem**. Was ist uns bei der Sachlage wichtig? Wir überlegen, nach welchen Werten, die uns etwas bedeuten, wir uns unsere Meinung bilden. Lassen wir uns von Vorurteilen leiten oder von einer überwertigen Idee? Wie können wir derartige Einflüsse möglichst abstellen?
- **Einschätzung der Sachlage**. Wie bewerten wir die Situation bei einem nüchternen Blick? Sind wir uns einer denkbaren Prägung durch eine Prämisse bewusst und ist sie gewollt? Welche Implikationen, also notwendigen Folgerungen, leiten wir aus der Sachlage ab? Welche Bedeutung hat die Sachlage für uns und für andere?
- **Prüfung der Einschätzung**. Haben wir unsere Prioritäten richtig gesetzt, also bewerten wir Relevantes höher als Irrelevantes? Haben wir uns möglicherweise doch von einer Prämisse leiten lassen, die unseren Blick auf die Realität trübt? Inwieweit stimmt unsere Einschätzung mit unseren Werten überein?

- **Nötigenfalls Korrektur der Einschätzung.** Welche Haltung vertreten wir nach dieser Prüfung? Bleiben wir bei unserer Einschätzung oder korrigieren wir sie?
- **Externe Prüfung.** Wie reagieren andere, denen wir unsere Meinung vermitteln? Stimmen sie uns zu? Widersprechen sie uns? Erfahren wir Argumente gegen unsere Meinung? Inwiefern berücksichtigen wir diese Argumente?
- **Nötigenfalls Korrektur der Einschätzung.** Welche Haltung vertreten wir jetzt?

Wenn Sie diese Reihenfolge beachten, werden Sie Ihre Meinungen stets begründen können. Sie haben sich reiflich Gedanken gemacht. Damit unterscheiden Sie sich ganz gewiss von den allermeisten Menschen auf dieser Erde.

Und Sie sehen an dieser Struktur, dass fundierte Meinungen stets das Ergebnis von Überlegungen sind. Selten sind fundierte Meinungen das Ergebnis einer rein emotionalen Auseinandersetzung, auch wenn das Emotionale hier beim Thema »Wertesystem« eingebunden ist. Wenn wir uns unserer Werte bewusst sind und danach handeln, dürften wir mit unseren Meinungen und Entscheidungen kein emotionales Problem bekommen. Und das ist von der Qualität her meilenweit stärker als eine rein emotionale Übersprungshandlung.

Wann ändern wir unsere Meinung?

Wenn Sie auf diesem Weg zu einer Meinung kommen, werden Sie vermutlich auch feststellen, dass es gar nicht schwer ist. Denn die Schritte führen ja genau zu dieser Meinung. Andere Menschen kommen vielleicht zu einem anderen Ergebnis, aber die haben ja vielleicht auch ein anderes Werteverständnis oder bewerten die Sachlage anders.

Unterschiedliche Menschen kommen also anhand derselben Informationen über dieselbe Sachlage auf unterschiedliche Meinungen zu dieser Sachlage. Und das hängt davon ab, was uns individuell wichtig ist, also nach welchen Maßstäben wir entscheiden, was wir richtig und was wir falsch finden.

Damit wird deutlich, wann wir unsere Meinung ändern: wenn sich die Sachlage ändert, unsere Einschätzung der Sachlage oder unsere Bewertungskriterien:

- Eine Zeit lang hielt ich einen bestimmten Hersteller externer Festplatten für den besten. Doch ab einer bestimmten Produktgeneration gaben im Laufe weniger Wochen drei neue Festplatten ihren Geist auf. Laut Recherche hatte der Hersteller Hardwareprobleme mit Lötstellen und speiste Nutzer mit nutzlosen Software-Updates ab. Meine früher hohe Meinung von diesem Unternehmen ist in den Keller gerauscht. Warum? Weil sich die Sachlage geändert hat.
- Immer wieder ändere ich meine Meinung zu der Frage, ob das Auto oder die Bahn das bessere Verkehrsmittel ist. Fahre ich gerade wieder Auto, genieße ich erst eine Weile die Flexibilität, doch irgendwann nervt es mich, dass ich nicht am Tisch sitzen und arbeiten kann. Steige ich dann auf die Bahn um, genieße ich erst die Arbeitsmöglichkeiten, bis mir die fehlende Flexibilität auf den Geist geht. Dann ist meiner Meinung nach wieder das Auto das bessere Verkehrsmittel. Was ändert sich jeweils? Meine Einschätzung der Sachlage.
- Mit Mitte 30 war für mich das Großstadtleben das Ein und Alles. Fürs Landleben hatte ich nichts übrig. Trotzdem bin ich nach einigen Jahren von Berlin in eine einsame Wassermühle in Brandenburg gezogen. Warum? Weil sich mein Wertesystem geändert hatte. Mir war nicht mehr Trubel wichtig, sondern Stille.

In keinem dieser Fälle habe ich meine Meinung geändert, weil ich mal eine andere Meinung vertreten wollte. Immer hat sich ein Parameter geändert, aus dem am Ende eine andere Meinung resultierte. Und wenn uns etwas nicht egal ist, bilden wir uns in aller Regel auch rasch eine Meinung.

Wir bilden uns nicht einfach so eine Meinung. Eine Meinung folgt aus bestimmten Parametern, darunter unseren Wertvorstellungen.

Und das ist es, was wir verstehen sollten: Wenn sich Meinungen ändern sollen, geht es um die Parameter, die zu dieser Meinung führen – nicht um die Meinung selbst.

»Cessante causa cessat effectus«, sagen Lateiner: Verschwindet die Ursache, verschwindet auch die Wirkung.

Meinungen bilden sich, weil unsere Gedanken darauf hinauslaufen. Ändern sich unsere Gedanken, laufen sie möglicherweise auf andere Meinungen hinaus – indem wir beispielsweise die Sachlage anders beurteilen oder Aspekte ergänzen. Genau deswegen unterschlagen Demagogen bei ihrer Desinformationen ja auch so viele relevante Informationen und lügen, dass sich die Balken biegen.

Was ich übrigens kurios finde: Wir halten unsere Meinungen für »richtig«, obwohl wir einfach nur anhand einer wahrgenommenen Sachlage und unserer Wertvorstellungen zu einer bestimmten Meinung finden. Um uns herum bilden sich Menschen völlig andere Meinungen und halten diese jeweils für »richtig«. Ändert jemand seine Meinungist dann eben die neue Meinung »richtig« und die alte »falsch«. Im Grunde ist diese Rigorosität merkwürdig.

Was, wenn die Wahrheit rein subjektiv ist?

Vielleicht ist nun deutlich geworden, warum der Wahrheitsrelativismus nicht zu einer fundierten Meinung führt. Wenn Informationen die Basis von Meinungen sind: Wie sollen wir uns solide Meinungen bilden, wenn wir die Realität nicht respektieren? »Wer nichts weiß, muss alles glauben«, sagte einst Marie von Ebner-Eschenbach (1830–1916). Das sind keine idealen Voraussetzungen für eine kluge Meinungsbildung.

Je besser wir analytisch denken können, desto fundierter sind unsere Meinungen.

Forscher von der Universität in Linköping (Schweden) haben im September und Oktober 2021 dazu geforscht, ob Menschen empfänglicher dafür sind, falschen Informationen zu glauben, wenn für sie die Wahrheit von kulturellen, subjektiven oder anderen Perspektiven abhängt. Und siehe da: Tatsächlich erscheint Unsinn glaubwürdiger, wenn jemand die Wahrheit als subjektiv ansieht.[133]

Zugrunde lag eine Online-Umfrage, bei der die Befragten bestimmte Äußerungen als zutreffend oder unzutreffend bewerten sollten. Aus den Antworten ergab sich, ob für sie die Wahrheit eine subjektive Sache ist. Darüber hinaus durften die Befragten »vier pseudotiefsinnige Nonsenssätze (z.B. ›Der verborgene Sinn verwandelt die abstrakte Schönheit‹) und vier wirklich tiefsinnige Aphorismen (z.B. ›Ein Fluss durchschneidet einen Felsen nicht wegen seiner Kraft, sondern wegen seiner Beharrlichkeit‹)« als sinnvoll oder unsinnig einordnen.

Neben einigen anderen Parametern wie der Zustimmung oder Ablehnung gegenüber Verschwörungstheorien fragten die Forscher die Fähigkeit zum analytischen Denken ab, und zwar mit der Aufgabe: »Ein Schläger und ein Ball kosten insgesamt 110 Schwedische Kronen (SEK). Der Schläger kostet 100 SEK mehr als der Ball. Wie viel kostet der Ball?« Die Lösung finden Sie in der Endnote.[134]

Das Resultat der Studie bestätigte die Arbeitshypothese: »Die Ergebnisse zeigen deutlich, dass diejenigen, die glauben, dass die Wahrheit subjektiv ist, eher zu Verschwörungstheorien neigen und an ihren Überzeugungen festhalten, selbst wenn sie mit Fakten konfrontiert werden, die ihnen widersprechen. Sie neigen auch eher dazu, in unsinnigen Sätzen tiefgründige Botschaften zu finden.«[135] Die Forscherin Julia Aspernäs mailte mir: »Menschen, die analytisch veranlagt sind, glauben seltener, dass Wahrheit subjektiv ist.«

Stellen Sie sich vor, Sie hätten jemandem wie Marcel Reich-Ranicki Fake News vorgelegt wie beispielsweise das Foto mit den Heuballen in Paris. Schon qua Lebenserfahrung hätte Reich-Ranicki das Ganze als »Blödsinn« bezeichnet, eines seiner Lieblingswörter. Unvergessen ist sein Auftritt bei der Verleihung des Deutschen Fernsehpreises 2008, als er sich über den »Blödsinn, den wir hier heute Abend zu sehen bekommen haben«, mokierte.[136] Ingolf Lück hatte in einem Ganzkörperkondom eine Tanznummer vorgeführt, »Deutschland sucht den Superstar« wurde beste Unterhaltungsshow – und der Thomas-Mann-Verehrer Reich-Ranicki saß auf seinem Platz und konnte nicht weg.

Tiefgang entwickeln

Der Verlust von Tiefgang lässt auch unsere Meinungsbildung verflachen: Sofern wir die Realität überhaupt als real anerkennen, nehmen wir sie nur noch oberflächlich wahr, ordnen sie lediglich aus unserer Perspektive ein und beziehen uns bei der Meinungsbildung auf egoistische Werte wie Spaß und Unterhaltung.

Und Reich-Ranickis teilweise drastischen Meinungen über Literatur und Musik lag eine Haltung zugrunde, die eben tiefgründig statt seicht war. Diese Haltung ruhte auf umfangreichem Wissen. Was Reich-Ranicki von sich gab, war schon von seiner kulturellen Bildung her fundiert. Der Mann war nicht nur ein wandelndes Lexikon, sondern er konnte auch alles, was er meinte, tiefgehend begründen. Die Faktenkerne seiner Meinungen waren tadellos. Reich-Ranicki hatte die Haltung nicht unbedingt eines herkömmlichen Bildungsbürgers, sondern eines kritischen Beobachters der Zeitgeschichte und der Gegenwart.

Und ein solches Selbstverständnis fehlt in meinen Augen heute. Mit dem Begriff »Haltung« meinen viele Akteure eine »woke« Haltung, aber das ist für mein Verständnis zu wenig. Es geht nicht nur darum, dass wir beispielsweise gegen Rassismus auf die Straße gehen. Sondern wir sollten uns auch für eine Revitalisierung unseres kritischen Denkens einsetzen, das derzeit baden geht. Denn nur dann sind unsere Meinungen fundiert und wir können sie voller Überzeugung vertreten. Wer sich seine Meinungen nur oberflächlich bildet, kommt schon durch simpelste Hinweise auf die Wirklichkeit ins Wanken und muss zugeben, dass er vor der Meinungsbildung nicht ausreichend gedacht hat.

Woraus wir ableiten können, was wir für eine fundierte Meinungsbildung brauchen: umfangreiches Wissen im Sinne von Bildung, Verständnis für Zusammenhänge und Abstraktions- und Interpretationsfähigkeit, um zu verstehen, was die Dinge bedeuten. Und wir brauchen einen klaren Kompass bezüglich der westlichen Werte, die es immer mehr zu verteidigen gilt.

Auf einen Blick

- Wir bilden uns Meinungen anhand von Informationen beziehungsweise dessen, was wir von einer Sachlage denken.
- Ebenso wie bei Entscheidungen und Emotionen ist also eine fundierte Kenntnis der Sachlage vonnöten und eine treffende Einschätzung.
- Meinungsbildung ist ein Prozess, der sich systematisieren lässt. Wir sind nicht dazu verurteilt, vage oder rein intuitiv zu unseren Meinungen zu kommen.
- Nachdem die Sachlage klar ist, analysieren wir die Sachlage. Dann geben wir eine erste Einschätzung ab. Im nächsten Schritt analysieren wir diese erste Einschätzung: Haben wir entscheidende Aspekte übersehen? Sind unsere Entscheidungskriterien richtig gewichtet? Dann gleichen wir unsere Einschätzung mit unserem Werteverständnis ab und holen uns externen Rat.
- Zu einer soliden Meinungsbildung gehört es, zwischen Relevantem und Irrelevantem unterscheiden und Prioritäten bilden zu können. Zudem sollte man unbedingt analytisch denken können und nicht sofort impulsiv urteilen. Auch ein wenig Bildung schadet nie.
- Unsere Meinungen ändern wir im Grunde nur dann, wenn sich die Sachlage ändert, unsere Einschätzung der Sachlage oder unsere Bewertungskriterien, in aller Regel unser Wertesystem.

Auflösung Quiz 12
Was brauchen wir, um uns eine fundierte Meinung zu bilden?

a. *Wir brauchen einen Hochschulabschluss. Wer studiert hat, denkt zwangsläufig exakt.* – Nein, auch ohne einen akademischen Abschluss finden wir zu einer fundierten Meinung, indem wir anhand einer vollständigen und gesicherten Informationslage entscheiden, wie wir dazu stehen.

b. *Wir brauchen ein sicheres Urteilsvermögen und möglichst viel solide Lebenserfahrung und gesichertes Wissen über die Zusammenhänge in der Welt.* – Ja, diese Elemente sind wichtig. Wobei mit »Zusammenhängen in der Welt« keinesfalls Verschwörungsmythen gemeint sind, denn deren Behauptungen sind ja keine gesicherten Erkenntnisse.

c. *Wir brauchen klassische Bildung und Kenntnis über die wichtigsten Philosophen von der Antike bis heute.* – Nein, diese Bildung und diese Kenntnis brauchen wir nicht. Bei der Meinungsbildung geht es eher um einen sinnvollen Umgang mit Informationen als um Philosophie.

d. *Wir brauchen die Fähigkeit, unsere Gedanken einzuordnen und aus der Metaperspektive zu erkennen, ob wir logisch oder unlogisch denken.* – Richtig. Wir sollten gesicherte Erkenntnisse von Vermutungen unterscheiden. Und wir sollten beurteilen können, ob wichtige Informationen fehlen und ob uns jemand in irgendeiner Weise zu manipulieren versucht.

e. *Wir brauchen möglichst viel Berufserfahrung in möglichst nur einem Fachgebiet.* – Nein, die Fähigkeit zur Meinungsbildung hängt nicht von einer Spezialisierung ab.

Nachwort

Sollten Sie dieses Buch bis hierher durchgearbeitet haben, so freut mich das wirklich sehr. Ich hoffe, dass Sie mitgenommen haben, wie anspruchsvoll Meinungsbildung sein kann. Natürlich steht es allen zu, ihre Meinungen zu äußern, aber zugleich bedarf es auch eines gewissen Handwerks. Wir können uns unsere Meinungen anhand von Informationen bilden, die uns über den Weg laufen und die wir nicht prüfen, oder wir gehen systematisch vor und achten darauf, dass unseren Meinungen gesicherte Erkenntnisse zugrunde liegen.

Dass wir von gesicherten Informationen ausgehen sollten, hat die Kunststudentin, von der ich in der Einleitung geschrieben habe, in der erwähnten »Deutschlandfunk«-Sendung gelernt. Ich habe es im Volontariat gelernt. Doch die allermeisten Menschen sind nicht beim Radio zu Gast, um zu erkennen, dass sie unvorbereitet sind, und sie durchlaufen auch keine journalistische Ausbildung.

Viele Menschen, denke ich, kommunizieren öffentlich sehr leichtfertig undurchdachte Informationen und Meinungen. Viele Behauptungen sind falsch oder verzerrt, und zahlreiche Meinungen sind tückisch, wenn ihr Faktenkern falsch ist.

Ebenso halten viele Menschen Falschinformationen für legitime Meinungsäußerungen. Gepaart mit dem verbreiteten Wahrheitsrelativismus ergibt das eine merkwürdige Mélange aus falsch verstandener Toleranz und Rückgratlosigkeit: Wer kein Wertefundament hat, verteidigt auch keine Haltung, sondern lässt möglicherweise alles gelten, auch Falsches und Unzulässiges. So verlaufen zahlreiche Diskussionen, die eigentlich kontrovers sein könnten, in einer erstaunlichen Beliebigkeit. Als Sieger gehen dann oft die Lügner und Scharlatane vom Platz, denen niemand widerspricht, weil wir doch alle unsere Meinung haben.

Hinzu kommen demagogische Methoden, die in der Breite kaum bekannt sind: Reframings, falsche Narrative, unbelegte und zugleich unprüfbare Behauptungen nach dem Muster von Russells Teekanne, angedeutete Lügen und offensichtlich hirnrissige, aber nicht minder wirkungsvolle Fake News. Und so ziemlich alle Demagogen halten sich an Rudolf Bartels, auch ohne ihn zu kennen, und schimpfen über die liberalen Demokratien, wo sie nur können.

Worauf läuft das alles hinaus? Am Ende soll die Flut an Desinformation bewirken, dass wir uns irrige Gewissheiten bilden – vor allem über die Gesellschaft, die Politik, westliche Institutionen und Organisationen sowie über die freiheitlich-demokratische Grundordnung insgesamt. Wir sollen uns auf der Basis der vielen diffamierenden Fake News über den Westen die Meinung bilden, wir lebten in einer Diktatur, die wir umstürzen sollten.

Eine Seite wie die Faktenchecks bei AFP mag nur ein Tropfen auf den heißen Stein sein, aber immerhin ist sie ein Gegengift. Wenn Sie diese Seite durchscrollen und sich vergegenwärtigen, wie viele Falschnachrichten auf uns einprasseln, dann werden Sie dahinter kaum noch Zufall vermuten. »Nein, dieser SS-General ist nicht der Urgroßvater der EU-Kommissionspräsidentin«, stellt AFP am 14. März 2024 klar und ordnet damit eine Falschmeldung über Ursula von der Leyen ein.[137] Und es geht die ganze Zeit so. Die Urheber, in diesem Beispiel in bulgarischen »sozialen Medien«, greifen den Westen an, wo immer es geht. Ich kenne keine Fake News, in denen Putin der Verleumdete wäre. Stets sind es Repräsentanten westlicher Institutionen.

Und stets geht es um Behauptungen, die uns maximal empören sollen. Unter dem Strich sind es immer Informationen, aufgrund deren wir unsere Entscheidungen treffen, uns unsere Meinungen bilden und emotional reagieren. Diese drei Prozesse – entscheiden, meinen, fühlen – wollen Demagogen beeinflussen, und darum bemühen sie in ihrer Desinformation stets äußerst empörende Behauptungen wie etwa eine Nazinähe der EU-Kommissionspräsidentin.

In dieser Flut von Desinformation brauchen wir einen kühlen Kopf. Es ist fahrlässig, blind irgendwelchen Behauptungen zu glauben. Es kann schon falsch sein zu glauben, dass hinter einem bestimmten Account der Mensch auf dem Profilfoto steckt.

Irrglaube beruht auf falschen Gewissheiten. Die ganze Empörung und die schiefe Meinungsbildung lösen sich in Luft auf, wenn wir diese falschen Gewissheiten korrigieren und erkennen, dass wir mit einer Masse an Lügen manipuliert werden sollen. Wer das verstanden hat, trifft dann auch andere Entscheidungen, als wenn er an Lügen glaubt.

Ich würde mich freuen, wenn ich mit diesem Buch zu etwas mehr gesunder Skepsis beitragen konnte – in meinen Augen braucht unsere Gesellschaft diese Skepsis dringend.

Nach der Lektüre dieses Buches wissen Sie dann vermutlich auch Einwände einzuordnen wie: »Aber sollen wir denn allen misstrauen?« Sie wissen jetzt, dass diese Frage reine Demagogie ist: Niemand verlangt, »allen« zu misstrauen. Wir sollten einfach nur zur Kenntnis nehmen, dass da draußen ein Heer von Informationskriegern aktiv ist und dafür bezahlt wird, dass unser Vertrauen in die westlichen Institutionen und das westliche Denken schwindet.

Insofern wünsche ich mir, dass Sie nun auch Anwürfe dieser Art treffend kontern, indem Sie sie thematisieren und beispielsweise als logisch unzulässiges »Reframing« benennen. Wir sollten den ganzen Gedankensumpf der Gerüchte, der Verschwörungstheorien, der halb garen Andeutungen und der Scheinfragen erkennen als das, was es am Ende ist: ein Angriff auf das westliche Denken und die Vernunft. Es ist der Versuch, das intellektuelle Niveau unserer Gesellschaft ins Mittelalter zurückzukatapultieren. Weg vom wissenschaftlichen Denken nach Erkenntnissen, hin zum Geraune. Weg von der Beweispflicht für neue Ideen, hin zum Relativismus durch Beweislastumkehr. Weg von der Vernunft, hin zur Esoterik. Weg von der Evidenzbasierung, hin zum »Wird schon so gewesen sein«.

Zahlreiche Akteure spielen dabei mit. Schätzungsweise kennen auch Sie jemanden, der in diesem Verschwörungssumpf versunken ist. In diesem Sumpf gibt es Täter und Opfer. Die bisherigen psychologischen Hilfsansätze für Opfer mögen sinnvoll sein. Doch vielleicht hilft auch die Erkenntnis, dass es gerade die Verschwörungsgläubigen sind, die sich für dumm verkaufen lassen – obwohl genau sie von sich sagen, sie seien besonders kritisch. Wenn die Opfer das durchschauen, haben die Täter möglicherweise keinen Ansatz mehr.

Damit so eine Erkenntnis entstehen kann, brauchen wir das gesamte Handwerkszeug des Erkenntnisgewinns und der Meinungsbildung, wie es Wissenschaftler und Journalisten lernen und weitestgehend auch beherrschen. Wir brauchen das Wissen über Behauptungen und Meinungen, analytisches Denken, Bildung,

Ambiguitätstoleranz – kurz: Informationskompetenz –, um mit Informationen insgesamt professionell umgehen zu können. Ob als Empfänger, wenn wir etwas hören oder lesen, oder ob als Sender, wenn wir etwas posten. Informationskompetenz ist nicht nur wichtig, damit wir keinen Unsinn glauben, sondern auch, damit wir qualifiziert kommunizieren können, ob auf der Bühne, in Meetings oder in den sozialen Medien.

Wobei der Kampf gegen die Lüge nicht leicht sein wird: Zutreffend schreibt Thomas Laschyk, der Gründer des Blogs »Volksverpetzer«, in seinem Buch »Werbung für die Wahrheit«: Faktenchecks zeigen kaum Wirkung, weil sie im Unterschied zu den Lügen nicht viral gehen.[138]

Wenn es um die Zukunft unserer freiheitlichen Gesellschaft geht, dürfte es umso nötiger sein, den »mündigen Bürger« wieder zum Leben zu erwecken. Der ist auf dem Rückzug angesichts der zunehmenden Desinformation, der erschreckend viele Menschen folgen.

Für die politische Willensbildung sind fundierte Meinungen unerlässlich. So kann das Konzept des mündigen Bürgers nur dann aufgehen, wenn die Bürger zutreffend informiert sind. Trifft das Volk – in der Demokratie der Souverän – seine Entscheidungen auf der Basis von Lügen, ergibt sich daraus keine kluge Politik.

Ich bin überzeugt: Meinungen bilden wir uns aufgrund von Gewissheiten. Also aufgrund dessen, was wir für Fakt halten, woran wir glauben. Sich auf falsche Informationen zu stützen, ist niemals klug, ob bei der Meinungsbildung oder bei der Entscheidungsfindung. Wir alle wollen fundierte Meinungen vertreten und kluge Entscheidungen treffen. Die Basis dafür sind gesicherte Erkenntnisse. Eine kluge Basis dafür ist niemals Geraune und Geschwurbel.

Sollten Sie den Ansatz in diesem Buch sinnvoll finden, dann geben und empfehlen Sie dieses Buch bitte weiter. Sprechen Sie mich auch gerne wegen eines Vortrags an. Wählen Sie aus diesem Buch gerne ein Kapitel aus, das Sie im Vortrag vertieft haben wollen. Ganz gleich, in welchem Zusammenhang Ihnen Erkenntnisgewinn, Meinungsbildung und auch Entscheidungsfindung wichtig sind: Tragen Sie dazu bei, dass sich das Know-how der Informationskompetenz weiter verbreitet.

Quellen und Anmerkungen

1 https://www.deutschlandfunk.de/klima-kriege-wirtschaftskrise-was-steht-wann-im-fokus-der-medien-dlf-420b1efb-100.html

2 https://wirtschaftslexikon.gabler.de/definition/medienkompetenz-122191

3 https://www.bertelsmann-stiftung.de/de/themen/aktuelle-meldungen/2024/februar/grosse-mehrheit-erkennt-in-desinformation-eine-gefahr-fuer-demokratie-und-zusammenhalt

4 https://de.wikipedia.org/wiki/Schweigespirale

5 https://faktencheck.afp.com/doc.afp.com.34HL3CJ

6 Hümmler, Seite 51 f.

7 Von Spitzfindigkeiten wie fehlerhaften Anzeigen sehen wir dabei einmal ab.

8 Skeptiker 1/2024, Seite 37.

9 https://www.pei.de/DE/newsroom/hp-meldungen/2022/220110-gespraech-klaus-cichutek-keine-langzeitfolgen-impfungen.html; https://verdareno.wordpress.com/2021/01/01/covid-impfstoffe-und-keine-langzeitdaten/

10 https://de.wikipedia.org/wiki/Russells_Teekanne

11 https://de.wikipedia.org/wiki/Pseudologie

12 Die Abkürzung LTI steht für »lingua tertii imperii«, Lateinisch für »die Sprache des ›Dritten Reiches‹«.

13 Klemperer, Seite 284.

14 https://www.apothekerkammer.de/pdf/HaltbarkeitsverlängerungComirnaty_SOPVidPredvynBeta_mitAnlage.pdf

15 https://www.ema.europa.eu/en/about-us/fees-payable-european-medicines-agency

16 https://www.aerzteblatt.de/nachrichten/151269/Zulassung-fuer-Astrazeneca-Impfstoff-zurueckgezogen

17 https://www.volksverpetzer.de/faktencheck/afd-ki-fake-bauernproteste-paris/

18 https://www.bundesregierung.de/breg-de/schwerpunkte/umgang-mit-desinformation/deepfakes-2246064

19 Das heißt: eine Welt voller »volatility«, »uncertainty«, »complexity« und »ambiguity«, also Unbeständigkeit, Unsicherheit, Komplexität und Mehrdeutigkeiten.

20 https://faktencheck.afp.com/doc.afp.com.344F9CT

[21] https://www.pharmazeutische-zeitung.de/ausgabe-422012/schokolade-macht-schlau/

[22] https://faktencheck.afp.com/doc.afp.com.34JQ979

[23] Ablenkungsversuch durch die Frage: »Und was ist mit ...?«.

[24] https://de.wikipedia.org/wiki/Abu-Ghuraib-Folterskandal

[25] https://de.wikipedia.org/wiki/Massaker_von_Butscha

[26] Eco, Seite 7.

[27] Eco, Seite 33.

[28] Akademie der Wissenschaften der DDR, Seite 454.

[29] https://de.wikipedia.org/wiki/Kein_wahrer_Schotte

[30] https://www.tagesschau.de/ausland/iss-crew8-ankunft-astronatuen-kosmonaut-100.html

[31] Dobelli, Seite 39.

[32] Vgl. https://www.bmuv.de/themen/verkehr/elektromobilitaet/klima-und-energie.

[33] BVerfG, Urteil vom 22.06.1982 – 1 BvR 1376/79.

[34] BVerfG, Beschluss vom 03.06.1980 – 1 BvR 797/78.

[35] BVerfG, Beschluss vom 10.10.1995 – 1 BvR 1476/91.

[36] BVerfG, Beschluss vom 14.06.2019 – 1 BvR 2433/17.

[37] Reich-Ranicki in der Sendung »Das literarische Quartett« am 30.09.1988.

[38] Reich-Ranicki in der Sendung »Das literarische Quartett« am 14.08.997.

[39] Reich-Ranicki in der Sendung »Das literarische Quartett« am 17.08.011.

[40] Popper: Die offene Gesellschaft und ihre Feinde, Band 1, Seite 361 f.

[41] https://www.verfassungsschutz.de/DE/themen/verfassungsschutzrelevante-delegitimierung-des-staates/verfassungsschutzrelevante-delegitimierung-des-staates_node.html

[42] BVerfG, Beschluss vom 13.04.2024 – 1 BvR 23/94.

[43] https://www.nzz.ch/international/bosnien-wer-den-voelkermord-von-srebrenica-leugnet-wird-kuenftig-bestraft-ld.1637241

[44] https://www.spiegel.de/ausland/ratko-mladic-traenen-und-erleichterung-nach-genozid-urteil-aus-den-haag-a-85404abf-3980-43a5-acd1-80f512730ca1

[45] BVerfG, Urteil vom 22.06.1982 – 1 BvR 1376/79.

[46] https://de.wikipedia.org/wiki/Troll_(Netzkultur)

[47] Wilking, Seite 43.

48 https://www.bundestag.de/resource/blob/956396/14c251cde350a054f714973a6207c09b/WD-7-050-23-pdf-data.pdf

49 https://www.bfarm.de/DE/Arzneimittel/Zulassung/Zulassungsverfahren/Nationales-Verfahren/zul-einr-zul-antr_neu.html?nn=471264

50 https://magazin.nzz.ch/wissen/verschwoerungstheorien-warum-menschen-an-sie-glauben-ld.1383233

51 https://www.focus.de/gesundheit/coronavirus/experten-raetseln-long-covid-symptome-nach-impfung-haelfte-aller-verdachtsfaelle-aus-deutschland_id_198376100.html

52 BGH, Urteil vom 9. Dezember 2003 – VI ZR 38/03.

53 Einige Apotheker wehrten sich dagegen wegen des hohen Aufwands; vgl. https://www.hna.de/kassel/vorderer-westen-ort140786/stadt-soll-wortaechten-90662483.html

54 »Stern« 18/1983, Seite 92.

55 Hitler, Seite 629.

56 »Stern« 18/1983, Seite 88.

57 »Stern« 18/1983, Seite 94.

58 »Stern« 18/1983, Seite 90.

59 »Stern« 18/1983, Seite 92.

60 https://www.unwortdesjahres.net/unwort/kriterien-und-auswahlverfahren/

61 Klemperer, Seite 26.

62 https://de.wikipedia.org/wiki/Anastasia-Bewegung

63 Siehe etwa im Literaturverzeichnis das Buch von Pöhlmann.

64 »Essay über die Ungleichheit der menschlichen Rassen«.

65 Nicht verwandt mit dem britischen Politiker Neville Chamberlain (1869–1940).

66 Chamberlain, Seite 23.

67 Chamberlain, Seite 295.

68 Hitler meinte damit das Deutsche Kaiserreich 1871 bis 1918.

69 Hitler, Seite 296.

70 Chamberlain, Seite VII.

71 Shakespeare: Hamlet, 1. Akt, 5. Szene.

72 Popper: Die offene Gesellschaft und ihre Feinde. Band 2, Seite 112.

73 Popper: Die offene Gesellschaft und ihre Feinde. Band 2, Seite 112.

74 https://www.spiegel.de/panorama/der-exorzist-wie-papst-pius-hitler-den-teufel-austreiben-wollte-a-137740.html

75 MacDonald, Seite 791–798.

76 https://www.xn--verschwrungstheorien-99b.info/enzyklopaedie/komplexitaetsreduktion-verschwoerungstheorien/

77 Diese Zahlen sind natürlich so wahrscheinlich oder unwahrscheinlich wie jede andere Zahlenkombination. Trotzdem rate ich Ihnen nicht zu der Kombination »1, 2, 3, 4, 5, 6«, weil sie von mehr Menschen getippt wird als eine beliebige wirre Zahlenfolge und Sie sich dann den Gewinn mit mehr Spielern teilen müssten. (Oder denken Sie an Saturn und Uranus?)

78 https://de.wikipedia.org/wiki/Hanlon%E2%80%99s_Razor

79 https://de.wikipedia.org/wiki/Ententest

80 https://www.rnd.de/panorama/verschworungstheorien-wir-alle-haben-das-potenzial-QZAX6DP7MBCATNAUJ5HQSPCEI4.html

81 Lewandowsky/Cook, Seite 6.

82 Lewandowsky/Cook, Seite 7.

83 https://www.ncbi.nlm.nih.gov/pmc/articles/PMC7286415/

84 Witter, Seite 470–475.

85 https://www.kas.de/documents/252038/7995358/Eine+repräsentative+Umfrage+zu+Verschwörungstheorien.pdf/0f422364-9ff1-b058-9b02-617e15f8bbd8?version=1.0&t=1599144843148

86 https://de.wikipedia.org/wiki/Operation_Mincemeat

87 https://www.youtube.com/watch?v=fOCWBhuDdDo&t=2s

88 https://twitter.com/XXX84158494/status/1758040996636410259

89 https://www.welt.de/politik/ausland/article249257312/Russischer-Diplomat-droht-Finnland-Sie-werden-die-Ersten-sein-die-leiden.html

90 Klemperer, Seite 46.

91 Klemperer, Seite 47.

92 https://de.wikipedia.org/wiki/Red_Herring_(Redewendung)

93 https://www.klimafakten.de/kommunikation/p-l-u-r-v-dies-sind-die-haeufigsten-desinformations-tricks-von-wissenschafts-leugnern

94 Bartels, Seite 18.

95 Bartels, Seite 37.

96 Bartels, Seite 37.

97 Bartels, Seite 38.

98 Bartels, Seite 39 ff.

99 https://edition.cnn.com/2021/11/16/media/steve-bannon-reliable-sources/index.html

100 https://news.ru/europe/bloomberg-nemcy-iz-za-krizisa-vyrubili-pochti-vse-derevya-v-parke-berlina/ und https://taz.de/Russischsprachige-Community-in-Berlin/!5890351/

101 https://faktencheck.afp.com/doc.afp.com.34KW4DC

102 https://www.sueddeutsche.de/politik/kinderpornografie-verbreitung-gesetz-aenderung-praxis-1.6345378

103 https://faktencheck.afp.com/doc.afp.com.34JR6B2

104 https://faktencheck.afp.com/doc.afp.com.34GJ888

105 https://www.tagesschau.de/inland/justiz-ermittlungen-tagesschau-audio-dateien-100.html

106 https://www.spiegel.de/kultur/gesellschaft/der-fall-claas-relotius-wie-das-spiegel-sicherungssystem-an-grenzen-stiess-a-1244593.html

107 https://faktencheck.afp.com/doc.afp.com.34L7742

108 Nicht zu verwechseln mit »scheinbar«: Wer uns »scheinbar« betrügt, tut es de facto nicht, es scheint nur so; wer uns »anscheinend« betrügt, tut es dem Anschein nach.

109 Hümmler/Schiesser, Seite 221.

110 BVerwG, Beschluss vom 31.01.2018 – 9 B 11.17.

111 BGH, Beschluss vom 08.09. 1999 – 2 StR 369/99.

112 https://correctiv.org/faktencheck/2022/09/21/berlin-toedlicher-fahrradunfall-wegen-ausgeschalteter-strassenbeleuchtung-erfunden/; https://www.t-online.de/nachrichten/deutschland/gesellschaft/id_100042596/ukraine-krieg-prorussische-kampagne-das-steckt-hinter-den-fake-artikeln.html

113 Name geändert.

114 Eine Erklärung des Projektes und die damit verbundenen Verschwörungsmythen finden Sie bei Psiram, einem hervorragenden Nachschlagewerk für alles Irrationale und Obskure: https://www.psiram.com/de/index.php/HAARP

115 Brodnig, Seite 53.

116 https://www.zeit.de/politik/ausland/2023-07/wladimir-solowjow-propagandist-russland-ukraine

117 https://de.wikipedia.org/wiki/Gegen%C3%B6ffentlichkeit

118 https://www.laks-bw.de/index.php?id=179&tx_browser_pi1%5BshowUid%5D=52&cHash=ea6614ce2d

119 https://www.tagesspiegel.de/politik/manifest-fur-frieden-irritiert-wagenknecht-und-schwarzer-fordern-ein-ende-der-waffenlieferungen-9329168.html

120 https://www.fdp.de/74-bpt/antrag/modern-leistungsfaehig-ausgewogen-und-transparent-reformschritte-fuer-einen und https://www.cdu.de/artikel/mehr-tempo-und-mut-bei-der-oerr-reform

121 https://www.faz.net/aktuell/feuilleton/medien/sparplaene-fuer-ard-und-zdf-so-will-die-cdu-die-oeffentlich-rechtlichen-umbauen-19374529.html und https://www.faz.net/aktuell/politik/inland/die-fdp-laesst-bei-der-atomkraft-nicht-locker-19141063.html

122 https://www.bild.de/bild-plus/politik/inland/politik-inland/auslaenderkriminalitaet-so-reduzieren-wir-die-gewalt-laut-experten-87598146.bild.html

123 https://www.bundestag.de/dokumente/textarchiv/2023/kw48-de-verbrennungsmotoren-979646

124 https://www.swr.de/wissen/post-vac-syndrom-wie-gefaehrlich-ist-long-covid-nach-impfung-102.html

125 https://www.berliner-zeitung.de/news/manager-postet-impfen-macht-frei-verurteilung-wegen-volksverhetzung-li.330525

126 https://auf1.tv/auf1-spezial/dr-weikl-das-groesste-verbrechen-in-der-medizingeschichte

127 https://www.tagesschau.de/investigativ/bhakdi-antisemitismus-103.html

128 https://www.zeit.de/gesellschaft/zeitgeschehen/2023-01/aerztin-verurteilung-corona-maskenpflicht-atteste und https://www.br.de/nachrichten/bayern/urteil-gegen-masken-arzt-abgemildert-ein-jahr-auf-bewaehrung,TNEruL5

129 https://www.helmholtz-klima.de/klimafakten/behauptung-es-gibt-noch-keinen-wissenschaftlichen-konsens-zum-klimawandel

130 https://exxpress.at/covid-impfung-nicht-mehr-empfohlen-schweizer-aerzte-haften-fuer-nebenwirkungen/

131 https://www.bag.admin.ch/bag/de/home/das-bag/aktuell/medienmitteilungen.msg-id-93619.html

132 https://www.laekh.de/aktuelles/detail/warnung-vor-irrefuehrenden-informationen-zur-haftung-bei-covid-19-impfungen

133 https://www.sciencedirect.com/science/article/pii/S0092656623000569

134 Der Schläger kostet 105 SEK, der Ball 5 SEK: 105 SEK – 5 SEK = 100 SEK; 105 SEK + 5 SEK = 110 SEK.

135 https://liu.se/en/news-item/they-fall-more-easily-for-conspiracy-theories

136 https://www.spiegel.de/kultur/gesellschaft/eklat-bei-gala-reich-ranicki-lehnt-deutschen-fernsehpreis-ab-a-583614.html

137 https://faktencheck.afp.com/doc.afp.com.34LG8AD

138 Laschyk, Seite 134.

Literatur

Akademie der Wissenschaften der UdSSR, Institut für Ökonomie: Politische Ökonomie. Lehrbuch. Dietz Verlag Berlin, DDR 1955

Alinsky, Saul D.: Call me a Radical. Organizing und Empowerment – politische Schriften. Edition IG Metall Jugend bei Lamuv, 2010. Deutsche Erstausgabe 1984, amerikanisches Original Random House 1964

Alt, Christian, und Christian Schiffer: Angela Merkel ist Hitlers Tochter. Im Land der Verschwörungstheorien. Hanser, München 2018

Aro, Jessikka: Putins Armee der Trolle. Der Informationskrieg des Kreml gegen die demokratische Welt. Goldmann, München 2022

Bartels, Rudolf: Lehrbuch der Demagogik. Verlag von Julius Springer, Berlin 1905

Beck, Gloria: Verbotene Rhetorik. Die Kunst der skrupellosen Manipulation. Eichborn, Frankfurt am Main 2005

Beritski, Ines: Braune Esoterik. Rechte Esoterik und Corona. Amazon Fulfillment, 2022

Bernays, Edward: Propaganda. Die Kunst der Public Relations. Aus dem Amerikanischen von Patrick Schnur. Orange Press, 13. Auflage, Berlin 2021

Böhnert, Martin, und Paul Reszke: Linguistisch-philosophische Untersuchungen zu Plausibilität: Über kommunikative Grundmuster bei der Entstehung von wissenschaftlichen Tatsachen. In: Julia Engelschalt, Arne Maibaum (Hg.): Auf der Suche nach den Tatsachen: Proceedings der 1. Tagung des Nachwuchsnetzwerks „INSIST“. Berlin 2015, S. 52

Brednig, Rolf Wilhelm: Die Spinne in der Yucca-Palme. Sagenhafte Geschichten von heute. C.H. Beck, München 1990

Brodnig, Ingrid: Einspruch! Verschwörungsmythen und Fake News kontern – in der Familie, im Freundeskreis und online. Brandstätter, Wien 2021

Brunow, Sebastian: Die Wahrheit über Verschwörungstheorien. Wie Verschwörungsmythen entstehen, sich ausbreiten und Anhänger finden. Amazon Fulfillment, 2021

Butter, Michael: »Nichts ist, wie es scheint«. Über Verschwörungstheorien. 6. Auflage, Suhrkamp, Berlin 2023

Chamberlain, Houston Steward: Grundlagen des XIX. Jahrhunderts. F. Bruckmann A.-G, München 1922

Deutscher Bundestag, Wissenschaftliche Dienste: Fake-News. Definition und Rechtslage. WD 10-3000-003/17

Dobelli, Rolf: Die Kunst des klaren Denkens. 52 Denkfehler, die Sie besser anderen überlassen. 2. Auflage, Piper, München 2021

Eco, Umberto: Der ewige Faschismus. 5. Auflage, Hanser, München 2020

Edmüller, Andreas, und Judith Faessler: Verschwörungstheorien als Waffe. Wie man die Tricks der Verschwörungsgauner durchschaut und abwehrt. Dossier Verschwörungstheorie – Band 2. Rediroma-Verlag, Remscheid 2023

Eltchaninoff, Michel: In Putins Kopf. Logik und Willkür eines Autokraten. Dt. Ausgabe: Tropen Verlag, Stuttgart 2022

Heine, Matthias: Verbrannte Wörter. Wo wir noch reden wie die Nazis – und wo nicht. Dudenverlag, Berlin 2019

Hitler, Adolf: Mein Kampf. Franz Eher Nachf., 176.–177. Auflage, München 1936

Hümmler, Holm Gero: Faktenimmun. Warum Wissenschaftsleugnung so gefährlich ist und wie man sich davor schützt. Hirzel, Stuttgart 2024

Hümmler, Holm Gero: Verschwörungsmythen. Wie wir mit verdrehten Fakten für dumm verkauft werden. S. Hirzel Verlag, Stuttgart 2021

Hümmler, Holm Gero, und Ulrike Schiesser: Fakt und Vorurteil: Kommunikation mit Esoterikern, Fanatikern und Verschwörungsgläubigen. Springer, Berlin 2021

Klärner, Holger: Der Schluss auf die beste Erklärung. De Gruyter, Berlin 2003

Klemperer, Victor: LTI. Notizbuch eines Philologen. Reclam, Stuttgart 2018 (Original Leipzig 1975)

Kröber, Hans-Ludwig: Verschwörungstheorien und Wahninhalte (Conspiracy theories and delusional contents), in: Forensische Psychiatrie, Psychologie, Kriminologie 2020, 14(3): 366–369. DOI: 10.1007/s11757-020-00603-2. Abrufbar unter https://www.ncbi.nlm.nih.gov/pmc/articles/PMC7286415/

Laschyk, Thomas: Werbung für die Wahrheit. Überlasst die guten Geschichten nicht den Fake News. Komplett-Media, München 2024

Lewandowsky, Stephan, und John Cook: Das Handbuch der Verschwörungsmythen (The Conspiracy Theory Handbook). 2020. Download in verschiedenen Sprachen unter http://sks.to/conspiracy. Deutsche Übersetzung: https://skepticalscience.com/docs/ConspiracyTheoryHandbook_German.pdf

MacDonald, A. P.: Revised Scale for Ambiguity Tolerance: Reliability and Validity. In: Psychological Reports. 26, 1970

Mann, Thomas: Deutsche Hörer! Radiosendungen nach Deutschland aus den Jahren 1940–1945. 6. Auflage, Fischer, Frankfurt am Main 2022

Maurer, Klaus: Die BRD-GmbH: Das Ende aller Ausreden zur Beendigung der Fremdherrschaft und der Wiederherstellung unserer verfassungsmäßigen Ordnung. Adoria-Verlag, 4. Auflage, Leisnig 2023

Mill, John Stuart: Über die Freiheit. Reclam, Ditzingen 1974

Mößmer, Albert: 64 Fehlschlüsse in Argumenten. Logische und rhetorische Irrwege erkennen und vermeiden. Selbstverlag, Augsburg 2014

Nini, Patrick: Dialog statt Spaltung! Verantwortungsbewusst kommunizieren und Brücken bauen in unserer Gesellschaft. GABAL, Offenbach am Main, 2020

Nocun, Katharina, und Pia Lamberty: Fake Facts. Wie Verschwörungstheorien unser Denken bestimmen. Quadriga (Bastei Lübbe), Köln 2020

Nocun, Katharina und, Pia Lamberty: True Facts. Was gegen Verschwörungserzählungen wirklich hilft. Quadriga (Bastei Lübbe), Köln 2021

Pöhlmann, Matthias: Rechte Esoterik. Wenn sich alternatives Denken und Extremismus gefährlich vermischen. Herder, Freiburg 2021

Popper, Karl: Die offene Gesellschaft und ihre Feinde. Band 1: Der Zauber Platons. 8. Auflage, J.C.B. Mohr (Paul Siebeck), Tübingen 2003

Popper, Karl: Die offene Gesellschaft und ihre Feinde. Band 2: Falsche Propheten: Hegel, Marx und die Folgen. 8. Auflage, J.C.B. Mohr (Paul Siebeck), Tübingen 2003

Popper, Karl: Logik der Forschung. Mohr Siebeck 1934

Pörksen, Bernhard: Die große Gereiztheit. Wege aus der kollektiven Erregung. Goldmann, München 2021

Schink, Alan: Verschwörungstheorie und Konspiration. Ethnographische Untersuchungen zur Konspirationskultur. Springer Fachmedien, Wiesbaden 2020

Schulz von Thun, Friedemann: Miteinander reden. Rowohlt, Reinbek 1981

Simons, Daniel, und Christopher Chabris: Lass dich nicht täuschen. Warum wir uns immer wieder hinters Licht führen lassen und was wir dagegen tun können. Mvg Verlag, München 2023

Thumann, Michael: Revanche. Wie Putin das bedrohlichste Regime der Welt geschaffen hat. C.H. Beck, 7. Auflage, München 2023

Watzlawick, Paul: Anleitung zum Unglücklichsein. 4. Auflage, Piper, München 2021

Watzlawick, Paul (Hg.): Die erfundene Wirklichkeit. Wie wissen wir, was wir zu wissen glauben? Beiträge zum Konstruktivismus. 12. Auflage, Piper, München 2006

Wilking, Dirk (Hg.): »Reichsbürger«. Ein Handbuch. Demos – Brandenburgisches Institut für Gemeinwesenberatung, Potsdam 2015

Witter, Hermann: Wahn. In: Göppinger, Hans, und Hermann Witter (Hg.): Handbuch der forensischen Psychiatrie I. Springer, Berlin, Heidelberg, New York 1972, S. 470–475

Wittkamp, Peter, und Pia Frey: Der Desinformator. 125.000 Verschwörungstheorien zum Selbermachen. 2. Auflage, DuMont Buchverlag, Köln 2022

Über den Autor

Thilo Baum – Kommunikationsexperte, Unternehmens- und Politikberater – hilft Menschen und Organisationen, ihre Botschaften auf den Punkt zu bringen. Zuletzt erschien von ihm »Die Kundenbrille. Wie Sie mit den richtigen Denkmustern erfolgreich verkaufen«.
https://www.thilo-baum.de/